D1382939

Título original: *ALIVE! Sixteen Men, Seventy-two Days, and Insurmountable Odds-the Classic Adventure of Survival in the Andes*
Traducción: Nieves Soler
1.ª edición: abril, 2016

para el sello B de Bolsillo
Consell de Cent, 425-427 - 08009 Barcelona (España)
www.edicionesb.com

Printed in Spain
ISBN: 978-84-9070-236-9
DL B 1172-2016

Impreso por RODESA
Pol. Ind. San Miguel, parcelas E7-E8
31132 - Villatuerta-Estella, Navarra

¡VIVEN!
El triunfo del espíritu humano

Piers Paul Read

Decidimos que debía escribirse este libro para que se conociese la verdad, por los muchos rumores que corrieron sobre lo que pasó en la cordillera. Dedicamos la historia de nuestros sufrimientos y solidaridad a aquellos amigos que murieron por nosotros, y también a sus padres porque, cuando más lo necesitábamos, nos recibieron con amor y comprensión.

Pedro Algorta
Roberto Canessa
Alfredo Delgado
Daniel Fernández
Roberto François
Roy Harley
José Luis Inciarte
Javier Methol
Álvaro Mangino
Carlos Páez
Fernando Parrado
Ramón Sabella
Adolfo Strauch
Eduardo Strauch
Antonio Vizintín
Gustavo Zerbino

Montevideo, a 30 de octubre de 1973

AGRADECIMIENTOS

Este libro lo he escrito con la ayuda de varias personas, especialmente con la de Edward Burlingame, de la editorial J. B. Lippincott, que fue quien primero me sugirió que debía escribirlo.

Por otro lado, dos periodistas uruguayos dirigieron mis investigaciones en Montevideo. El primero fue Antonio Mercader, a quien recurrí por consejo del Club de los Old Christians. No sólo me facilitó los pormenores de la contratación del avión por parte de los padres de los jóvenes, sino también un valiosísimo material sobre el pasado de los supervivientes. El segundo fue Eugenio Hintz, que recopiló todo lo concerniente a la actuación de las instituciones oficiales uruguayas y chilenas. Mi gratitud también para Rafael Ponce de León y Gérard Croiset Jr., que me informaron sobre su actividad en la búsqueda del Fairchild, para Pablo Gelsi, que fue mi intérprete, y para el doctor Gilberto Regules, por sus consejos y por su amistad.

Georgiana Luke me ayudó en Londres a transcribir las cintas magnetofónicas y a clasificar el abundante material que adquirí en Uruguay, y, más tarde, Kate Grimond en investigaciones posteriores.

Asimismo me ayudaron a escribir este libro el editor y los dieciséis supervivientes. Hubo veces en que tuve la tentación de novelar algún fragmento de la historia para darle un mayor dramatismo, pero al final me convencí de que los hechos desnudos bastaban por sí solos para mantener la tensión narrativa. Excepto algún cambio formal en los diálogos, no hay nada en él que no se ajuste a la verdad tal y como me la contaron los que tuvieron alguna relación con el caso.

Mi agradecimiento, finalmente, para ellos. A donde quiera que acudí en Uruguay me recibieron con «esa íntima cortesía y singular educación nativa» que W. H. Hudson halló en el mismo país hace más de cien años. Yo la encontré en las familias de las víctimas, en las de los supervivientes, y sobre todo en los supervivientes mismos, que siempre me trataron con una gran cordialidad y confianza.

Cuando volví, en octubre de 1973, para mostrarles el manuscrito de este libro, algunos de ellos quedaron decepcionados por la forma en que he relatado su historia. Opinan que en estas páginas no quedan reflejadas la fe y la amistad que sintieron en la cordillera. Nunca quise dejar a un lado estas cualidades, pero puede que no esté al alcance de cualquier escritor la posibilidad de expresar la propia apreciación de la experiencia que vivieron.

P. P. R.

PREFACIO

El día 12 de octubre de 1972, un Fairchild F-227 de las Fuerzas Aéreas Uruguayas, alquilado por un equipo amateur de rugby, despegó de Montevideo, en Uruguay, hacia Santiago de Chile. Noticias de mal tiempo en los Andes obligaron al avión a aterrizar en Mendoza, una pequeña ciudad en la vertiente argentina. Al día siguiente el tiempo mejoró. El Fairchild despegó de nuevo y se dirigió hacia el paso Planchón, en el sur. A las 15,21 el piloto comunicó al control de tráfico aéreo de Santiago, que volaba sobre el paso Planchón, y a las 15,24 sobre la ciudad de Curicó, en Chile. Recibió la autorización de virar hacia el norte y de iniciar el descenso hacia el aeropuerto de Pudahuel. A las 15,30 comunicó que volaba a una altura de 5.000 metros, pero cuando un minuto más tarde, la torre de control de Santiago intentó comunicar con el Fairchild no obtuvo respuesta.

Chilenos, argentinos y uruguayos buscaron el avión durante ocho días. Entre los pasajeros no sólo se encontraban los quince componentes del equipo de rugby, sino además veinticinco amigos y parientes de los jugadores, todos ellos pertenecientes a influyentes familias uruguayas. La búsqueda no obtuvo resultados. Era evidente que el piloto había calculado erróneamente la posición y había virado hacia el norte, hacia Santiago, cuando aún se encontraba en medio de las montañas. Era el comienzo de la primavera en el hemisferio sur, y en los Andes había nevado en gran abundancia. El techo del avión era blanco. Así pues, había muy pocas posibilidades de encontrarlo, y todavía menos de que alguno de los cuarenta y cinco pasajeros y tripulantes hubieran sobrevivido a la catástrofe.

Diez semanas después un campesino chileno que apacentaba el ganado en un valle perdido en las profundidades de los Andes vio, al otro lado de un torrente, las figuras de dos hombres. Los hombres empezaron a gesticular y se clavaron de rodillas en actitud suplicante, pero el pastor, creyéndolos terroristas o turistas, desapareció. Cuando al día siguiente volvió al mismo lugar, las dos figuras seguían allí y volvieron a hacerle gestos indicándole que se acercara. Se acercó a la orilla del río y lanzó al otro lado un papel y un bolígrafo envueltos en un pañuelo. El barbudo de aspecto harapiento lo recogió, escribió algo en el papel y se lo devolvió al campesino con el mismo método. Decía así:

> Vengo de un avión que cayó en las montañas. Soy uruguayo...

Había dieciséis supervivientes. Ésta es la historia de lo que sufrieron y de cómo consiguieron sobrevivir.

PRIMERA PARTE

1

Uruguay, uno de los países más pequeños de Sudamérica, fue fundado a orillas del Río de la Plata entre los incipientes colosos de Brasil y Argentina. Geográficamente era una tierra agradable. El ganado corría libre por sus inmensas praderas, y su población se componía de comerciantes, médicos y abogados que vivían modestamente en la ciudad de Montevideo, y de orgullosos e infatigables gauchos en el campo.

La historia de los uruguayos en el siglo XIX está repleta, al principio, de feroces batallas por su independencia contra Brasil y Argentina y más tarde de guerras civiles igualmente crueles entre los partidos Blanco y Colorado, los conservadores del interior y los liberales de Montevideo. En 1904, la última rebelión del partido Blanco fue aplastada por el presidente del Colorado, José Batlle y Ordóñez, que instauró un estado laico y democrático considerado durante muchas décadas como el más avanzado e ilustrado de Sudamérica.

La economía de este próspero estado dependía de

los productos agropecuarios que Uruguay exportaba a Europa; mientras los precios mundiales de la lana, la carne y el cuero se mantuvieron altos, Uruguay prosperó, pero en los años cincuenta los precios de estos artículos bajaron y el país empezó a decaer. Entonces hicieron su aparición el desempleo y la inflación que, a su vez, provocaron un gran malestar social. Había exceso de profesionales y estaban mal retribuidos; los abogados, arquitectos e ingenieros —que antes constituían la aristocracia del país— tenían muy poco trabajo y unos sueldos muy bajos. Muchos de ellos se vieron obligados a dedicarse a otras actividades. Sólo los terratenientes del interior tenían asegurada su prosperidad. Los demás trabajaban en lo que podían, en una atmósfera de economía colapsada y corrupción administrativa.

Como resultado de todo esto nació el primer y más conocido movimiento de guerrilla urbana revolucionaria, el de los tupamaros, cuyo objetivo era derrocar la oligarquía que gobernaba en Uruguay por medio de los partidos Blanco y Colorado. Los tupamaros secuestraban a diplomáticos y altos funcionarios del gobierno exigiendo rescate por ellos, y se infiltraron en la policía cuando ésta empezó a combatirlos. Entonces el gobierno recurrió al ejército, que extirpó a estos guerrilleros urbanos de sus hogares de la clase media. El movimiento fue aplastado y los tupamaros encarcelados.

A comienzos de los años cincuenta, un grupo de padres católicos, alarmados por la decantación atea de los profesores de las escuelas públicas —e insatisfechos con la enseñanza del inglés por parte de los jesuitas— invitaron al provincial de los Hermanos Cristianos irlandeses a fundar un colegio en Montevideo. La invitación fue acogida y cinco Hermanos seglares irlandeses acudieron desde Irlanda, vía Buenos Aires, para fundar el Colegio Stella Maris —un colegio para chicos entre nueve y dieciséis años de edad— en el barrio de Carrasco. Las clases comenzaron en mayo de 1955 en una casa del paseo Marítimo o Rambla, bajo el inmenso cielo del Atlántico Sur.

Aunque su español era muy poco ortodoxo, estos Hermanos irlandeses resultaron muy apropiados para las finalidades propuestas. Uruguay estaba muy lejos de Irlanda, pero también era un país pequeño con una economía agraria. La carne para los uruguayos era lo que las patatas para los irlandeses, y la vida allí, como en Irlanda, transcurría pacíficamente. Tampoco la estructura del estrato social uruguayo del que procedían los alumnos les resultaba extraña a los Hermanos. Las familias, que vivían en modernas y confortables casas construidas entre los pinos de Carrasco —el barrio más caro de Montevideo—, eran en su gran mayoría numerosas y mantenían fuertes lazos de unión entre padres e hijos, que persistían hasta la madurez. El afecto y respeto que los chicos profesaban a sus padres se hizo extensivo enseguida a sus maestros. Esto constituyó una buena prueba de lo que habría de ser su buena conducta y, a petición de los padres de los alumnos, los Hermanos Cristianos abandonaron el uso de la tradicional vara disciplinaria.

También pervivía en Uruguay la costumbre de que los jóvenes de ambos sexos siguieran viviendo con sus padres después de acabar los estudios, no abandonando el hogar paterno hasta que contraían matrimonio. Los Hermanos Cristianos se preguntaban a veces cómo en un mundo donde el enfrentamiento generacional parecía ser el espíritu dominante de la época, los ciudadanos uruguayos —o, al menos, los que vivían en Carrasco— habían resuelto ese conflicto. Era como si la tórrida inmensidad de Brasil por el norte y las aguas fangosas del Río de la Plata por el sur y por el oeste, hubieran actuado no sólo como barreras naturales, sino como una concha protectora en un túnel del tiempo.

Los tupamaros no molestaron al Colegio Stella Maris. Los alumnos, provenientes de familias católicas con tendencias conservadoras, habían sido entregados a la custodia de los Hermanos Cristianos, que actuaban con sus métodos tradicionales y conseguían sus fines al viejo estilo. Los idealismos políticos tenían un terreno más abonado entre los jesuitas, que cultivaban el intelecto, que entre los Hermanos Cristianos, cuyo objetivo se centraba en la formación del carácter de sus chicos; el uso generoso del castigo corporal, abandonado a petición de los padres, no era el único medio de que disponían para lograr este fin. El otro era el rugby.

El juego que se practicaba en el Colegio Stella Maris, era, y sigue siendo, el mismo que se practicaba en Europa. Dos equipos de quince hombres cada uno se enfrentan en el campo. No usan cascos ni protecciones y no existen sustitutos. La meta de cada equipo es colocar el balón ovalado en la línea de ensayo defendida por el contrario o dar una patada al balón haciéndolo pasar por encima de la barra y entre los dos postes verticales de la portería en forma de H. Se puede dar patadas al balón, llevarlo agarrado entre las manos o pasarlo a un compañero, pero siempre hacia atrás. El jugador que lleva el balón puede ser «placado» por un contrario que lo derriba de un salto, agarrándolo por el cuello, la cintura o las piernas. El único modo de defenderse es el manotazo en la cara o en el cuerpo del otro jugador.

Si se detiene el juego —como, por ejemplo, cuando un jugador pasa el balón hacia delante— el árbitro toca su silbato y se forma una mêlée. Los delanteros de cada equipo se unen abrazándose y formando algo así como un enorme cangrejo de mar. En la primera línea de esta mêlée se sitúan un hooker —jugador que intenta adueñarse del balón cuando lo introducen por una abertura de la mêlée— y dos jugadores que le apoyan y que ponen la cabeza y los hombros contra los de sus contrarios. Detrás de éstos hay una segunda línea de jugadores, que, para reforzar la primera, colocan la cabeza entre las piernas de los de ésta, empujándoles y sirviéndoles de apoyo. Una tercera fila al final y en los extremos laterales apoya a este frente de choque. El equipo que tiene la ventaja lanza el balón al interior de la mêlée, y entonces el hooker le da una patada sacándolo de ella o los equipos se empujan recíprocamente sin tocar el balón hasta que éste sale a campo abierto. Entonces, los jugadores que refuerzan la mêlée le dan una patada hacia atrás, normalmente hasta donde la pueden recoger los medios, echando el balón a cualquiera de sus jugadores e intentando llegar a la línea de ensayo y marcar un tanto.

Es un deporte muy duro, elegante si se juega con habilidad y brutal si se juega con tosquedad. La fractura de una pierna o de la nariz son frecuentes. Cada mêlée significa un esguince y cada «placado» un jugador sin respiración. No sólo hay que estar en plena forma para correr velozmente durante una hora y media —excepto los diez minutos de descanso—, sino que hay que poder controlarse a sí mismo y tener espíritu de equipo. El jugador que llega a marcar un punto no es por fuerza el mejor, sino el último de la línea que se forma en el ataque al pasar el balón hacia atrás.

Cuando llegaron los Hermanos Cristianos, en Uruguay casi no se jugaba al rugby. En realidad el fútbol era no sólo el deporte nacional, sino una verdadera pasión. Junto al mayor índice de consumo de carne por cabeza, el fútbol era lo único en lo que los uruguayos habían triunfado sobre los demás países del mundo (ganaron los mundiales de 1930 y 1950), y pretender que los uruguayos practicaran otra clase de deporte era como pedir peras al olmo.

Después de haber sacrificado una de las bases de su sistema educativo prescindiendo de la vara, los Hermanos Cristianos no estaban dispuestos a renunciar a la única que les quedaba. Para ellos el fútbol era un deporte de divos, así que pensaron que el rugby podría enseñar a sus muchachos a sufrir en silencio y a trabajar en equipo. Al principio los padres no se mostraron de acuerdo, pero luego acabaron por dar la razón a los Hermanos Cristianos y por reconocer las cualidades del juego.

En cuanto a los hijos, éstos lo practicaron con verdadero entusiasmo, y cuando la primera promoción terminó sus estudios, muchos de los antiguos alumnos no quisieron abandonar el juego ni olvidarse del Stella Maris. Un grupo de ex alumnos pensó fundar una asociación, y en 1965, diez años después de la inauguración del colegio, esta idea se convirtió en realidad. La asociación se llamó Club Old Christians y su principal actividad consistía en jugar al rugby los domingos por la tarde.

En unos pocos años este juego se hizo muy popular —e incluso llegó a estar de moda— y cada verano se inscribían nuevos socios en el Club aumentando así la posibilidad de elegir a los titulares del equipo entre un mayor número de personas. El rugby llegó a alcanzar gran popularidad en Uruguay, y el primer equipo del Old Christians, se convirtió en uno de los mejores del país. En 1968 ganó el campeonato nacional de Uruguay y volvió a repetir la hazaña en 1970. Con el éxito la ambición creció. El equipo atravesó el estuario del Río de la Plata para jugar contra los equipos argentinos, y en 1971 decidió ir más lejos y enfrentarse a los equipos de Chile. Para conseguir su objetivo y que el viaje no saliera excesivamente caro, alquilaron un avión de las Fuerzas Aéreas Uruguayas para volar desde Montevideo hasta Santiago de Chile, y las plazas sobrantes las vendieron entre sus familiares y los hinchas del equipo. El viaje fue un éxito. El primer equipo de los Old Christians se enfrentó a la selección nacional chilena, ganando un partido y perdiendo otro. Al mismo tiempo, habían pasado unas vacaciones en el extranjero. Para muchos, aquélla era la primera vez que salían de su país de origen y que veían también los picos cubiertos de nieve y los glaciares de los Andes. El éxito fue tal que, en cuanto llegaron a Montevideo, empezaron a planear otro viaje para el año siguiente.

2

Cuando acabó el curso siguiente, se presentaron varios obstáculos que hicieron peligrar sus planes. Por excesiva confianza en sí mismo, el primer equipo de los Old Christians había perdido el Campeonato Nacional Uruguayo frente a un equipo considerado inferior. A raíz de ello algunos dirigentes del club decidieron que no merecían hacer otro viaje a

Chile. Otro problema era cómo cubrir las cuarenta plazas del Fairchild F-227 que habría que contratar a las Fuerzas Aéreas. El precio era de 1.600 dólares. Si se cubrían las cuarenta plazas, el precio de ida y vuelta a Santiago hubiera sido de unos cuarenta dólares, menos de un tercio de lo que costaba un viaje normal en cualquier compañía aérea. Cuantos más asientos quedaran libres, más caro resultaría el viaje y, además, tenían que afrontar los gastos de cinco días de estancia en Chile.

Empezó a difundirse la voz de que el viaje podría ser anulado, pero, a pesar de todo, los que querían ir empezaron a reclutar pasajeros entre sus familiares, amigos y compañeros de colegio. Respecto al viaje a Chile había opiniones a favor y en contra. Para los estudiantes concienciados de Ciencias Económicas se trataba de experimentar la democracia marxista bajo el régimen de Allende. Para los que no estaban tan interesados en ello, era la posibilidad de vivir bien por poco dinero. El escudo chileno era débil y el dólar alcanzaba cotas muy altas en el mercado negro. Naturalmente, los Old Christians no estaban obligados a cambiar moneda al precio oficial. Los miembros del equipo tentaban a sus amigos aludiendo a las liberales chicas de las playas de Viña del Mar o a las oportunidades de esquiar en Portillo. La red se fue ensanchando y atrapando a la madre y hermana de un joven aquí o a los primos lejanos de otro allí. Cuando llegó el momento de pagar el alquiler del avión, ya se había reunido el dinero suficiente para cubrir los gastos.

A las seis de la mañana del jueves 12 de octubre de 1972, pequeños grupos de pasajeros empezaron a llegar en automóviles propios o conducidos por sus padres y novias al aeropuerto de Carrasco para ini-

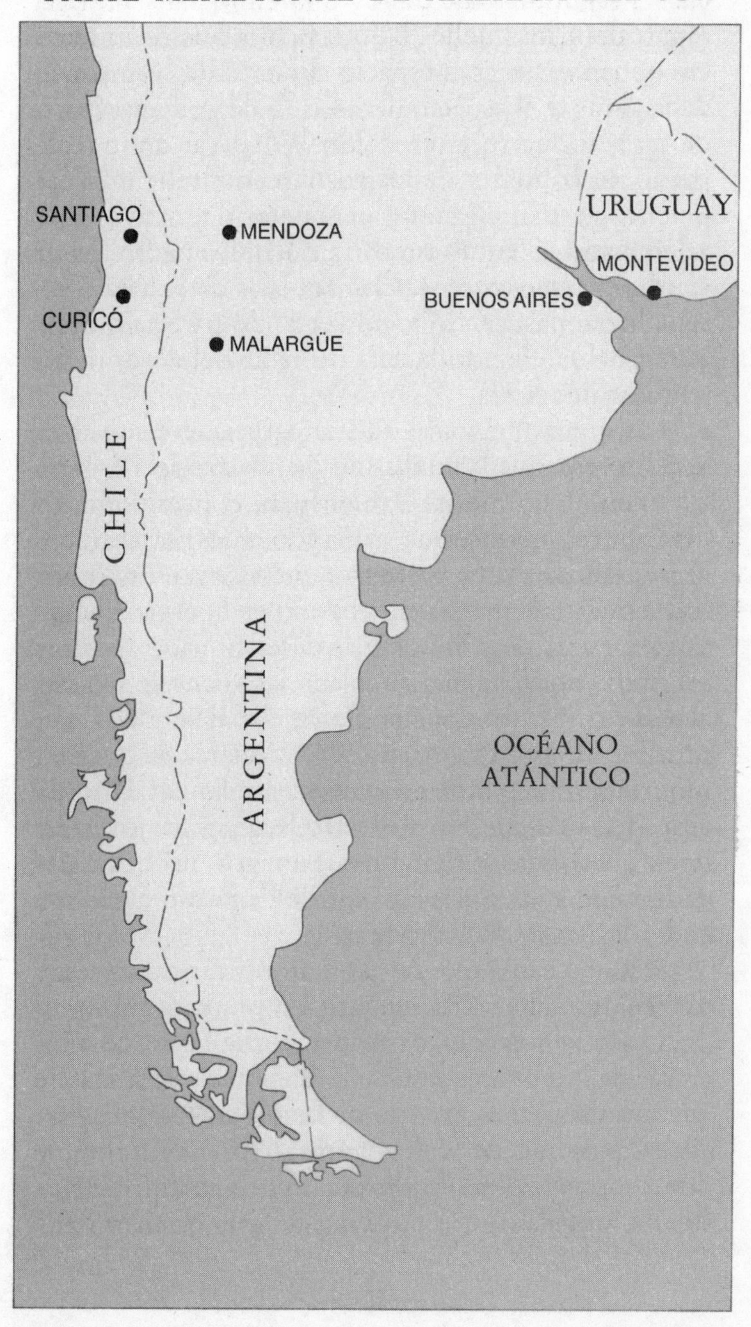
PARTE MERIDIONAL DE AMÉRICA DEL SUR
SANTIAGO
MENDOZA
CURICÓ
MALARGÜE
URUGUAY
MONTEVIDEO
BUENOS AIRES
CHILE
ARGENTINA
OCÉANO
ATÁNTICO

ciar el segundo viaje de los Old Christians a Chile. Aparcaban los coches bajo las palmeras de la zona circundante, un gran espacio cubierto de césped que daba al lugar el aspecto de un club de golf en vez del de un aeropuerto internacional. A pesar de lo temprano de la hora y de los rostros somnolientos, los jóvenes vestían elegantes chaquetas deportivas y se saludaban con entusiasmo. También los padres parecían conocerse entre sí. Con aquellas cincuenta o sesenta personas riendo y conversando parecía que alguien había elegido la sala de estar del aeropuerto para dar una fiesta.

Las únicas personas que, al parecer, conservaban la calma en aquella confusión eran Marcelo Pérez, el capitán del equipo, y Daniel Juan, el presidente de los Old Christians, que había ido a despedirlos. Sin lugar a dudas, Pérez parecía muy contento. Era quien había puesto el mayor entusiasmo en la organización del viaje a Chile y el que más decepcionado se había sentido cuando habían circulado las voces de su anulación. Incluso ahora, cuando ya el viaje era una realidad, se le arrugaba la frente al percatarse de que aún no estaban resueltos todos los problemas. Uno de ellos era la ausencia de Gilberto Regules. El joven no había acudido a la cita con sus amigos, no había llegado al aeropuerto, y cuando le llamaron a su casa nadie contestó a la llamada.

Marcelo sabía que no podían esperar demasiado. Tenían que salir por la mañana temprano, porque era peligroso sobrevolar los Andes por la tarde, cuando el aire cálido procedente de las llanuras argentinas se encontraba con el aire frío de las montañas. El avión ya había salido de los hangares de la base militar y estaba preparado en la pista del aeropuerto civil contiguo a aquélla.

Los chicos recordaban una colmena revoloteando de un lado a otro. Sus edades estaban comprendidas entre los dieciocho y los veintiséis años, pero tenían en común más de lo que parecía. Casi todos pertenecían a la plantilla del Old Christians, y algunos de sus miembros procedían de los colegios de los jesuitas o del Sagrado Corazón situados en pleno centro de Montevideo. Junto al equipo y sus hinchas, viajarían sus amigos y parientes, y otros compañeros de las facultades de Derecho, Agronomía, Ciencias Económicas y Arquitectura, en las que estudiaban los miembros del Old Christians. Tres de los chicos eran estudiantes de Medicina, y dos de ellos pertenecían al equipo. Algunos vivían en los alrededores; otros muchos eran vecinos de Carrasco, por lo que estudiaban en el mismo colegio y profesaban incluso la misma religión. Prácticamente sin excepción pertenecían a la clase más próspera de la comunidad y todos eran católicos.

No todos los pasajeros que presentaron sus billetes en la oficina de Transportes Militares eran miembros del Old Christians o jóvenes. Entre ellos estaba una mujer de mediana edad y algo gruesa, la señora Mariani, que viajaba para asistir a la boda de su hija con un exiliado político en Chile. Había, además, dos matrimonios, también de mediana edad, y una chica muy alta y bien parecida, de unos veinte años, llamada Susana Parrado, que hacía cola con su madre, su hermano Nando y su padre, que sólo había ido a despedirlos.

Una vez facturado el equipaje, los Parrado subieron al restaurante del aeropuerto, desde donde se veía la pista de aterrizaje y pidieron el desayuno. Cerca de la de los Parrado, pero en otra mesa, se sentaban dos estudiantes de Ciencias Económicas, que, como si quisieran hacer notar que eran socialistas, iban vestidos más modestamente que los demás, contrastando sobre todo con Susana Parrado, que llevaba un hermoso abrigo de piel de antílope comprado el día anterior.

Eugenia Parrado, la madre, era natural de Ucrania, y Susana y su hermano eran excepcionalmente altos, de pelo castaño y suave, ojos azules y delicados rostros eslavos. Pero a ninguno de los dos se les podía considerar atractivos. Nando era desgarbado, corto de vista y algo tímido. Aunque joven, y de buen tipo, pero no especialmente atractiva, Susana tenía una expresión seria y poco agraciada.

Llamaron a los pasajeros por los altavoces mientras tomaban café. Los Parrado, los dos socialistas y el resto de los que estaban en el restaurante se dirigieron a la sala de embarque, pasaron el control de pasaportes y la aduana y salieron a la pista. Allí vieron el brillante avión blanco que los llevaría a Chile. Subieron por una escalera de aluminio hasta la puerta delantera del aparato, por la que entraron, y se dispusieron a ocupar sus plazas en los asientos situados de dos en dos a ambos lados del interior del avión.

El Fairchild n.º 571 de las Fuerzas Aéreas Uruguayas despegó a las ocho y cinco de la mañana del aeropuerto de Carrasco en dirección a Santiago de Chile con cuarenta pasajeros y cinco tripulantes, además del equipaje. El coronel Julio César Ferradas era el piloto y comandante del avión. Prestaba servicio en las Fuerzas Armadas desde hacía más de veinte años, llevaba 5.117 horas de vuelo y había sobrevolado veintinueve veces la traicionera cordillera de los Andes. El copiloto, el teniente Dante Héctor Lagurara, era de mayor edad que Ferradas pero no tenía tanta experiencia. En una ocasión había tenido que saltar en paracaídas desde un reactor T-33 y volaba ahora en el Fairchild para entrenarse bajo la supervisión de Ferradas, según la costumbre de las Fuerzas Armadas Uruguayas.

El Fairchild F-227 en el que volaban era un turborreactor de dos motores gemelos, fabricado en Estados Unidos y comprado por las Fuerzas Aéreas Uruguayas dos años antes. El mismo Ferradas lo había pilotado desde Maryland. Desde entonces, solamente había realizado 792 horas de vuelo, por lo que, según los baremos de la aeronáutica, se le podía considerar como nuevo. En la mente de los pilotos, si existía alguna duda, no era sobre la seguridad del avión, sino sobre las extremadamente traicioneras corrientes de aire de los Andes. Un avión de transporte de mercancías con seis tripulantes, de los que la mitad eran uruguayos, había desaparecido en las montañas hacía doce o trece semanas.

El plan de vuelo establecido por Lagurara era dirigirse directamente desde Montevideo a Santiago, sobrevolar Buenos Aires y Mendoza, y cubrir en total una distancia de 1.500 kilómetros aproximadamente. La velocidad de crucero del Fairchild era de unos 400 kilómetros por hora. El viaje duraría unas cuatro horas, de las cuales la última media hora transcurriría sobre los Andes. Con la partida programada para las ocho, los pilotos esperaban evitar las peligrosas turbulencias que se originan en la zona después del mediodía. Aun así estaban preocupados por la travesía, ya que en los Andes, pese a que su anchura es inferior a los 170 kilómetros, las alturas oscilan entre los 2.000 y 6.000 metros, lo que supone una media de 4.000 metros. El Aconcagua, entre Mendoza y Santiago, de unos 7.600 metros, es la montaña más alta del hemisferio sur y solamente unos 1.200 metros más baja que el Monte Everest.

La mayor altura que podía alcanzar el Fairchild era de 7.000 metros. Por lo tanto, tendría que volar a través de un paso andino donde las alturas fueran menores.

Las posibilidades se reducían a cuatro cuando la visibilidad era buena: Juncal, en la ruta más directa desde Mendoza a Santiago, Nieves, Alvarado o Planchón. Si la mala visibilidad obligaba a los pilotos a guiarse por los instrumentos, era conveniente ir por el paso de Planchón, a unos 160 kilómetros al sur de Mendoza, ya que la altura mínima del Juncal es de 6.180 metros y en los de Nieves y Alvarado no había control por radio. El peligro no radicaba únicamente en que el avión pudiera chocar contra una montaña, sino que el tiempo atmosférico en los Andes está sujeto a toda clase de inconvenientes. Procedentes del este se levantan corrientes de aire caliente que se encuentran, entre los 4.500 y 5.500 metros, con la helada atmósfera donde comienzan las nieves. Además, los vientos ciclónicos procedentes del Pacífico penetran en los valles por el oeste, y se juntan con las corrientes frías y calientes del otro lado. Lagurara se encontró haciendo todas estas consideraciones cuando se puso en contacto con la torre de control de Mendoza.

En el departamento de los pasajeros no había señales de inquietud. Los chicos hablaban, reían, leían revistas cómicas y jugaban a las cartas. Marcelo Pérez conversaba sobre rugby con otros miembros del equipo; Susana Parrado estaba sentada al lado de su madre, que repartía caramelos a los chicos. Detrás de ellas estaban Nando Parrado y su mejor amigo, Panchito Abal.

Estos dos muchachos eran conocidos por su inseparable amistad. Los dos eran hijos de famosos hombres de negocios y trabajaban con sus padres. Parrado vendía tuercas y tornillos, y Abal, tabaco. Su amistad se percibía a primera vista. Abal —apuesto, atractivo y rico— era uno de los mejores jugadores de rugby de Uruguay y actuaba como puntero en el Old Christians; en cambio, Parrado era desmañado, tímido y, aunque no mal parecido, tampoco era especialmente atractivo. Jugaba en la segunda línea de mêlée. Compartían el interés por los coches y las chicas, razón por la que se habían ganado su reputación de playboys. Los coches eran caros en Uruguay, pero los dos tenían uno: Parrado, un Renault 4, y Abal un Mini Cooper. También tenían motocicletas con las que recorrían las playas de Punta del Este llevando alguna chica en el asiento posterior.

En este aspecto parecía que había una pequeña diferencia entre ambos, porque mientras casi a ninguna chica le importaba que la vieran con Abal, salir con Parrado no era tan popular. Éste no tenía el atractivo de Abal ni su simpatía, incluso daba la impresión de ser tan superficial como aparentaba. Por el contrario, Abal parecía esconder detrás de su jovialidad y cordialidad una profunda y misteriosa melancolía que, unida en ocasiones a una expresión de simple aburrimiento, lo hacía aún más interesante. Abal correspondía a la admiración que despertaba en las mujeres dedicándoles su tiempo. Su complexión, fuerza y habilidad le permitían no asistir a todos los entrenamientos que requerían los otros miembros del equipo para mantenerse en forma. Así pues, las energías que no utilizaba en el rugby las dedicaba a las chicas guapas, a los automóviles y a las motos, a los trajes elegantes y a su amistad con Parrado.

La única ventaja de Parrado sobre Abal, por la que éste hubiera cambiado todas las otras, era que pertenecía a una familia unida y feliz. Los padres de Abal, sin embargo, estaban divorciados. Ambos habían estado casados con anterioridad y tenían hijos de sus anteriores matrimonios. La madre era mucho más joven que el padre, que pasaba ya de los setenta, pero Abal había decidido vivir con su padre. En cualquier caso, el divorcio le había afectado mucho, por lo que su melancolía byroniana no se debía a una pose.

El avión sobrevoló la interminable pampa argentina. Los que estaban al lado de las ventanillas podían ver las verdes figuras geométricas que hacían las plantaciones en la llanura y, de vez en cuando, bosques o pequeñas casas con árboles plantados a su alrededor. Lentamente, el suelo comenzó a transformar su verde apariencia por otra más árida, en la medida en que se iban acercando a las estribaciones de la sierra que se alzaba a la derecha. Los pastos dieron paso a la maleza y el terreno cultivado se fue reduciendo a pequeñas parcelas regadas por medio de pozos artesianos.

De pronto vieron cómo los Andes se alzaban frente a ellos, una dramática y aparentemente intransitable barrera, con picos cubiertos de nieve, como los dientes de una sierra gigantesca. La visión de esta cordillera hubiera sido suficiente para asombrar al viajero más experimentado, pero aún más a estos jóvenes uruguayos, la mayoría de los cuales las montañas más altas que conocían eran las pequeñas colinas que hay entre Montevideo y Punta del Este.

Cuando comenzaban a ponerse tensos ante la extraordinaria vista de algunas de las montañas más altas del mundo, el auxiliar de vuelo, Ramírez, salió inesperadamente de la cabina y anunció por los altavoces que debido a las malas condiciones atmosféricas era imposible atravesar la cordillera. Aterrizarían en Mendoza y esperarían a que mejorase el tiempo.

Los chicos no ocultaron su desilusión en el compartimiento de los pasajeros, pues sólo disponían de cinco días para pasarlos en Chile y no querían desperdiciar uno de ellos —o sus preciados dólares norteamericanos— en Argentina. Como es imposible rodear los Andes, ya que se extienden de un extremo a otro de Sudamérica, no había otro remedio, así que se ajustaron los cinturones de seguridad y esperaron hasta que el Fairchild aterrizó de forma bastante brusca en el aeropuerto de Mendoza. Cuando se detuvieron frente al edificio del aeropuerto y Ferradas salió de la cabina de los pilotos, Roberto Canessa, un puntero del equipo, lo felicitó burlonamente por el aterrizaje.

—No me felicites a mí —dijo Ferradas—, es Lagurara quien merece las alabanzas.

—¿Cuándo salimos para Chile? —preguntó otro chico.

El coronel le respondió encogiéndose de hombros:

—No lo sé. Depende de lo que pueda pasar con el tiempo.

3

Los chicos salieron tras los pilotos y el resto de la tripulación y caminaron por la pista hasta el control de aduanas. Las montañas, que proyectaban su sombra sobre ellos, parecían la fachada de un inmenso acantilado. Todo lo demás, comparado con su magnitud, quedaba empequeñecido: los edificios, los tanques de combustible y los árboles. Los jóvenes permanecieron impertérritos. Ni la cordillera o la desagradable perspectiva de cambiar dólares por pesos argentinos alteraban su ánimo. Abandonaron el aeropuerto divididos en grupos, unos en autobús, otros en taxi, y algunos hicieron autostop a los camiones que pasaban por allí.

Los chicos tenían hambre, pues ya era hora de comer. Además, habían desayunado temprano, algunos ni siquiera lo habían hecho, y en el avión no había nada que comer. Un grupo de los más jóvenes se dirigió a un restaurante, cuyo dueño, un uruguayo expatriado, no les permitió que pagaran la cuenta.

Otros buscaron un hotel barato y, una vez reservadas las habitaciones, salieron a la calle para ver la ciudad, pero, impacientes como estaban por llegar a Chile, no disfrutaron mucho en Mendoza. Ésta es una de las ciudades más antiguas de Argentina. Fundada por los españoles en 1561, conserva gran parte del encanto y la gracia de la época colonial, con calles anchas, bordeadas de árboles. El ambiente, a pesar de que estaban en el comienzo de la primavera, despedía el perfume de las flores que ya brotaban en los jardines públicos.

En las calles se alineaban agradables tiendas, cafés y restaurantes, mientras que en las afueras de la ciudad se veían los viñedos, productores de uno de los vinos más exquisitos de América.

Los Parrado, Abal, la señora Mariani y los otros dos matrimonios de mediana edad reservaron habitaciones en los mejores hoteles, pero después de comer se marcharon en distintas direcciones. Parrado y Abal se dirigieron a presenciar una carrera de automóviles que se celebraba fuera de la ciudad y, más tarde, en compañía de Marcelo Pérez, a ver a Barbra Streisand en *¿Qué me pasa, doctor?* Los más jóvenes se unieron a un grupo de chicas argentinas que estaban pasando unas vacaciones en la ciudad y se fueron a bailar con ellas. Algunos componentes de este grupo no volvieron al hotel hasta las cuatro de la madrugada.

Al día siguiente se levantaron muy tarde, pero como la tripulación no había dado aún la orden de regresar al aeropuerto, continuaron paseando por las calles de Mendoza. Uno de los más jóvenes, Carlitos Páez, que era algo aprensivo, compró una buena cantidad de aspirinas y alka-seltzer. Otros se gastaron el último dinero argentino en chocolatinas, frutas secas y cargaron de gas los encendedores. Nando Parrado compró un par de zapatos rojos para su hermana menor, y su madre botellas de ron y licor para sus amistades en Chile, que entregó a Nando para que se las guardara, lo que éste hizo metiéndolas en una bolsa junto con su ropa de rugby.

Dos de los estudiantes de medicina, Roberto Canessa y Gustavo Zerbino, fueron a un café que tenía sillas y mesas en la terraza de la avenida, donde tomaron un desayuno compuesto por zumo de melocotón, cruasans y café con leche.

Un poco después, mientras tomaban el café, vieron que su capitán, Marcelo Pérez, se dirigía hacia ellos en compañía de los dos pilotos.

—¡Eh! —le gritaron al coronel Ferradas—. ¿Nos podemos marchar ya?

—Aún no —respondió Ferradas.

—¿Es que son ustedes unos cobardes, o qué? —preguntó Canessa, al que apodaban «Músculos» por su carácter agresivo.

Ferradas, que reconoció el tono agudo de la voz de quien lo había «felicitado» por el aterrizaje el día anterior, pareció molestarse un poco.

—¿Queréis que vuestros padres lean en los periódicos de mañana que cuarenta y cinco uruguayos se han perdido en la cordillera de los Andes? —preguntó.

—No —contestó Zerbino—. Quiero que lean que cuarenta y cinco uruguayos cruzaron la cordillera a toda costa.

Ferradas y Lagurara se marcharon riendo. Estaban ante una difícil situación, no por el descaro de los chicos sino por el dilema al que tenían que enfrentarse. Los partes meteorológicos anunciaron una mejora del tiempo en los Andes. El paso de Juncal todavía estaba cerrado, pero había muchas probabilidades de que a primera hora de la tarde el paso de Planchón se despejara. Esto significaba que habrían de cruzar los Andes a una hora considerada peligrosa, pero confiaban en poder sobrevolar las turbulencias. La otra alternativa era regresar a Montevideo (porque era ilegal que un avión militar extranjero permaneciese en suelo argentino más de veinticuatro horas), lo cual no sólo perjudicaría al Old Christians, sino que supondría una pérdida económica para las Fuerzas Aéreas Uruguayas. Por estos motivos informaron a los pasajeros, por intermedio de Marcelo Páez, que deberían personarse en el aeropuerto a las trece horas.

Los pasajeros así lo hicieron, pero, a su llegada, no encontraron ni a la tripulación ni a los oficiales argentinos que debían revisar el equipaje. Los chicos se entretuvieron haciendo fotografías, pesándose, asustándose entre sí dada la coincidencia de que era viernes y trece, y gastando bromas a la señora Parrado por llevar a Chile una manta en primavera. Entonces se oyó un grito. Ferradas y Lagurara entraron en la terminal del aeropuerto llevando una gran cantidad de botellas de vino de Mendoza. Los chicos les increparon con bromas. «¡Borrachos!», gritó uno, «¡Contrabandistas!», dijo otro y, por último, el osado Canessa exclamó con evidente desdén: «Mira qué clase de pilotos llevamos.»

Ferradas y Lagurara parecían un poco desconcertados por las burlas del grupo de chicos. Se mantenían a la defensiva de forma evidente, porque aún no estaban muy seguros de la decisión que debían tomar, pero además, porque los pasajeros podían considerar como incompetencia una actitud demasiado cautelosa. En ese mismo momento aterrizaba otro avión en el aeropuerto. Era un avión de carga, destartalado y ruidoso, que despedía humo de sus motores mientras avanzaba por la pista, pero cuando el piloto entró en la terminal del aeropuerto, Ferradas se acercó a él para pedirle consejo.

El piloto, que acababa de llegar de Santiago, le comunicó que las fuertes turbulencias no serían gran problema para el Fairchild, dotado con uno de los más modernos equipos de navegación del momento. El piloto les recomendó además que tomaran la ruta directa a Santiago sobre el paso Juncal, lo que reduciría el trayecto en más de 250 kilómetros.

Ferradas decidió que continuarían el viaje, pero no por el paso Juncal, sino por la ruta del sur, más segura, atravesando el paso Planchón. Cuando se les comunicó esta decisión, los muchachos dieron muestras de alegría, pese a que aún habrían de esperar a que les revisaran los pasaportes antes de entrar en el Fairchild.

Entre tanto observaron el viejo avión de carga, que despegó haciendo el mismo ruido que antes y despidió la misma cantidad de humo. Dos componentes del Old Christians se dirigieron a dos chicas argentinas con las que habían estado bailando la noche anterior y que estaban en el aeropuerto para despedirlos, diciendo:

—Ahora sabemos qué clase de aeroplanos tenéis en Argentina.

—Al menos ha cruzado los Andes —contestó una de las chicas—, que es más de lo que puede hacer el vuestro.

4

El copiloto Lagurara estaba otra vez al mando del Fairchild cuando éste despegó del aeropuerto de Mendoza a las 14.18 hora local. Se dirigió hacia Chilecito y después a Malargüe, una pequeña ciudad en la vertiente argentina del paso Planchón. El avión ascendió hasta los 6.000 metros y volaba con un viento de cola de 20 a 60 nudos.

A sus pies, el terreno era desolado y árido, salpicado de cauces de ríos y lagos salados donde se veían las huellas de las excavadoras. La cordillera se alzaba a la derecha, como una cortina de rocas desnudas extendida desde el cielo. Si la llanura ya no parecía muy fértil, aquellas montañas se asemejaban a un desierto. Las rocas pardas, grises y amarillas carecían de cualquier vestigio de vegetación, ya que su altura impedía que la lluvia procedente del Pacífico llegara hasta las montañas de este lado de la cordillera. En la parte argentina, la tierra que se apreciaba entre las grietas de las montañas no era más que polvo volcánico. Tampoco había árboles, arbustos o hierba. Nada rompía la monótona elevación de estas rocas quebradizas excepto la nieve. Sobre una altura de 4.000 metros aproximadamente, comenzaban las nieves perpetuas, suavizando los perfiles de las montañas y acumulándose en los valles hasta una profundidad de más de treinta metros, aunque para aquella época del año se encontraban a altitudes muy inferiores.

El Fairchild no sólo estaba dotado de un sistema de radio compás con control de dirección automático, sino con el más moderno aparato VOR, un VHF de alcance multidireccional. La comunicación con la estación de control de Malargüe no era más que una cuestión de rutina, por lo que la establecieron a las 15,08. Aunque volaban a una altura de 6.000 metros, giraron hasta tomar la ruta aérea G 17 sobre la cordillera. Lagurara calculó que alcanzarían Planchón —el punto intermedio de las montañas donde el control del tránsito aéreo pasaba de Mendoza a Santiago— a las 15.21 horas.

A medida que avanzaban hacia el interior de las montañas, un mar de nubes blancas comenzaba a extenderse por debajo de ellos, pero de momento no suponía un motivo de preocupación. La visibilidad por encima de las nubes era buena y como el terreno de la parte alta de la cordillera estaba cubierto de nieve, no se equivocarían al identificar Planchón. El único cambio de importancia era que el viento moderado de cola se había recrudecido, por lo que redujeron la velocidad de crucero del avión de 210 a 180 nudos.

A las 15.21 Lagurara comunicó al control de tránsito aéreo de Santiago que sobrevolaban el paso Planchón y que, según sus cálculos, estimaba que alcanzarían Curicó —la pequeña ciudad de Chile en el lado oeste de los Andes— a las 15.32. Unos tres minutos más tarde, el Fairchild estableció un nuevo contacto con Santiago para comunicar que divisaba Curicó y se dirigían a Maipú. El avión giró en ángulo recto para tomar la ruta anterior hacia el norte. La torre de control de Santiago, que aceptó como correcta la información transmitida por Lagurara dio su autorización para descender a 3.500 metros cuando el avión se encaminaba hacia el aeropuerto de Pudahuel. A las 15.30, en Santiago comprobaron el nivel del Fairchild. Se les informó que el nivel era de 150, lo que significaba que Lagurara ya había descendido 1.000 metros. A esta altura penetró en una nube, y el avión comenzó a saltar y dar sacudidas debido a las diferentes bolsas de aire. Lagurara conectó el letrero luminoso del compartimiento de pasajeros para ordenarles que se abrocharan los cinturones de seguridad y se abstuvieran de fumar. Al mismo tiempo pidió a Ramírez, el ayudante acababa de llevar un mate a Ferradas, una amarga infusión de Sudamérica, que se asegurara de que las instrucciones habían sido cumplidas por los revoltosos pasajeros.

En el compartimiento de pasajeros reinaba un ambiente de fiesta. Muchos chicos atravesaban el pasillo de un lado a otro tratando de ver las montañas a través de las ventanas, en medio de algún claro entre las nubes. Todos estaban muy animados. Un balón de rugby, lanzado a través del pasillo, pasaba por encima de las cabezas de los pasajeros. En la parte posterior, un grupo jugaba a las cartas, y más atrás aún, el ayudante de vuelo y Martínez, el navegante, se entretenían con una partida de truco, otro juego de naipes. Mientras recorría el camino de vuelta para reanudar el juego, el ayudante de vuelo ordenó a los chicos que aún permanecían en pie que se sentaran.

—Hay mal tiempo afuera —les dijo—, y el avión va a bailar un poco, pero no se preocupen. Ya estamos en contacto con Santiago y aterrizaremos enseguida.

Cuando llegó a su sitio, pidió a cuatro de los chicos que se sentaban atrás, que se desplazaran hacia delante. Se sentó junto al navegante y tomó sus cartas.

Al penetrar en otro banco de nubes, el avión comenzó a sacudirse de tal forma que alarmó a muchos pasajeros. Se improvisaron un par de chistes para calmar el nerviosismo. Uno de los chicos tomó el micrófono de la parte posterior del avión y dijo:

—Señoras y señores, pónganse los paracaídas, por favor. Vamos a aterrizar en la cordillera.

Los oyentes no se divirtieron demasiado porque en ese preciso instante el avión traspasó una bolsa de aire y descendió varios metros con brusquedad. Roberto Canessa, alarmado, se volvió hacia la señora Nicola, que estaba sentada junto a su marido en el otro lado del pasillo, y le preguntó si tenía miedo.

—Sí —le contestó—, lo tengo.

Detrás, un grupo de chicos comenzó a gritar «Conga, conga, conga», y Canessa, para infundir valor, lanzó el balón de rugby que tenía en las manos al doctor Nicola, quien, a su vez, lo tiró hacia la cabina.

Eugenia Parrado levantó la vista del libro. Por la ventanilla sólo se veía la niebla blanca de la nube. Se volvió hacia el otro lado, miró a Susana y le apretó la mano. Detrás de ellas, Nando Parrado y Panchito Abal estaban enfrascados en una conversación. Parrado no se había abrochado el cinturón de seguridad ni tampoco lo hizo cuando el avión pasó por una segunda bolsa de aire que le hizo descender otra vez una cantidad considerable de metros. Los gritos de «Olé, olé, olé» salieron de la garganta de los chicos que estaban cerca de la cabina —desde allí no podían ver el exterior por las ventanillas—, porque después de la segunda caída, el avión había salido de la nube, y el panorama que se presentaba bajo ellos no era precisamente, varios miles de metros más abajo, el de los valles verdes del centro de Chile, sino el filo de las rocas de una montaña cubierta de nieve a tan sólo diez metros del borde del ala.

—¿Es normal volar tan cerca? —preguntó un chico a otro.

—Creo que no —contestó el compañero.

Varios pasajeros se pusieron a rezar. Otros, abrazados al asiento delantero, esperaban el impacto del golpe. Rugían los motores mientras el Fairchild vibraba tratando de remontarse. Se elevó un poco, pero enseguida se oyó el ruido del golpe al chocar el ala derecha contra la montaña. El ala se rompió de inmediato, pasó por encima del fuselaje y cortó la cola. El ayudante de vuelo, el navegante y la baraja, salieron despedidos, seguidos de tres chicos que estaban atados a sus asientos. Un momento más tarde se partió el ala izquierda, y una hoja de la hélice rasgó el fuselaje antes de caer.

En la parte del fuselaje que había quedado se oyeron gritos de terror y peticiones de socorro. Sin alas ni cola, el avión se iba a precipitar, como erizado, en la escarpada montaña, pero en vez de hacerse añicos contra una pared de roca, aterrizó sobre su vientre en un valle profundo y se deslizó como por un tobogán a través de la superficie inclinada y cubierta por una espesa capa de nieve.

La velocidad que llevaba cuando aterrizó era de unos doscientos nudos, y pese a todo no se había desintegrado. Otros chicos salieron despedidos desde la zona posterior del avión. Los demás permanecieron dentro mientras el aparato se arrastraba montaña abajo, pero la fuerza de deceleración arrancó los asientos de sus bases, salieron violentamente despedidos hacia delante, y aplastaron a las personas que encontraron a su paso además de romper el tabique que separaba el compartimiento de los pasajeros del destinado al equipaje. Mientras penetraba en el interior el aire frío de los Andes, los pasajeros que no habían perdido el conocimiento y todavía esperaban el choque contra las rocas, resultaron contusionados por el metal y el plástico de los asientos. Algunos de los muchachos intentaron liberarse de los cinturones de seguridad y salir al pasillo, pero sólo lo consiguió Gustavo Zerbino. Permaneció erguido con los pies firmemente apoyados en el suelo y las manos contra el techo, gritando:

—Jesús, Jesús, Jesusito, ayúdanos, ayúdanos.

Carlitos Páez, otro de los chicos, continuaba rezando el avemaría que había comenzado cuando se partió la primera ala. El avión se detuvo cuando acababa de pronunciar las últimas palabras de esta oración. Hubo un momento de quietud y silencio. Después, lentamente, del revoltijo que era la cabina de pasajeros comenzaron a oírse señales de vida: lamentos, rezos y peticiones de auxilio.

Cuando el avión se precipitaba valle abajo, Canessa, a la espera del impacto, pensaba que su vida acabaría en un instante. No podía rezar, sólo calculaba mentalmente la velocidad del avión y la fuerza con que chocaría contra la roca. De pronto reparó en que el aparato ya no se movía.

—Se ha parado —gritó, y se giró hacia su compañero para preguntarle si se encontraba bien.

El muchacho se hallaba en un estado de shock. Afirmó moviendo la cabeza y entonces Canessa lo dejó para acudir en ayuda de su amigo Daniel Maspons, que intentaba desembarazarse de su asiento.

Una vez libre, los dos comenzaron a ayudar a los demás. Al principio creyeron que eran los únicos que no estaban heridos, porque a su alrededor sólo oían gritos de socorro, pero otros muchachos aparecieron entre los destrozos. Primero salió Gustavo Zerbino, después el capitán del equipo, Marcelo Pérez. Éste tenía contusiones en el rostro y le dolía el costado, pero como era el capitán del equipo, se responsabilizó enseguida de la organización del rescate de los que aún continuaban atrapados, en tanto que Canessa y Zerbino, los dos estudiantes de medicina, intentaban auxiliar a los heridos.

Inmediatamente después de pararse el avión, algunos advirtieron el olor de la gasolina, y temiendo que explotase o se incendiara escaparon afuera por el agujero de la cola. Se encontraron metidos en la nieve hasta la cintura. Bobby François, el primero en abandonar el avión, se subió en una maleta y encendió un cigarrillo.

—La fastidiamos —le dijo a Carlitos Páez, que también había salido y lo acompañaba en la nieve.

La escena era de una absoluta desolación. Estaban rodeados de nieve por todas partes, y las paredes grises de las montañas se alzaban en tres direcciones. El avión se había detenido en una pendiente suave que apuntaba hacia el valle que tenía más lejos las montañas, que estaban parcialmente cubiertas de nubes grises. Hacía frío y algunos jóvenes llevaban camisas de manga corta, mientras los demás vestían cazadoras o sólo se cubrían con prendas ligeras. Nadie estaba vestido para soportar temperaturas bajo cero, y las pocas maletas apenas podrían proporcionarles alguna ropa extra.

Miraban hacia la cima de la montaña para buscar el equipaje, cuando vieron una figura que bajaba tambaleándose. Cuando estuvo más cerca, reconocieron a Carlos Valeta, y le gritaron para que se dirigiese hacia ellos. Valeta no parecía capaz de verlos ni oírlos. Se hundía en la nieve hasta la cintura con cada paso, y solamente la inclinación de la pendiente le permitía lograr algún avance. Los jóvenes se dieron cuenta de que su trayectoria no le conduciría hasta el avión siniestrado, así que le gritaron aún más fuerte para llamar su atención. Páez y Storm intentaron ir en su ayuda, pero caminar en la nieve era imposible y más aún cuesta arriba. Atrapados como estaban, miraban impotentes los tumbos que daba Valeta por la nieve. Durante un instante creyeron que los había oído y pareció que cambiase la trayectoria para dirigirse al valle, pero entonces tropezó. Sus largas zancadas se convirtieron en pasos torpes y, finalmente, cayó rodando por el declive de la montaña hasta que desapareció en la nieve.

En el interior del avión, el grupo de los que se hallaban sanos y salvos consiguió sacar de los asientos a los que estaban atrapados y heridos. Necesitaron el doble de energías y esfuerzo a causa de la presión atmosférica, inferior a la normal, en las montañas. Por otra parte, los que estaban levemente heridos, todavía se encontraban en estado de shock.

Por los heridos liberados, apenas se podía hacer nada. La experiencia de los dos «doctores», Canessa y Zerbino (el otro estudiante de medicina se encontraba en estado de shock), era muy poca, por desgracia. Zerbino cursaba el primer año de carrera y seis meses los había dedicado a las clases obligatorias de psicología y sociología. Canessa estaba en segundo, pero esto equivalía solamente a un cuarto del total de estudios a realizar. A pesar de ello, los dos se daban cuenta de la responsabilidad que debían asumir.

Canessa se arrodilló para examinar el cuerpo aplastado de una mujer a quien no reconoció en un principio. Era Eugenia Parrado y estaba muerta. A su lado se encontraba Susana Parrado, viva y semiinconsciente, pero gravemente herida. La sangre, que manaba de la frente, le tapaba un ojo. Canessa se la limpió para que pudiera ver y la acostó en el suelo en un espacio libre de asientos.

Abal estaba cerca de allí y también se encontraba gravemente herido, con el cráneo hundido. Cuando Canessa se arrodilló a su lado para tratar de curarlo, Abal, cogiéndole de la mano, le dijo:

—Por favor, viejo amigo, no me abandones, no me abandones.

Había tantos suplicando ayuda que Canessa no se pudo quedar con él. Pidió a Zerbino que atendiera a Abal, y se acercó a Parrado, que había salido despedido de su asiento y yacía inconsciente en la parte delantera del avión. Tenía el rostro cubierto de sangre y supuso que estaba muerto. Le tomó el pulso y notó un débil latido. Aún estaba vivo, pero como no parecía posible que pudiera resistir demasiado tiempo, lo dio por muerto, ya que no podía hacer nada por él.

Al lado de Eugenia Parrado, otros dos pasajeros habían muerto instantáneamente. Se trataba del matrimonio Nicola. Ambos habían sido expulsados por la fuerza del choque hasta el departamento de los equipajes.

Por el momento dejaron a los fallecidos donde estaban, y los dos estudiantes de medicina volvieron a atender lo mejor que podían a los que aún se hallaban con vida. Hicieron vendajes de las fundas de las almohadas de los asientos, pero este remedio no era suficiente para la mayor parte de los heridos. Uno de ellos, Rafael Echavarren, tenía desgarrada la pantorrilla y le colgaba la carne. El hueso estaba al descubierto. Zerbino tomó el músculo con las manos, lo colocó en su sitio y luego le envolvió la pierna con una camisa blanca.

Otro, Enrique Platero, buscaba a Zerbino porque tenía un tubo de acero clavado en el estómago. Zerbino, aunque estaba asustado, recordó que una de las lecciones de psicología médica decía que un médico siempre debe inspirar confianza a sus pacientes. Miró a Platero a los ojos y, acentuando con toda la firmeza que pudo sus palabras, le dijo:

—Bueno, Enrique, yo te veo bien.

—¿Tú crees? —le respondió Platero, que añadió, señalándose el tubo de acero que le salía del estómago—: Y esto, ¿qué?

—Eso no es nada —dijo Zerbino—; tú eres fuerte, así que ven y ayúdame a retirar estos asientos.

Platero pareció conformarse. Se dio la vuelta hacia los asientos y, al hacerlo, Zerbino agarró el tubo y apoyando una rodilla en el cuerpo de Platero, estiró con todas sus fuerzas. El tubo de acero salió y, con él, al menos diez centímetros de lo que Zerbino creyó que eran los intestinos de Platero.

Platero fijó la atención otra vez en su vientre, contemplando espantado lo que salía de él, pero, sin darle tiempo a quejarse, Zerbino le dijo:

—Mira, Enrique, tú crees que estás muy mal, pero aquí hay muchos que están peor que tú, así que no seas cobarde y ven a ayudarme. Sujétate eso con la camisa, lo miraré más tarde.

Sin una sola queja, Platero hizo lo que Zerbino le pidió.

Canessa, mientras tanto, atendía a Fernando Vázquez, el chico que estaba a su lado. La pierna, que en principio Canessa creyó solamente rota, estaba cortada en realidad, lo que había sucedido cuando la hoja de la hélice rasgó el fuselaje. La sangre había manado en abundancia por la arteria y ahora Fernando estaba muerto.

Gran parte de los chicos presentaban heridas en las piernas, causadas al soltarse los asientos y ser aplastados por ellos. Uno de los jóvenes tenía, además de una pierna rota por tres sitios diferentes, una herida en el pecho, y estaba inconsciente. Pero los conscientes, como Panchito Abal, Susana Parrado y, la peor de todos, la dama de mediana edad a quien nadie conocía, la señora Mariani, eran los que más sufrían. Ésta estaba aprisionada bajo un montón de asientos, tenía las dos piernas rotas, y los chicos no lograban zafarla de ellos. Gritaba pidiendo socorro, pero ellos no tenían fuerza suficiente para levantar los asientos que la tenían atrapada.

El rostro de Liliana Methol, la quinta mujer que viajaba en el avión, estaba lleno de contusiones y sangre, pero todas sus heridas eran superficiales. Su marido, Javier, primo de Panchito Abal, aunque ileso estaba muy afectado por la altitud.

Realizaba grandes esfuerzos para auxiliar a los heridos, pero se hallaba tan mareado y sentía tales náuseas que apenas era capaz de moverse. Los demás, que no presentaban estos síntomas, aún no se habían recobrado del shock del accidente. Uno de ellos, Pedro Algorta, padecía amnesia total. Se sentía bien físicamente y ayudaba a retirar los asientos, pero no sabía dónde estaba ni qué hacía. Otro, que también tenía un golpe en la cabeza, hacía esfuerzos para abandonar el avión y caminar montaña abajo.

El accidente se produjo a las tres y media de la tarde. En ese momento estaba nublado y había poca claridad, pero hacia las cuatro comenzó a nevar, poco al principio, copiosamente después, de manera que no se veían las montañas.

A pesar de la nieve que caía, Marcelo insistió en que sacaran fuera a los heridos para poder vaciar el suelo del avión, lleno de asientos retorcidos. Esto sería una simple medida provisional, pues todos ellos tenían la certeza de que a esas horas se sabría que el avión había desaparecido, y el equipo de rescate ya estaría en camino.

Convinieron que facilitarían el rescate si transmitían mensajes por radio. La entrada a la cabina de pilotaje estaba bloqueada por los asientos que se habían amontonado en el departamento de pasajeros, pero como se oían gemidos al otro lado, Moncho Sabella, uno de los jóvenes más serenos, decidió intentar llegar a la cabina por el exterior.

Era casi imposible avanzar por la nieve, pero descubrió que podía usar los almohadones de los asientos para hacer un camino que le llevara hasta la parte delantera del avión. El morro se había aplastado al descender, pero pudo trepar por uno de los laterales y mirar al interior de la cabina por la puerta del departamento de equipajes.

Desde allí descubrió que Ferradas y Lagurara estaban atrapados en los asientos, con los instrumentos del avión hincados en sus pechos. Ferradas estaba muerto, pero Lagurara, que aún vivía y estaba consciente, al ver a Sabella a su lado le suplicó que lo auxiliara. Poco podía hacer Sabella por él. No le era posible liberar el cuerpo de Lagurara, pero al oírlo pedir agua, le acercó a la boca un puñado de nieve aplastada en un pañuelo. Después trató de conectar la radio, pero todos sus esfuerzos fueron inútiles. Cuando volvió al lado de sus compañeros les dijo, para no desmoralizarlos, que había hablado con Santiago.

Más tarde, Canessa y Zerbino recorrieron el mismo camino que Sabella hasta la cabina de los pilotos. Intentaron apartar de Lagurara el panel de instrumentos, pero no consiguieron moverlo. El asiento también estaba en una posición inamovible. Lo único que lograron fue sacarle el almohadón trasero y aliviar en parte la presión de su pecho.

Mientras se esforzaban inútilmente para liberarlo, Lagurara no cesaba de repetir:

—Habíamos pasado Curicó, habíamos pasado Curicó.

Poco más tarde, viendo que no podían ayudarle, pidió a los dos chicos que le dieran el revólver que llevaba en la cartera. La cartera no se veía en ningún sitio, pero ni Canessa ni Zerbino estaban dispuestos a entregárselo aunque lo encontraran, porque, como católicos que eran, no podían permitir el suicidio. En lugar de ello le preguntaron si era posible usar la radio para pedir socorro, y la conectaron siguiendo las instrucciones de Lagurara, pero no funcionaba.

Lagurara continuó solicitando que le dieran el revólver, y agua. Canessa salió de la cabina y trajo un poco de nieve que metió en la boca del herido, pero su sed era patológica e insaciable. Sangraba por la nariz, y Canessa se dio cuenta de que no viviría mucho tiempo.

Los dos «médicos» regresaron por el camino de almohadones a la parte trasera del aparato, a aquel estrecho y oscuro túnel de lamentos donde la gente gritaba. Aquellos a quienes habían conseguido liberar estaban afuera, tendidos en la nieve, y los que eran capaces de trabajar trataban de hacer espacio en el interior del avión limpiándolo de desechos. Pero ya estaba oscureciendo. A las seis de la tarde era casi de noche y la temperatura descendió muchos grados bajo cero. Como era evidente que el equipo de rescate no llegaría aquel día, volvieron a meter a los heridos en el interior del avión, y los treinta y dos supervivientes se dispusieron a pasar la noche.

5

Había poco sitio para permanecer de pie, y menos aún para estar tumbado. La parte posterior del fuselaje estaba rota y abollada, por lo que sólo habían quedado siete ventanillas en el lado izquierdo y cuatro en el derecho. La distancia desde la cabina de pilotaje hasta la parte posterior rota era sólo de unos seis metros y medio, pero la mayor parte de este espacio lo ocupaban aún los asientos retorcidos y enredados entre sí. Colocaron a los heridos de más gravedad, incluidos Susana Parrado, su hermano Nando y Panchito Abal, en la única zona del suelo que pudieron despejar antes del anochecer, junto a la entrada. Allí podían permanecer tumbados casi horizontalmente, pero carecían de protección contra la nieve y el viento frío del exterior. Marcelo Pérez, con la ayuda de un corpulento delantero llamado Roy Harley, habían hecho todo lo posible para construir una barrera con todo lo que tenían a mano —especialmente los asientos y las maletas—, pero el viento era muy fuerte y la derribaba constantemente.

Pérez, Harley y un grupo de chicos que estaban ilesos, se apretujaron junto a los heridos cerca de la entrada, bebiendo el vino que los pilotos habían comprado en Mendoza e intentando a toda costa conservar aquella barrera. El resto de los supervivientes trataba de dormir en cualquier sitio, entre los asientos y los cuerpos de los demás. Los que pudieron, entre ellos Liliana Methol, se metieron en el reducido espacio del departamento de equipajes que estaba entre el de los pasajeros y la cabina de los pilotos. Era bastante incómodo, pero el menos frío de todo el avión. También allí se pasaron el vino de las grandes botellas traídas de Mendoza. Algunos de los chicos todavía estaban en camisa de manga corta, y bebían un trago tras otro para calentarse, además de darse palmadas y masajes unos a otros. Hasta que Canessa tuvo la primera de sus ingeniosas ideas, ésta fue la única forma de conservar el calor. Examinó los almohadones y asientos que había a su alrededor, y descubrió que la tapicería, de nailon de color turquesa, estaba sujeta a los asientos por una especie de cremallera, por lo que sería fácil quitar las fundas, que servirían de pequeñas mantas. Como protección contra las temperaturas bajo cero era insuficiente, pero desde luego era mejor que no tener nada.

Bastante peor que el frío de aquella noche fue el ambiente de pánico e histeria que reinó entre los restos del Fairchild. Todos creían que sus heridas eran las más graves y se quejaban en voz alta a los demás. Uno que tenía una pierna rota gritaba a quienes se le acercaban, pero cuando quería salir afuera para calmar su sed con un poco de nieve pasaba por encima de los cuerpos de los compañeros, sin pensar un solo momento que ellos también estaban heridos. Marcelo Pérez hacía todo lo posible para calmarlo, y también a Roy Harley, que se ponía histérico cada vez que se desmoronaba una parte de la barrera que habían construido.

Los lamentos, gritos y voces de los heridos que deliraban eran constantes en medio de la oscuridad. En el departamento de los equipajes, se oían los gritos y gemidos de Lagurara:

—Hemos pasado Curicó —decía, y rogaba una vez más que le alcanzaran su revólver o pedía agua.

En el otro lado las quejas más dolorosas eran las de la señora Mariani, que continuaba atrapada bajo los asientos. Trataron de librarla de nuevo, pero fue inútil. Mientras lo intentaban, sus lamentos se intensificaron, y por fin logró decir que si la movían se moriría, por lo que abandonaron la tarea. Rafael Echavarren y Moncho Sabella la cogieron de la mano en un intento de consolarla, y tuvieron éxito durante un rato, pero después siguió quejándose.

—¡Por Dios, cállese! —le gritaban de la parte trasera del avión—. No está más grave que cualquiera de nosotros.

Entonces redoblaba los gritos.

—¡Cállese! —le gritó Carlitos Páez—, o iré a partirle la cara.

Ella insistía y se ponía a gritar más fuerte y con mayor intensidad. Un poco después se vino abajo, pero todo comenzó de nuevo cuando uno de los chicos, que todavía no se había recuperado, la pisó al tratar de alcanzar la puerta.

—¡Que no se acerque! —gritó—, ¡que no se acerque! ¡Quiere matarme!, ¡quiere matarme!

El «asesino», Eduardo Strauch, fue sujetado en el suelo por su primo, pero poco después se levantó otra vez tratando de encontrar un lugar más caliente y confortable donde dormir. En esta ocasión pisó al único superviviente de los miembros de la tripulación, junto a Lagurara, el mecánico Carlos Roque. También él tomó a Eduardo Strauch por un asesino, y con el tono y la actitud de un militar eficiente, le pidió que se identificara.

—Enséñeme la documentación —le gritó—, identifíquese, identifíquese.

Eduardo, sin hacerle caso, pasó por encima de él en su camino hacia la puerta, lo que puso histérico al mecánico.

—¡Socorro! —gritaba—. Está loco. Quiere matarme.

Una vez más, Eduardo fue sujetado en su sitio por su primo.

En otra parte del avión, una segunda persona se puso de pie, y se encaminó hacia la puerta. Era Pancho Delgado.

—Voy a la tienda a buscar una Coca Cola —anunció a sus amigos.

—Pues tráeme agua mineral —le respondió Carlitos Páez.

Pese a la falta de comodidad, algunos de los muchachos consiguieron dormir, pero la noche se hizo muy larga.

Los gritos de dolor se reanudaban cuando alguien pisaba los miembros heridos de algún compañero al tratar de salir a buscar nieve, o cuando alguien se despertaba sin saber dónde se hallaba e intentaba salir del avión. También se oían las quejas de los que se estaban compadeciendo de sí mismos, y hubo alguna discusión entre los miembros del Old Christians y alumnos del colegio jesuita del Sagrado Corazón.

Los que estaban despiertos se arrimaban unos a otros para protegerse del viento helado que entraba por las grietas del fuselaje. Los chicos que ocupaban la entrada eran los que más sufrían, ya que sus extremidades se enfriaban casi hasta congelarse, pues la nieve del exterior se introducía hasta donde ellos estaban. Los que no estaban heridos se golpeaban entre sí para entrar en calor, además de frotarse pies y manos para facilitar la circulación de la sangre. La situación de los Parrado y la de Panchito Abal era la más desesperada. No conseguían mantenerles en calor, y aunque sus heridas eran muy graves, sólo Nando permanecía inconsciente, ignorando su agonía. Abal suplicaba una ayuda que nadie estaba en condiciones de darle.

—Socorro, ayudadme. Hace tanto, tanto frío...

Mientras, Susana llamaba continuamente a su madre muerta:

—Mamá, mamá, vámonos de aquí, vámonos a casa.

Poco después, con la cabeza trastornada, empezó a cantar una canción de cuna.

En un momento de la noche, el tercer estudiante

de medicina, Diego Storm, se dio cuenta de que Parrado, aunque inconsciente, parecía estar herido más superficialmente que los otros. Tiró de su cuerpo para acercarlo a ellos y entre todos se las arreglaron para conservarlo caliente. Carecía de sentido hacer lo mismo con los otros dos.

La noche se hacía interminable. En determinado momento Zerbino creyó ver la luz del amanecer a través de la barrera que habían levantado, y miró el reloj. Eran aún las nueve de la noche. Un poco más tarde, los que estaban en la parte interior del avión oyeron una voz procedente de la entrada que decía algo en un idioma extranjero. Durante unos instantes creyeron que se trataba de un equipo de rescate, pero luego se dieron cuenta de que Susana estaba rezando en inglés.

6

Amaneció el sábado día 14 de octubre y los restos del Fairchild estaban casi en la nieve. Se encontraban a unos 3.500 metros de altitud entre el volcán Tinguiririca de Chile y el Cerro Sosneado de Argentina. El avión se había estrellado aproximadamente en el centro de la cordillera de los Andes, pero su situación exacta correspondía a la vertiente argentina de la frontera.

El avión reposaba en un declive. El aplastado morro apuntaba hacia el valle, que se orientaba hacia el este. En cualquier otra dirección, tras la alfombra de nieve, se alzaban las inmensas paredes de las montañas. Sus laderas no eran escarpadas, se difuminaban entre sí, enormes e inhóspitas. Entre la nieve aparecían, ocasionalmente, rocas volcánicas grises y rosadas, pero de cualquier forma, a 3.500 metros de altitud no había arbustos ni hierba ni signo de vegetación alguna.

El avión no sólo se había estrellado en las montañas, sino también en un desierto.

Los primeros en salir del avión fueron Marcelo Pérez y Roy Harley, que tuvieron que derribar la barricada que tan costosamente habían construido y conservado la noche anterior. El cielo estaba nublado, pero había cesado de nevar, así que pudieron apartarse un poco del destrozado aparato para estudiar lo desesperado de su situación.

En el interior del avión, Canessa y Zerbino comenzaron de nuevo a examinar a los heridos y descubrieron que habían muerto tres personas más durante la noche, incluido Panchito Abal, que yacía inmóvil sobre el cuerpo de Susana Parrado. Tenía los pies ennegrecidos por la congelación, y era evidente, dada la rigidez de sus extremidades, que estaba muerto. Por un momento creyeron que Susana también había muerto, debido a su inmovilidad, pero cuando apartaron el cuerpo de Abal pudieron comprobar que estaba viva y consciente. Sus pies tenían un color púrpura a causa del frío, y se quejaba a su madre:

—Mamá, mamá —se quejaba—, me duelen los pies. Me duelen mucho. Por favor, vamos a casa.

Canessa poco podía hacer por Susana. Le dio un masaje en los pies para reactivar la circulación y le limpió otra vez la sangre reseca de los ojos. Estaba tan espabilada como para comprender que no se había quedado ciega y para dar las gracias a Canessa por cuidarla. Canessa supuso que los cortes superficiales de la cara eran probablemente las heridas de menos importancia, y que tendría algún órgano interno afectado, pero no tenía suficientes conocimientos ni recursos adecuados para averiguarlo. La verdad es que era muy poco lo que podía hacer por todos ellos. En el avión no había medicamentos, excepto los que Carlitos Páez había comprado en Mendoza y unos envases de librium y valium que encontraron en un bolso. Entre los restos no había nada que sirviera para entablillar las piernas fracturadas, así que Canessa recomendó a los que tenían roturas en los brazos o las piernas que los apoyaran en la nieve para reducir la hinchazón; más tarde, les dijo que se dieran masajes en las torceduras o en los ligamentos distendidos. Tenía miedo de apretar demasiado los vendajes, porque sabía que el frío extremo puede impedir la circulación de la sangre.

Cuando se acercó a la señora Mariani, también creyó que estaba muerta. Se agachó a su lado e intentó de nuevo levantar los asientos que la tenían inmovilizada en el suelo, pero ella volvió a gritar «No me toque, me va a matar», por lo que decidió dejarla tal como estaba. Durante la mañana, cuando volvió un poco más tarde para ver cómo seguía, la encontró silenciosa y con la mirada extraviada. Y entonces, en el momento en que estaba examinándole los ojos, ella los puso en blanco y dejó de respirar.

Canessa, aunque había estudiado un curso más de medicina que Zerbino, no se sentía capaz de distinguir si una persona estaba definitivamente muerta. Dejó que fuera Zerbino quien se arrodillara y aplicara el oído en el pecho de la señora Mariani intentando percibir el más débil latido de su corazón. No lo oyó, así que con la ayuda de los demás la separó de los asientos que la aprisionaban, le pasaron una cinta de nailon alrededor de los hombros, arrastraron el cuerpo hacia fuera, y lo depositaron encima de la nieve. Comunicaron su muerte a Carlitos Páez, quien, arrepentido por las palabras que le había dirigido la noche anterior, escondió la cara entre las manos.

Gustavo Zerbino examinó cómo estaba la herida del estómago de Enrique Platero, después de haberle arrancado el tubo de acero que tenía clavado. Le rasgó la camisa y, tal como se temía, vio una especie de cartílago que supuso debía de pertenecer al intestino o a la pared del estómago. Sangraba y, para detener la hemorragia, la sujetó con un hilo, desinfectó la herida con agua de colonia, le dijo a Platero que se metiera en el estómago lo que sobresalía, y vendó la herida de nuevo. Platero obedeció sin protestar. A los dos médicos no les faltaba enfermera. Liliana Methol, con la cara amoratada por los golpes que había recibido en el accidente, se esforzaba en ayudarles y darles ánimos. De baja estatura y muy morena, esta mujer había dedicado toda su vida, hasta ese momento, a cuidar de su marido y de sus cuatro hijos. Antes de su matrimonio con Javier éste había tenido un accidente. Había sido atropellado por un automóvil después de caerse de una moto y, como resultado de ello, permaneció inconsciente durante varias semanas. No le dieron de alta en el hospital hasta unos meses más tarde, pero nunca recobró por completo la memoria y quedó tuerto del ojo derecho.

Pero ésta no fue su única desgracia. Tenía veintiún años cuando su familia lo envió a Cuba y después a Estados Unidos para estudiar la producción y comercialización del tabaco. En Wilson, una ciudad del estado de Carolina del Norte, en la que estuvo viviendo, le diagnosticaron tuberculosis. La enfermedad, que estaba muy avanzada, le impidió regresar a Uruguay, y aún tuvo que quedarse durante cinco meses en un sanatorio de Carolina del Norte.

Cuando volvió a Montevideo, tuvo que guardar cama durante cuatro meses más, pero allí podía ser visitado por su novia Liliana. La conocía desde que tenía veinte años, y se habían casado el día 16 de junio de 1960. Se fueron de luna de miel a Brasil, y desde entonces sólo habían viajado en una ocasión al extranjero para visitar los lagos del sur de Argentina. El motivo por el que Javier llevaba a Liliana a Chile era para conmemorar el doceavo aniversario de su boda.

Liliana había sido la primera en darse cuenta de que Javier era el único entre todos los supervivientes que padecía de forma crónica los efectos de la altitud. Tenía permanentemente náuseas y se sentía muy debilitado. Cualquier movimiento le costaba un gran esfuerzo y notaba, además, que había perdido agilidad mental. Liliana tenía que decirle lo que debía hacer y a dónde ir, a la vez que lo estimulaba con su resolución.

Liliana se convirtió también en el consuelo de los más jóvenes. La mayoría no había cumplido aún los veinte años. Casi todos habían vivido bajo los cuidados de sus madres y hermanas, y ahora, desesperados, recurrían a Liliana, que —exceptuando a Susana— era la única mujer entre los supervivientes. Ella se ocupó de sus necesidades. Siendo paciente y amable, hablándoles con palabras cariñosas y procurando animarlos. Durante la primera noche, Marcelo y sus amigos habían insistido en que durmiera en la parte más caliente del avión, y Liliana había aceptado su caballeroso gesto pero, a partir de entonces, exigió que se la tratara como a los demás. Aunque algunos de los chicos más jóvenes, como Zerbino, hubieran preferido darle un trato especial, tuvieron que aceptar que ningún lugar de su reducida vivienda era apto para concederle privacidad en razón de su sexo, y desde entonces fue tratada como cualquier otro miembro del equipo.

La atención de los doctores y de su enfermera estaba dedicada ahora a uno de los más jóvenes de los primeros quince, Antonio Vizintín, llamado Tintín, que estaba conmocionado y lo habían acostado sobre una red del departamento de equipajes. Hasta el día siguiente del accidente, no se habían dado cuenta de que le salía sangre por una de las mangas de la chaqueta. Cuando le preguntaron qué le pasaba en el brazo, contestó que no le ocurría nada, porque no sentía dolor alguno. Liliana, al examinarlo con más atención y ver que la manga de la chaqueta estaba llena de sangre, había llamado a los dos médicos, que tuvieron que cortarle la manga con una navaja porque no consiguieron quitarle la chaqueta. Una vez retirada, vieron que la sangre continuaba manando de una vena que estaba cortada. Hicieron un torniquete para detener la hemorragia y después le vendaron la herida lo mejor que pudieron. Vizintín continuaba sin sentir dolor alguno, pero estaba muy débil. Canessa y Zerbino lo volvieron a recostar en el mismo sitio, sospechando que se iba a morir.

El final de su ronda médica fue la cabina de los pilotos. No habían oído la voz de Lagurara desde las primeras horas de la mañana, y, cuando lograron llegar hasta allí, después de atravesar el departamento de equipajes, lo encontraron muerto, tal como ha bían imaginado.

Con la muerte de Lagurara perdían al único hombre capaz de darles información sobre lo que debían hacer para facilitar el rescate, ya que Roque, el único superviviente de la tripulación, no estaba en condiciones de hacerlo, pues desde el momento en que se produjo el accidente lloraba sin cesar, había perdido el control de sus funciones fisiológicas y sólo era consciente de que se ensuciaba en los pantalones cuando oía cómo se quejaban los que estaban a su lado y porque algunos le ayudaban a cambiárselos.

En cualquier caso, era miembro de las Fuerzas Aéreas Uruguayas, y Marcelo Pérez le preguntó si había alimentos de reserva para casos de emergencia y señales luminosas en el avión. Roque respondió negativamente, y entonces Marcelo le preguntó si podían hacer funcionar la radio. Roque le contestó que necesitarían las baterías almacenadas en la cola perdida del avión.

Parecía que era inútil intentarlo, pero Marcelo, que confiaba en un rescate rápido, no se preocupó demasiado. De todas formas acordaron racionar los alimentos que les quedaban, y Marcelo se ocupó de hacer un inventario de todos los comestibles que fueron encontrando en el departamento de los pasajeros, en la cabina y en los equipajes que no se habían perdido en el accidente. Tenían las botellas de vino que los pilotos habían comprado en Mendoza, pero cinco de ellas se las habían bebido durante la primera noche, por lo que sólo quedaban tres. También tenían una botella de whisky, una de crema de menta, otra de licor de cerezas y un frasco de whisky, del cual ya se habían tomado la mitad.

En cuanto a alimentos sólidos contaban con cinco tabletas de chocolate, cinco de turrón, algunos caramelos que encontraron desperdigados por el suelo de la cabina, dátiles y ciruelas secas también desparramados, un paquete de galletas saladas, dos latas de mejillones, una de almendras saladas y un tarro pequeño de mermelada de melocotón, otro de manzana y otro de moras. No era casi nada para veintiocho personas, pero como no sabían cuánto tiempo tardarían en rescatarlos, decidieron hacer durar las provisiones tanto como pudieran. Aquel día Marcelo distribuyó para comer una onza de chocolate para cada uno de ellos junto al tapón de un bote de desodorante lleno de vino.

Por la tarde oyeron volar un avión por encima de ellos, pero no lo vieron a causa de las nubes. La noche llegó antes de lo que deseaban, pero esta vez estaban mejor preparados. Habían conseguido ensanchar el espacio en el interior del avión y la nueva barrera para protegerse del viento y de la nieve tenía mayor solidez. Además, ahora eran menos.

7

En la mañana del domingo día 15 de octubre los primeros en salir del avión notaron que, desde el accidente, era la primera vez que veían el cielo despejado de nubes. Su intenso color azul daba al cielo un aspecto muy diferente del que habían visto hasta ese momento, y a pesar de las circunstancias, los supervivientes se quedaron impresionados por la magnitud de su silencioso valle. La superficie de la nieve estaba helada, y brillaba por reflejo de los rayos del sol. Las montañas de las que estaban rodeados resplandecían con la luz de la mañana. Las distancias, no obstante, eran engañosas, pues desde allí parecía que los picos estaban al alcance de la mano.

El cielo despejado les indujo a pensar que los rescatarían aquel mismo día o, al menos, que alcanzarían a verlos desde el aire. Pero como aún tenían problemas, se dispusieron a resolverlos aunque de forma más organizada esta vez. La necesidad más urgente era el agua. Les resultaba difícil fundir la nieve en cantidades suficientes para apagar la sed, y si la comían se les helaba la boca. Descubrieron que era mejor hacer una bola bien apretada, para lamerla, o meter nieve en una botella y agitarla hasta que se derritiese. Este último proceso, en cualquier caso, les ocupaba demasiado tiempo, consumía buena parte de sus energías, y sólo les proporcionaba el agua suficiente para satisfacer las necesidades de una sola persona. Además, había que tener en cuenta a los heridos que no podían valerse por sí mismos: Nando, Susana Parrado y Vizintín, que necesitaba gran cantidad de agua para reponer la sangre que había perdido por su herida.

Adolfo Strauch fue quien inventó el método para obtener suficiente cantidad de agua. Adolfo —o Fito, como le llamaban familiarmente— era un Old Christians, pero jugaba para un equipo rival de Montevideo. Había sido persuadido en el último instante por su primo, Eduardo Strauch, para que los acompañara a Chile. Eran primos por partida doble, ya que sus padres eran hermanos y sus madres hermanas. La familia Strauch era originaria de Alemania, se había establecido en Uruguay en el siglo XIX y poseía importantes negocios en la banca y en la industria de fabricación de sopas. Fito y Eduardo procedían de una rama joven de la familia. Sus padres eran joyeros y hasta muy recientemente habían sido socios en Montevideo. Por línea materna, los dos chicos estaban emparentados con la conocida familia uruguaya de los Urioste.

Ambos eran rubios y bien parecidos, con inconfundibles facciones germanas. De hecho, a Eduardo los demás le habían dado el apodo de «el Alemán». Los dos estaban muy unidos, parecían hermanos antes que primos, pero mientras Eduardo ya había decidido estudiar arquitectura y viajado por Europa, Fito aún estaba indeciso acerca de su futuro. Estudiaba agronomía, ya que no sentía vocación para otra cosa y su familia era dueña de una estancia. Ésta era la primera vez que salía de Uruguay.

En el accidente, Fito y Eduardo habían perdido el conocimiento. Cuando volvieron en sí, y tomaron conciencia de lo que les había sucedido, sufrieron tal shock que no les permitía saber dónde estaban. Fito quería abandonar el avión a toda costa y Eduardo era el que había pisoteado a Roque y a la señora Mariani. Otro primo que también había sobrevivido, Daniel Fernández, hijo de la hermana de sus padres, fue quien se encargó de sujetarlos.

El domingo, Fito ya se había recobrado lo suficiente como para enfrentarse al problema de producir agua en abundancia. El sol brillaba resplandeciente y, hacia el mediodía, sus rayos calentaban con más intensidad, fundiendo la capa de hielo que cubría la nieve que se había formado la noche anterior. A Fito se le ocurrió que deberían utilizar el calor del sol para derretir la nieve, y se fijó entonces en una chapa cuadrada de aluminio que medía unos treinta centímetros de ancho por sesenta de largo, y que formaba parte del respaldo de uno de los asientos del avión. La recogió y le dobló los lados hacia arriba hasta que formó una bandeja combada, en cuyo centro hizo un orificio. Puso sobre ella una delgada capa de nieve y orientó el improvisado aparato de cara al sol. Al poco rato comenzaron a caer gotas de agua por el orificio y, más tarde, un chorrito que Fito recogió en una botella que ya tenía preparada a tal efecto.

Como cada asiento estaba provisto de uno de estos rectángulos de aluminio, enseguida comenzaron a funcionar varios aparatos. Convertir la nieve en agua requería ahora un gasto mínimo de energía, por lo que ésta fue la tarea habitual de quienes no podían hacer trabajos en los que había que emplear grandes esfuerzos, ya que Marcelo había decidido organizar por grupos los supervivientes. Él mismo se adjudicó la tarea de coordinación general y distribución de alimentos. El primer grupo, formado por el equipo médico, lo integraban Canessa, Zerbino y Liliana Methol. (Su composición era un tanto vaga, ya que Canessa no quería limitarse definitivamente a esta función.) El segundo grupo tenía a su cargo la vivienda. Formaban parte de él los más jóvenes, que eran Roy Harley, Carlitos Páez, Diego Storm y la figura central de este grupo de amigos, Gustavo Nicolich, a quien llamaban Coco. Su obligación era mantener limpio el interior del avión, prepararlo por la noche extendiendo los almohadones en el suelo para dormir, y por la mañana sacar al sol las cubiertas de los asientos que durante la noche se habían usado como mantas. El tercer equipo lo formaban los que transformaban la nieve en agua. Su única dificultad era encontrar nieve pura, ya que la de alrededor del avión estaba manchada por la sangre de los muertos y heridos y también por aceite del avión y orines. No había escasez de nieve pura unos metros más allá, pero estaba tan blanda que no se podía caminar sobre ella y, durante las primeras horas de la mañana, cuando estaba endurecida y podía soportar el peso de una persona, no era fácil romper la capa de hielo para llenar las bandejas con la que iban a utilizar. Por este motivo decidieron que solamente usarían dos zonas como retretes: una al lado de la entrada y otra un poco más adelante de la rueda delantera, bajo la cabina de los pilotos.

A mediodía, Marcelo distribuía la ración de alimentos. Les daba a cada uno su ración de vino, medida por el tapón del desodorante, y un poco de mermelada. La tableta de chocolate se reservaba para la cena. Hubo protestas, pues algunos querían un poco más de comida para celebrar el domingo, pero la mayoría estuvo de acuerdo en que deberían tener cuidado con las raciones. Ahora entraba en el reparto de las raciones uno más. Parrado, al que habían dado por muerto, recobró el conocimiento aquel día, y cuando le limpiaron la sangre del rostro descubrieron que procedía de la herida que tenía en la cabeza. Su cráneo estaba intacto, pero se encontraba muy débil y algo confuso. Su primera reacción fue preguntar por su madre y su hermana.

—Tu madre murió instantáneamente durante el accidente —le dijo Canessa—. Su cuerpo está afuera, en la nieve. Pero no pienses más en ello. Ocúpate de Susana, frótale los pies y ayúdale a comer y beber.

El estado de Susana había empeorado. Todavía tenía el rostro cubierto de heridas y hematomas, pero lo que estaba peor eran los pies, ennegrecidos por el frío de la primera noche. Permanecía consciente la mayor parte del tiempo, pero no sabía muy bien dónde estaba y seguía llamando a su madre.

Nando le daba masaje en los pies congelados, pero no conseguía que el calor volviera a ellos, y cuando lo hacía con más fuerza, le arrancaba la piel.

Desde entonces le dedicó toda clase de cuidados. Cuando Susana decía que tenía sed, Nando le acercaba a los labios una mezcla de nieve y crema de menta y le daba pequeños trozos de chocolate que Marcelo había apartado para ella. Si susurraba:

—Mamá, mamá, quiero ir al baño —Nando se levantaba e iba a consultar a Canessa y Zerbino.

Acudían los dos con Nando y le decían que eran médicos.

—Doctor —pedía Susana—, necesito un orinal.

—Ya tienes el orinal —le contestaba Zerbino—. Puedes hacerlo, no te preocupes.

Poco después de mediodía, los chicos vieron un avión que volaba sobre el lugar. Era un reactor y sobrevolaba las montañas a gran altura, pero los que estaban en el exterior saltaban y hacían señales, gritaban y enviaban hacia el avión los reflejos del sol valiéndose de piezas de metal brillante. Muchos lloraban de alegría. A media tarde, un avión de hélices pasó por encima de ellos, de este a oeste, esta vez a menor altitud, y después pasó otro de norte a sur. Los supervivientes gritaron e hicieron señales de nuevo, pero los aviones continuaron su ruta y desaparecieron tras las montañas.

Estos acontecimientos provocaron entre los chicos una discusión sobre si los tripulantes del avión los habían visto o no, y para poder dilucidar la cuestión consultaron a Roque, quien aseguró que un avión volando tan bajo debería haberlos visto.

—Entonces, ¿por qué no describió círculos —preguntó Fito Strauch—, o hizo señales con las alas para indicarnos que nos habían visto?

—Imposible —contestó Roque—, las montañas

estaban demasiado cerca como para realizar ese tipo de maniobras.

Los escépticos no dieron crédito a la opinión de Roque; su comportamiento era todavía bastante irracional, a veces infantil, y su optimismo acrecentó aún más sus dudas. Algunos de ellos empezaron a notar que el Fairchild, con su techo blanco y medio enterrado en la nieve, pudiera resultar más difícil de ver desde el aire de lo que ellos habían imaginado. Así que comenzaron a pintar en el techo del avión un SOS en rojo, con el carmín y la pintura de uñas que encontraron en los bolsos de las mujeres, pero en cuanto terminaron la primera S advirtieron que era demasiado pequeña para que pudiera verse desde el aire.

Un poco más tarde, a las cuatro y media, todos oyeron los motores de un aeroplano mucho más cerca de ellos que ninguno de los anteriores, y enseguida surgió, desde detrás de una montaña, un pequeño bimotor siguiendo una ruta que pasaría justo por encima de ellos. Le hicieron señas y trataron de enviar reflejos del sol directamente a los ojos del piloto con pequeñas piezas de metal y, con gran alegría vieron cómo el bimotor, cuando pasaba por encima de ellos, movía las alas lateralmente como si quisiera indicar que los había visto. Nada les impidió creer que vendrían a buscarlos sin tardanza y, mientras algunos se sentaron en la nieve esperando la llegada de los helicópteros, Canessa destapó una botella de vino de Mendoza para celebrar su salvación.

Poco después comenzó a oscurecer. El sol se ocultó detrás de las montañas y volvió el frío intenso. Ni un solo ruido turbaba el silencio. Era evidente que no iban a ser rescatados por la noche. Marcelo repartió la ración de chocolate entre los supervivientes y volvieron al interior del avión, mientras algunos procuraban evitar quedarse junto a la entrada. Marcelo rogó a los más fuertes que se quedaran con él en el lugar más frío, pero la mayoría se negó a abandonar el terreno conseguido en la zona más caliente, el departamento de equipajes, diciendo que si dormían todas las noches junto a la entrada acabarían congelándose hasta morir.

Durante mucho rato nadie durmió aquella noche del domingo. Hablaron sobre el rescate. Unos opinaban que los helicópteros llegarían al día siguiente; otros decían que la altitud era excesiva para usar helicópteros y que el rescate tardaría más tiempo, quizás hasta una semana. Como esta explicación parecía bastante razonable, Canessa fue amonestado severamente por Marcelo por su glotonería y la de sus pacientes, que habían consumido una botella entera de vino. Y había otro que hubiera sido reprendido aún más severamente si se hubiese conocido su identidad, porque Marcelo descubrió que habían robado dos onzas de chocolate y una barra de turrón de la caja donde guardaban los alimentos.

—Por amor de Dios —decía Marcelo dirigiéndose al desconocido ladrón—. ¿No se da cuenta, el que haya sido, que está jugando con nuestras vidas?

—El hijo de puta está tratando de matarnos —añadió Gustavo Nicolich.

Hacía frío y había oscurecido por completo. Se mantuvieron en silencio para dedicarse cada uno a sus propios pensamientos. Parrado dormía abrazado a Susana, cubriéndola con su cuerpo para darle todo el calor posible, escuchando su respiración irregular, que era interrumpida por sollozos y llamadas a su madre muerta. Cuando miraba a Susana a los ojos, advertía en ellos toda la pena, el dolor y la confusión que su hermana no podía expresar con palabras.

Otros también dormían intranquilos, tirando constantemente de las improvisadas mantas para cubrirse. Confinados en un reducido espacio de seis metros y medio de largo por tres escasos de ancho, la única forma de caber era dormir por parejas, con los pies de unos descansando en los hombros de los otros. El avión mismo estaba girado sobre su eje, por lo que, quienes dormían completamente estirados en el suelo, formaban un ángulo de unos treinta grados. Los que dormían frente a éstos, sólo podían apoyar las piernas en el suelo mientras las caderas lo hacían contra el lateral del avión y la espalda en la red de equipaje de mano, que una vez arrancada la habían interpuesto entre el suelo y el lateral para evitar el ángulo formado por éstos.

Aunque los almohadones les proporcionaban alguna comodidad, había tan poco espacio que cuando alguno de ellos necesitaba levantarse, todos los demás tenían que hacerlo también. Cualquier cambio de postura provocaba grandes dolores a los que tenían las piernas rotas, y el pobre desgraciado que quería rascarse o levantarse para orinar, se exponía a escuchar gran cantidad de insultos de todos los que le rodeaban. Pero casi siempre los movimientos eran involuntarios. El simple hecho de que uno de los chicos estirase una pierna mientras dormía, equivalía a dar una patada en el rostro del que tenía a sus pies. De vez en cuando, alguno padecía sonambulismo.

—Voy a buscar una Coca Cola —decía, pasando por encima de los cuerpos de los que estaban entre su sitio y la salida.

El que peor reaccionaba ante las molestias era Roberto Canessa, acosado por los remordimientos desde el incidente del vino y nervioso y temperamental por naturaleza. Unas pruebas psicológicas habían revelado, cuatro años antes, que era un muchacho de instintos violentos, hecho que había determinado su decisión de estudiar medicina y jugar al rugby. Se pensó que si utilizaba la fuerza física en luchar contra los rivales deportivos y practicaba la cirugía se canalizarían sus tendencias agresivas. Cada vez que uno de los chicos chillaba de dolor, Canessa le gritaba ordenándole que se callara, aunque sabía que no se podía culpar al muchacho. Así se le ocurrió que debían habilitar una especie de hamacas en las que dormirían los heridos lejos del resto de los compañeros. La idea no fue acogida con demasiado entusiasmo cuando la propuso al día siguiente.

—Estás loco —le dijeron—. Nos matarás a todos con tus malditas hamacas.

—Bueno, al menos, quiero intentarlo —les contestó Canessa, y comenzó a buscar materiales apropiados con la ayuda de Daniel Maspons.

El Fairchild había sido diseñado de forma que se pudieran sacar los asientos con objeto de utilizar el departamento de pasajeros para carga. Gran cantidad de cuerdas de nailon y largas varillas metálicas estaban almacenadas con este propósito en el departamento de equipajes. Las varillas estaban provistas de boquillas que se ajustaban a unos enganches del departamento de pasajeros. Canessa y Maspons pensaron que atando dos de estas varas metálicas a los extremos de una red y enganchándolas entre la unión del suelo con el lateral de la parte izquierda de la pared, y por el otro lado atando unas cuerdas que fijarían al techo, tendrían una hamaca suspendida sobre el suelo, de forma horizontal gracias a la inclinación del avión. Las varillas no guardarían paralelismo entre sí, pero la hamaca sería lo suficientemente amplia para que pudieran dormir en ella dos de los heridos a quienes nadie molestaría. Pensaron, además, que la puerta de separación que había entre el departamento de pasajeros y el de equipajes se podía utilizar para el mismo fin y que un asiento podría convertirse en una litera donde durmiesen otros dos.

Aquella noche fue Platero quien durmió sobre la puerta. Dos de los supervivientes que tenían las piernas fracturadas se subieron a las literas, y otro, con uno de sus amigos, a la hamaca. De esta manera estuvieron todos más cómodos y se evitaron los gritos de dolor, pero al resolverse este problema se creó otro. No sólo se perdió el calor de algunos cuerpos, sino que quienes dormían suspendidos sufrieron intensamente a causa del frío provocado por la corriente de aire helado que entraba en el avión a través de la deficiente barrera. Pese a que les proporcionaron más mantas, no fueron suficientes para suplir el calor de los cuerpos de los compañeros. Así que tuvieron que optar entre soportar el frío o las incomodidades que conllevaba dormir apretujados.

8

El lunes por la mañana, el cuarto día, algunos de los heridos de más gravedad mostraban ya señales de recuperación, a pesar de la rudimentaria atención médica. Algunos sufrían aún dolores agudos, pero cedían las inflamaciones y las heridas comenzaban a cicatrizarse. Vizintín, de quien Canessa y Zerbino pensaron que podría morir a causa de la pérdida de sangre, llamaba ya a Zerbino para que lo ayudara a salir a orinar en la nieve. La orina era de color pardo oscuro, y Zerbino creyó que podía tener hepatitis.

—Era lo que me faltaba —dijo Vizintín antes de volver a su sitio en el departamento de equipajes.

A pesar de tener que cuidar constantemente de Susana, Parrado mejoraba con una considerable rapidez, pues no se desesperaba por la situación de ella. Por el contrario, en la medida en que recobraba sus fuerzas, se iba apoderando de él una obsesiva determinación de escapar. Mientras que sus compañeros cifraban todas sus esperanzas en que los rescatasen, Parrado consideró la posibilidad de volver a la civilización de alguna manera, valiéndose de sus propios medios. Comentó la idea con Carlitos Páez, que también quería marcharse.

—Imposible —respondió Carlitos—. Te morirás de frío en la nieve.

—No, si llevo suficiente ropa.

—Entonces te morirás de hambre. No puedes atravesar estas montañas con un poco de chocolate y un trago de vino.

—Entonces cortaré pedazos de carne de uno de los pilotos —añadió Parrado—. Después de todo, ellos son los que nos han metido en este asunto.

Carlitos no se horrorizó ante este pensamiento, porque no creyó que lo dijera en serio. De todas formas, él formaba parte del grupo de los que mostraban mayor preocupación por la tardanza del rescate. Habían transcurrido ya cuatro días desde el accidente, y excepto el bimotor que había agitado las alas cuando pasó por encima de ellos, no habían habido más señales del mundo exterior, a pesar de que debían saber que algunos permanecían aún con vida.

Algunos de los supervivientes no podían permitir que entrara en su cabeza la terrible idea de que no habían sido vistos, o de que los daban por perdidos. Creían que se encontraban en un punto tan alto de la cordillera que era imposible que los rescataran por medio de helicópteros, y esperaban una expedición por tierra. Esto era lo que pensaba Marcelo, y también Pancho Delgado, el estudiante de Derecho que cojeaba alrededor del avión, apoyado en su pierna sana y que animaba a todos los demás recordándoles con elocuencia que Dios no los olvidaría y escucharía sus oraciones. La mayoría de los chicos agradecían a Delgado sus palabras, porque frenaban el pánico que comenzaba a apoderarse de ellos y se oponían a las tesis del grupo de los pesimistas, entre los que se destacaban Canessa, Zerbino, Parrado y los Strauch, que dudaban de la hipótesis de que la ayuda estuviera en camino.

—Si ya saben donde estamos —razonaba Fito Strauch—, ¿por qué no nos lanzan provisiones?

—Porque saben que quedarían enterradas en la nieve y no podríamos recogerlas —dijo Marcelo.

Nadie tenía una idea clara de dónde se hallaban. Encontraron cartas de navegación en la cabina de los pilotos, que fueron estudiadas durante horas, mientras debían amontonarse al amparo del viento en la oscura cabina. Ninguno de ellos comprendía esas cartas, pero Arturo Nogueira, un chico tímido y retraído que se había roto las dos piernas, se erigió en el intérprete del grupo y encontró Curicó entre las muchas ciudades y villas. Recordaban cómo había reiterado el copiloto que habían sobrevolado Curicó y, mirando el mapa, descubrieron que Curicó se encontraba bien dentro de Chile, en el lado oeste de los Andes. Según esto, deberían de estar en alguna parte de las estribaciones de la cordillera. La aguja del altímetro señalaba 2.500 metros. Las ciudades de Chile no podían estar muy lejos, hacia el oeste.

La dificultad era que hacia el oeste se encontraban con las gigantescas montañas, mientras que el valle donde habían quedado atrapados conducía al este y otra vez, según creían, al centro de la cordillera. Se convencieron de que si escalaban la montaña del oeste, se encontrarían con el panorama de los verdes valles chilenos poblados de granjas.

Habían sido capaces de caminar alejándose del avión, pero sólo hasta las nueve de la mañana. Después de esta hora, el sol fundía la capa de hielo que cubría la nieve y se hundían hasta la cintura en aquel polvo blanco. Por este motivo, no se aventuraban a alejarse del avión más que unos cuantos metros, pues temían desaparecer hundidos en la nieve, como le había ocurrido a Valeta.

Fito Strauch, el inventor, descubrió que si se ataban los almohadones de los asientos a las botas podían caminar por la nieve, aunque con dificultad. En seguida, él y Canessa quisieron dirigirse a la montaña, no sólo para ver lo que había al otro lado, sino también para comprobar si había habido más supervivientes en la cola del avión, cuestión que interesaba sobre todo a Fito, a causa de otro primo.

Además, había otros incentivos. Roque les había dicho que en la cola estaban almacenadas las baterías que necesitaban para poner en funcionamiento la radio de alta frecuencia. También podrían encontrar maletas esparcidas por la ladera de la montaña, pues la marca que había dejado el avión al arrastrarse todavía era visible en la nieve. Sin duda encontrarían más ropa en las maletas.

Carlitos Páez y Numa Turcatti —entre otros— deseaban también subir por la montaña, y el martes día 17 de octubre, a las siete de la mañana, salieron los cuatro. El cielo estaba despejado pero todavía hacía mucho frío, por lo que la superficie de la nieve estaba dura y firme. Avanzaron bastante con la ayuda de las botas de rugby. Canessa llevaba unos guantes que se había confeccionado con un par de calcetines. Caminaron durante una hora, descansaron, y siguieron adelante otra vez. El aire era ligero, y la marcha pesada. A medida que se elevaba el sol en el cielo la capa de hielo iba fundiéndose y tuvieron que hacer uso de los almohadones, que se empaparon enseguida.

Tenían que caminar con las piernas arqueadas, para evitar que los pies tropezaran. Ninguno de ellos había comido nada nutritivo en cinco días, muy pronto Canessa sugirió que debían volver. Como había perdido su autoridad, continuaron intentándolo, pero poco tiempo después, Fito, al pasar sobre una grieta, se hundió en la nieve hasta la cintura. Esto les asustó a todos. Allá abajo, el avión parecía muy pequeño en el vasto paisaje, y los chicos que estaban a su alrededor no eran más que puntos en la nieve. No encontraron maletas ni señales de la cola.

—No será fácil salir de aquí —dijo Canessa.

—Pero si no nos rescatan, tendremos que intentarlo —respondió Fito.

—No lo conseguiremos nunca —añadió Canessa—. Nos hemos debilitado por la falta de comida.

—¿Sabes lo que me dijo Nando? —comentó Carlitos, dirigiéndose a Fito—. Que si no nos rescataban se comería a uno de los pilotos para salir de aquí. —Hizo una pausa y añadió—: Ese golpe en la cabeza ha debido enloquecerlo por completo.

—No sé —respondió Fito con expresión grave—. Puede que ésa sea la única manera de sobrevivir.

Carlitos no contestó, y todos, dándose la vuelta, comenzaron a descender por la montaña.

9

La experiencia de la expedición los deprimió a todos. Durante los días siguientes, Liliana Methol continuó consolando a los más asustados mientras Pancho Delgado se esforzaba por levantarles la moral, pero los días pasaban sin que se produjera el menor indicio de que el equipo de rescate estuviera en camino, y todos habían visto cómo fracasaban los más fuertes en una pequeña ascensión de la montaña. ¿Qué esperanzas había entonces para los más débiles y los heridos?

Cada noche, hacinados en el interior del avión, tumbados en la fría oscuridad, pensaban en sus hogares y en sus familias. Poco a poco se iban quedando dormidos, con los pies de unos apoyados en los hombros de los otros, Javier y Liliana juntos, Echavarren y Nogueira en la hamaca, Nando y su hermana Susana abrazados.

Durante la octava noche en la montaña, Parrado se despertó y advirtió que Susana se había quedado fría y rígida en sus brazos. El calor y los movimientos de la respiración habían desaparecido. Apretó enseguida su boca contra la de ella y con las lágrimas cayéndole por las mejillas, sopló hasta llenarle los pulmones de aire. Los chicos se despertaron y miraban, rezando, cómo Parrado trataba de reanimar a su hermana. Cuando tuvo que abandonar por agotamiento físico, lo sustituyó Carlitos Páez, pero todo fue inútil. Susana había muerto.

SEGUNDA PARTE

1

Cuando el control de tránsito aéreo del aeropuerto de Pudahuel en Santiago de Chile perdió el contacto con el Fairchild uruguayo en la tarde del viernes día 13 de octubre, inmediatamente llamaron por teléfono al Servicio Aéreo de Rescate, acuartelado en el otro aeropuerto de Santiago, Los Cerrillos. El jefe del Servicio Aéreo de Rescate no se encontraba allí, así que llamaron a dos ex jefes del mismo servicio, Carlos García y Jorge Massa, para que dirigieran la operación de búsqueda y rescate. Eran oficiales de las Fuerzas Aéreas Chilenas entrenados no sólo para dirigir estas operaciones sino también para manejar los diferentes modelos de aviones que tenían a su disposición: Douglas C-47, DC-6 y los ligeros Otter y Cessna, así como los poderosos helicópteros Bell.

Aquella misma tarde, un DC-6 inició la búsqueda por la ruta que comenzaba en la última posición comunicada por el Fairchild, desde el corredor de Curicó hasta Angostura y Santiago. Ignoraron las áreas pobladas de esta zona, pues de haberse producido el accidente en las cercanías de alguna de ellas, ya lo hubieran comunicado. La búsqueda se orientó hacia las áreas más montañosas de la zona, pero como no encontraron nada lo intentaron más atrás, en la ruta que suponían que había seguido el avión, es decir, entre el área de Planchón y Curicó. Había una tormenta de nieve sobre éste último paso y, como la visibilidad era nula, el DC-6 tuvo que regresar a Santiago.

Al día siguiente, García y Massa analizaron con más precisión los datos que sabían: la hora exacta en que el Fairchild había salido de Mendoza, la hora en que había pasado por Malargüe, la velocidad del avión y la del viento cuando el aparato volaba sobre los Andes. Llegaron a la conclusión de que el avión no podía estar sobre Curicó cuando los pilotos comunicaron su posición, sino sobre Planchón, así que, en lugar de virar hacia Angostura y Santiago y descender al aeropuerto de Pudahuel, el Fairchild se había internado en el corazón de los Andes y descendido dentro del área de las montañas de Tinguiririca, Sosneado y Palomo. García y Massa señalaron en el mapa un cuadrado de treinta centímetros de lado, que representaba exactamente el área donde el avión debía haberse estrellado. Después dispusieron que los aviones de Santiago salieran para investigar la zona.

Las dificultades que se presentaban eran obvias. Allí las montañas tenían unas alturas de 5.000 metros. Si el Fairchild se había estrellado por allí, era prácticamente seguro que habría caído en uno de los valles situados a una altitud de unos 4.000 metros y que estarían cubiertos por una capa de nieve que oscilaría entre los seis y los treinta y cinco metros. Además, como el avión tenía el techo blanco, sería imposible verlo mientras volaban a la altura de los picos de las montañas. Era probable también que las turbulencias que se originan en las montañas provocaran más pérdidas de aparatos y vidas humanas, pero el rastreo metódico del área señalada era un ritual obligado.

Ya desde el principio, los profesionales de la sala de control del Servicio Aéreo de Rescate en el aeropuerto de Los Cerrillos, tenían pocas esperanzas de que hubiera supervivientes en un accidente ocurrido en plena cordillera. Sabían que la temperatura a esta altitud y en esa estación del año, podía descender hasta 30 o 40 grados bajo cero, de manera que si por un azar del destino hubiera sobrevivido alguno de los pasajeros, habría muerto de frío durante la primera noche en las montañas.

Existe, no obstante, una norma internacional que obliga al país donde ocurre un accidente aéreo a buscar el aparato siniestrado durante diez días y, pese al caos político y económico que reinaba en Chile en aquel momento, el Servicio Aéreo de Rescate tenía que cumplirla. Los parientes de los pasajeros, por otra parte, ya habían comenzado a llegar a Santiago.

2

Para quienes estaban en sus hogares, las horas siguientes a las primeras noticias sobre la desaparición del avión transcurrieron entre la confusión y la desesperada ansiedad. Después del comunicado inicial emitido por radio, en el que se decía que el Fairchild se había detenido en Mendoza —lo que ninguno de los parientes sabía— y que al día siguiente había salido y desaparecido, los medios oficiales guardaron silencio, y comenzó a proliferar un gran número de noticias contradictorias procedentes de fuentes no oficiales. Así, el padre de Daniel Fernández se enteró el sábado día 14 de que habían «encontrado» el avión, antes de que supiera que se había extraviado, pues no había escuchado la radio el día anterior. Otros parientes oyeron que los chicos habían llegado sanos y salvos y que estaban en el hotel que habían reservado en Santiago, otro rumor era que habían llegado a Chile, pero no habían aterrizado en Santiago.

El medio a través del cual se difundieron las primeras noticias, y se rectificaron después, fue una radio en uno de los hogares de Carrasco. Rafael Ponce de León era un radioaficionado, y la radio un entretenimiento heredado de su padre, que había instalado un completo equipo —incluido un poderoso transmisor Collins KWM2— en el sótano de su casa. Rafael era también un Old Christians y amigo de Marcelo Pérez. Él mismo no se había unido a la excursión a Santiago porque no quería dejar sola a su mujer, que estaba embarazada de siete meses. A petición de Marcelo, Rafael había usado la radio para reservar habitaciones en un hotel de Santiago para el equipo de rugby, lo que había hecho localizando a un colega aficionado de Chile que lo había conectado con la red telefónica de Santiago. Esta práctica, más rápida y barata que el teléfono, no era estrictamente legal, pero se toleraba.

El día 13 por la noche, al enterarse de que el avión se había perdido en los Andes, recurrió a la radio de inmediato. Comunicó directamente con el Hotel Crillon en Santiago y le dijeron que el equipo había llegado sin novedad al hotel. Cuando noticias posteriores le hicieron dudar de esto, llamó otra vez al hotel y supo que sólo dos de los jugadores habían llegado, dos que habían tomado aviones de línea, uno de ellos —Gilberto Regules—, porque había perdido el Fairchild, y el otro, Bobby Jaugust, porque su padre era el representante de la KLM en Montevideo.

Acababa de aclarar este error, cuando sonó el timbre del teléfono con la noticia de que la novia chilena de uno de los muchachos del avión habló con sus futuros suegros, los Magri, y les dijo que el aparato había aterrizado en una pequeña ciudad del sur de Chile y que todos estaban a salvo. Rafael decidió confirmar esta nueva pista, pues el rumor del hotel Crillon le había hecho concebir falsas esperanzas, por lo que se puso en contacto con el encargado de negocios uruguayo en Santiago, César Charlone. Éste le manifestó que consideraba infundado el rumor, pues las noticias oficiales eran todavía que el avión estaba perdido.

La historia de que el aparato había sido hallado, fue aceptada por los Magri y la mitad de las familias interesadas. Considerando que sus expectativas podían verse defraudadas, Rafael decidió investigar en el origen mismo del rumor: la novia de Guido Magri, María de los Ángeles. Se puso en contacto con ella a través de la radio, y le preguntó si aquello era cierto. María confesó que no. La señora Magri se había mostrado tan deprimida por teléfono, que optó por decirle aquella mentira piadosa. «Estaba tan segura de que lo encontrarían —le dijo— que le expliqué que ya lo habían hecho.»

Rafael grabó sus palabras y aquella noche envió la cinta a Radio Montecarlo para que la emitieran en su próximo boletín de noticias. Pasada la medianoche cerró su transmisor. Su trabajo no había sido en vano, pues a las nueve de la mañana siguiente el rumor estaba acallado. No se había encontrado todavía el avión.

Carlos Páez Vilaró, un famoso pintor y padre de Carlitos, fue el primero en llegar a la comandancia del Servicio Aéreo de Rescate de Los Cerrillos. Había oído las noticias de la desaparición del avión en casa de su ex esposa en Carrasco, por casualidad, cuando dejaba a su hija allí el viernes por la tarde, ya que, desde el divorcio, los hijos vivían con su madre, Madelón Rodríguez. Hizo todas las averiguaciones que pudo en círculos oficiales, hablando con el encargado de negocios uruguayo en Santiago y con un oficial de la Fuerza Aérea Uruguaya a quien conocía personalmente. Charlone, el encargado de negocios, no se mostró muy explícito, y aunque el oficial de la Fuerza Aérea calificó a Ferradas como «el mejor y más experimentado piloto» del ejército, Páez Vilaró sabía que su amigo y Ferradas eran los dos únicos pilotos supervivientes de su generación; el resto habían muerto en accidentes. Dijo a Madelón que él mismo encontraría a los chicos y salió para Santiago el sábado por la mañana temprano.

Aquella tarde recorrió en un DC-6 de las Fuerzas Aéreas la supuesta ruta del Fairchild. Cuando volvió al aeropuerto, ya había llegado otro pariente de uno de los muchachos, y al día siguiente ya estaban reunidos un total de veintidós.

Para afrontar tal afluencia de familiares, el comandante Massa anunció que no se permitiría a ningún pariente volar en los aviones que participaban en la búsqueda, y todos ellos tuvieron que congregarse en las oficinas de César Charlone. Allí oyeron la noticia de que un minero llamado Camilo Figueroa había dicho a la policía chilena que había visto caer e incendiarse el Fairchild a unos 115 kilómetros al norte de Curicó, en la zona de El Tiburcio.

El lunes día 16, García y Massa dirigieron la búsqueda en aquella zona. No vieron nada durante la mañana, pero por la tarde un piloto dijo que una columna de humo sobresalía de las montañas de la zona de El Tiburcio. Una inspección de más cerca reveló que el humo procedía de la cabaña de un granjero de la colina.

Aquel mismo día por la tarde, partieron grupos de carabineros (policía militarizada de Chile) y miembros del Cuerpo de Socorro Andino, integrado por voluntarios con el objetivo de rescatar a las personas que se perdían en la cordillera de los Andes. Salieron de Rancagua hacia la zona situada entre Planchón y El Tiburcio, pero tuvieron que detenerse un poco después a causa de las tormentas de nieve y los fuertes vientos.

Las condiciones climatológicas adversas impidieron la salida de los aviones el día siguiente y el otro, el 17 y el 18 de octubre. Nubes impenetrables y tormentas de nieve cubrían el área de la búsqueda. Desesperados, algunos de los parientes regresaron a Montevideo. Otros se quedaron y comenzaron a considerar la posibilidad de rescatarlos por su cuenta. No era que pensaran que los chilenos no hacían todo lo posible —incluso el avión gemelo del Fairchild, que había sido enviado por las Fuerzas Aéreas Uruguayas para ayudar a los chilenos, se veía obligado a permanecer en tierra—, pero sabían que pasaba el tiempo y que los profesionales no confiaban realmente en encontrar a sus hijos con vida.

—Imposible —había contestado el comandante Massa a la prensa—. Si alguno hubiera resultado con vida, habría quedado enterrado en la nieve.

Páez Vilaró decidió que podía investigar por sí mismo. Encontró un libro en una librería de Santiago titulado Las nieves y montañas de Chile y allí vio que las tierras comprendidas entre las montañas de Tinguiririca y Palomo eran propiedad de un tal Joaquín Gandarillas. Pensando que el dueño del terreno sería el que mejor lo conocería, Páez Vilaró fue a ver a Gandarillas, quien lo recibió con amabilidad y le explicó que su gran extensión de terreno se la había confiscado recientemente el régimen, de acuerdo con los planes de reforma agraria del presidente Allende. A pesar de todo, Gandarillas conocía el terreno como la palma de su mano, y, mientras duró la entrevista, Paéz Vilaró había conseguido persuadirle para que le acompañara al día siguiente hacia la zona del volcán Tinguiririca.

Un viaje de dos días, primero en coche y después a caballo, los llevó hasta la ladera de la montaña. Las nevadas habían cesado, pero la nieve reciente contribuía a hacer más patente la desolación del lugar. No se veía nada que pudiera estar ni vivo ni muerto, pero aun así, Páez Vilaró continuó mirando la inmensa mole de la montaña mientras silbaba, pensando que por arte de magia el sonido llegaría hasta su hijo. Los silbidos eran reproducidos por el eco y absorbidos después por la nieve. Nada podían hacer excepto regresar.

Mientras Páez Vilaró daba estos pasos para encontrar a su hijo, otros, desde sus hogares, empleaban métodos menos ortodoxos de búsqueda y rescate, como los utilizados por la madre de su ex esposa Madelón.

Acompañada por el hermano de Javier Methol, Juan José, el 16 de octubre fue a ver a un anciano de Montevideo, un adivino profesional y zahorí, de quien se decía que tenía poderes de clarividencia y podía encontrar algo más que manantiales escondidos. Llevaban consigo un mapa de los Andes. Cuando el anciano sostuvo la horquilla de madera sobre el mapa, la horquilla tembló y cayó en un punto del mapa situado en el lado este del volcán Tinguiririca, a treinta kilómetros del balneario Termas del Flaco.

Su hija Madelón comunicó esta posición a Páez Vilaró en Chile, a través de la radio de Rafael Ponce de León, pero Páez Vilaró le contestó que el Servicio Aéreo de Rescate ya había explorado esa zona y que, si se hubieran estrellado allí, no hubiesen tenido ninguna probabilidad de sobrevivir.

Esto último era algo que Madelón no quería escuchar, así que decidió olvidarse de los consejos del anciano adivino. Visitó al astrólogo uruguayo Boris Cristoff y le preguntó el nombre del mejor clarividente del mundo.

—Croiset —dijo él sin vacilar—. Gérard Croiset, de Utrecht.

Rosina Strauch, la madre de Fito, esperaba otra clase de ayuda. Le habían dicho que la Virgen de Garabandal se había aparecido a unos niños en España hacía unos diez años, aparición que no fue aceptada por el Vaticano. Para convencer al Papa, la Virgen debería realizar algún milagro. Su única oportunidad era que esto fuera así, y, junto a las madres de otros dos chicos, comenzaron a rezar a la Virgen de Garabandal.

Otros familiares, sin embargo, ya se habían resignado y en sus oraciones pedían poder soportar la pérdida y rogaban por las almas de sus hijos. Para la madre de Carlos Valeta —el muchacho que había desaparecido en la nieve inmediatamente después del accidente— la esperanza era ya imposible. El viernes por la tarde tuvo una visión, primero de un avión que caía, después del rostro ensangrentado de su hijo, más tarde aún, del hijo durmiendo, y, finalmente, a las cinco y media supo que su hijo había muerto. Las razones de la resignación de otros parientes estaban basadas en la conclusión de que no podían escapar, y que sobrevivir en la cordillera, aunque no hubieran muerto en el accidente, era prácticamente imposible.

A pesar de todo, el sótano de Rafael Ponce de León se llenaba todas las tardes con los parientes, los amigos y las novias de los chicos, en busca de noticias.

La búsqueda por el Servicio Aéreo de Rescate fue reanudada el día 19 de octubre. Continuó durante todo este día y el próximo, y por la mañana del día 21. También salieron aviones de la base argentina de Mendoza. Páez Vilaró y algunos otros continuaban la búsqueda en un avión Cessna prestado por el Aero Club de San Fernando. A pesar de todos estos esfuerzos, no se encontró ni rastro del Fairchild.

De los ocho días que habían utilizado para la búsqueda, dos de ellos se habían perdido a causa del temporal. Habían arriesgado las vidas de los miembros del Servicio Aéreo de Rescate y habían gastado una cantidad considerable de combustible en una búsqueda inútil para cualquier hombre razonable. Al mediodía del 21 de octubre, los comandantes García y Massa anunciaron que se cancelaba la búsqueda del aparato uruguayo n.º 571, en vista de los resultados negativos obtenidos.

TERCERA PARTE

1

El noveno día por la mañana el cuerpo de Susana Parrado fue sacado del avión y depositado en la nieve. Cuando los supervivientes salían del avión, nada se oía, excepto el viento; nada se veía, excepto la misma arena de la roca y la misma nieve de siempre.

Los cambios de luz transformaban el aspecto de las montañas. Por la mañana temprano parecían brillantes y distantes. Después, cuando avanzaba el día, las sombras se alargaban y las piedras grises, rojizas y verdes eran como bestias al acecho o dioses malhumorados que amenazaban a los intrusos.

Sacaban los asientos del avión y los colocaban en la nieve como tumbonas en una terraza. Allí se sentaban los primeros que salían del aparato para derretir nieve, mientras oteaban el horizonte. Cada cual notaba en los rostros de sus compañeros el rápido progreso del desgaste físico. Los movimientos de los que trabajaban en el interior o alrededor del fuselaje, se tornaban lentos y pesados. Se agotaban con el menor esfuerzo. Muchos de ellos se quedaban sentados donde habían dormido la noche anterior, tan débiles y deprimidos que ni siquiera eran capaces de salir al exterior en busca de aire fresco. El problema de la irritabilidad fue acrecentándose.

Marcelo Pérez, Daniel Fernández y los miembros más viejos del grupo temían que algunos de los chicos estuviesen ya al borde de la histeria. La espera los desesperaba y habían comenzado a pelearse entre ellos.

Marcelo trataba de dar ejemplo. Se mostraba optimista y alegre. Hablaba con confianza sobre el rescate y proponía que su grupo cantara canciones. Intentaron cantar Clementine, pero el resultado fue desastroso, pues ninguno deseaba cantar. Se hizo cada vez más evidente que su capitán no tenía tanta confianza como pretendía demostrar. Por las noches, abrumado por la melancolía, pensaba constantemente en cuánto debía de estar sufriendo su madre, en su hermano que estaba pasando la luna de miel en Brasil y en el resto de su familia. Trataba de ocultar los sollozos, pero, a veces, cuando se quedaba dormido, se levantaba gritando. Su amigo Eduardo Strauch procuraba consolarlo, pero Marcelo, como capitán del equipo y jefe de la expedición a Chile, se sentía responsable por lo que había sucedido.

—No seas tonto —le decía Eduardo—. No puedes mirar las cosas bajo ese punto de vista. Yo convencí a Gastón y a Daniel Shaw para que vinieran y ahora los dos están muertos. Incluso llamé a Daniel para que no lo olvidara, pero no me siento responsable de sus muertes.

—Si hay algún responsable —sentenció su primo Fito— ése es Dios. ¿Por qué ha permitido que muriera Gastón? —Fito Strauch se estaba refiriendo a que Gastón Costemalle, que había salido despedido por la cola del avión, no había sido el primero de su familia en morir; su madre ya había perdido a su marido y a otro hijo—. ¿Por qué permite Dios que suframos de esta manera? ¿Qué hemos hecho para que sea así?

—No es tan sencillo como parece —contestó Daniel Fernández, el tercero de los primos Strauch.

Había dos o tres entre los veintisiete que, por su valor y ejemplo, se habían convertido en los pilares que sostenían la moral del grupo. Echavarren, que padecía agudos dolores a causa de su pierna aplastada, gritaba e insultaba a cualquiera que lo pisara, pero a continuación pedía disculpas de la manera más educada o, a veces, con un chiste. Enrique Platero se mostraba enérgico y valiente a pesar de su herida en el estómago. Y Gustavo Nicolich obligaba a su «clan» a levantarse por la mañana para limpiar el avión y jugar después a las adivinanzas o charadas, mientras que por la noche los convencía para que rezaran el rosario con Carlitos Páez.

Liliana Methol, la única mujer entre ellos, era una fuente irreemplazable de consuelo. De treinta y cinco años de edad, más joven que sus madres, se convirtió para todos ellos en la imagen de devoción filial. Gustavo Zerbino, que sólo tenía diecinueve años, la llamaba madrina, y ella respondía a este afecto con palabras cariñosas y elevado optimismo. Se daba cuenta de que la moral de los chicos estaba a punto de derrumbarse y se las ingeniaba para concebir continuamente numerosas formas de distraerlos de sus pensamientos. Durante la noche del noveno día, los reunió a todos a su alrededor y les sugirió que cada uno contara una anécdota de su vida. Parecía que a ninguno iba a ocurrírsele nada, hasta que

Pancho Delgado se dispuso a relatar tres historias sobre su futuro suegro.

Cuando conoció a su novia ella sólo tenía quince años, y él tres o cuatro más. Temía que los padres de ella no lo aceptaran y estaba muy nervioso pensando en la impresión que les causaría. Poco tiempo después de conocerlos empujó accidentalmente al padre de su novia a la piscina, que resultó herido en una pierna; unos días más tarde, se le disparó un arma en el interior del coche de la familia de ella, un BMW 2002 completamente nuevo, y dejó en el techo un agujero enorme, del que sobresalían pedazos de chapa curvados hacia afuera como si fueran pétalos de una flor; en otra ocasión estuvo a punto de electrocutar al padre de su novia cuando lo ayudaba a montar la instalación eléctrica en el jardín, con motivo de una fiesta que habían organizado en su casa de Carrasco.

Estas anécdotas reconfortaron a los muchachos que, sentados en el interior casi oscuro del avión, esperaban que el cansancio les permitiera quedarse dormidos y, por esta causa, se sintieron agradecidos. Pero cuando llegó el turno de contar otras anécdotas, todos callaron, y mientras caía la noche, cada uno volvió a dedicarse a su propios pensamientos.

2

Se levantaron el domingo día 22 de octubre para hacer frente a su décimo día en la montaña. Los primeros que salieron del avión fueron Marcelo y Roy

Harley. Roy había encontrado un radiotransistor entre dos asientos del avión y, aplicando sus pequeños conocimientos de electrónica, adquiridos cuando en una ocasión ayudó a un amigo a montar un sistema de alta fidelidad, fue capaz de repararlo. Iba a ser muy difícil recibir señales en aquella franja situada entre tan altas montañas, así que Roy construyó una antena con pedazos de cable del circuito eléctrico del avión. Mientras trataba de sintonizar alguna estación, Marcelo sostenía la antena y la movía de un lado a otro. Oyeron a intervalos emisiones procedentes de Chile, pero ninguna noticia sobre su rescate. De la radio sólo surgían voces estridentes de los políticos de Chile implicados en la huelga de la clase media contra el gobierno socialista del presidente Allende.

Otros chicos fueron saliendo a la nieve. La falta de alimentos estaba haciendo estragos. Cada vez se encontraban más débiles y apáticos. Sufrían mareos al levantarse y les era difícil mantenerse en pie. Tenían frío incluso cuando el sol estaba alto y calentaba, y la piel se les empezaba a arrugar como a los ancianos.

Los pocos alimentos de que disponían se estaban terminando. La ración diaria de un trocito de chocolate, un trago de vino y una cucharadita de mermelada, o marisco en conserva —que comían lentamente para hacerlo durar más—, era más una tortura que un sustento para aquellos muchachos de constitución atlética y saludable; en cualquier caso, los más fuertes la repartían con los más débiles, y los más saludables con los enfermos. Sabían que no podrían sobrevivir durante mucho tiempo, no tanto porque se sintieran consumidos por un hambre voraz, sino porque cada día se encontraban más débiles y no eran necesarios muchos conocimientos de medicina o nutrición para predecir cómo terminarían.

Trataron de buscar otras fuentes de alimentación, ya que la más insignificante de las plantas vivas tenía valor nutritivo, y les parecía imposible que no creciera nada en los Andes. En las inmediaciones del avión sólo había nieve. El terreno descubierto más cercano se encontraba a unos treinta metros, estaba expuesto al sol y al aire, y consistía en una roca montañosa y desnuda donde encontraron una especie de líquenes resecos. Los arrancaron y los mezclaron con nieve hasta formar una pasta, pero resultaron amargos y nauseabundos, y se dieron cuenta de que como alimento no valían nada. Excepto estos líquenes no encontraron ninguna otra cosa. Hubo algunos que pensaron en los almohadones, pero ni siquiera estaban rellenos de paja. El nailon y la espuma tampoco eran comestibles.

A pesar de que era una perspectiva horripilante, hacía ya algunos días que algunos habían considerado que si querían sobrevivir tendrían que comer los cuerpos de los que habían fallecido en el accidente. Los cadáveres se hallaban en la nieve, alrededor del avión, y el intenso frío los había conservado en la postura en que murieron. Mientras que el pensamiento de cortar la carne de quienes habían sido sus amigos era profundamente repugnante para todos, una lúcida apreciación de su situación les condujo a planteárselo. Las discusiones sobre el asunto se iban extendiendo a medida que, con gran precaución, lo iban exponiendo a sus amigos o a quienes suponían que apoyarían la idea. Finalmente, Canessa expuso abiertamente la cuestión. Arguyó con firmeza que no los iban a rescatar; que tendrían que salir de allí valiéndose de sí mismos, pero no podrían hacerlo sin comida, y que el único alimento de que disponían era carne humana. Se sirvió de sus conocimientos de medicina para describir, con su voz aguda y penetrante, cómo sus cuerpos estaban agotando las pocas reservas que contenían.

—Cada vez que nos movemos, consumimos parte de nuestro cuerpo. Muy pronto estaremos tan débiles que no tendremos la fuerza suficiente ni para cortar la carne que está ahí delante de nuestros ojos —les dijo.

Canessa no hablaba por conveniencia. Insistió en que tenían la obligación moral de permanecer vivos a toda costa utilizando los únicos recursos de que disponían, y como era sincero en sus creencias religiosas, trató de poner más énfasis a sus siguientes argumentos, dedicados a los supervivientes más piadosos.

—Es carne y nada más que carne —explicó—. Sus almas ya han abandonado los cuerpos y están con Dios en el Cielo. Lo que queda de ellos no es más que la envoltura del alma y, por tanto, ya no son seres humanos; es como la carne de ternera que comemos en casa.

Intervinieron otros en la conversación. Fito Strauch dijo:

—¿Os habéis dado cuenta de la cantidad de energía que se necesita para escalar unos metros de montaña? Ahora hay que pensar en la que necesitaremos para ascender hasta la cumbre y luego bajar por el otro lado. Nunca lo lograremos con un sorbo de vino y un pedacito de chocolate.

Lo que acababa de decir era irrebatible.

Se convocó una reunión en el interior del Fairchild y por primera vez todos los supervivientes discutieron el problema al que se enfrentaban: si debían o no comer los cuerpos de los muertos para sobrevivir. Canessa, Zerbino, Fernández y Fito Strauch repitieron los mismos argumentos que habían usado anteriormente. Si no lo hacían, morirían. Tenían la obligación moral de vivir, tanto por ellos como por sus familiares. Dios deseaba que vivieran y con los cuerpos de sus amigos les había proporcionado los medios para lograrlo.

Si Dios no lo hubiese deseado, habrían muerto todos en el accidente; sería una equivocación renunciar al don de la vida a causa de sus escrúpulos.

—¿Qué hemos hecho —preguntó Marcelo— para que Dios nos pida que comamos los cuerpos de nuestros amigos muertos?

Se produjo un momento de vacilación, pero enseguida Zerbino se dirigió hacia su capitán y le preguntó a su vez:

—Pero, ¿qué crees que hubieran pensado ellos en nuestro caso?

Marcelo no contestó y Zerbino continuó diciendo:

—Yo pienso que si mi cuerpo muerto pudiera contribuir a manteneros vivos, quisiera que lo utilizarais sin vacilar. Y aún es más, si me muriese y vosotros no me comiéseis, regresaría desde donde quiera que me encontrase y os daría una patada en el culo a cada uno.

Este razonamiento disipó muchas dudas, porque aunque muchos sentían repugnancia al pensar en comer carne procedente de los cuerpos de sus amigos, todos estuvieron de acuerdo con Zerbino. Acordaron en ese mismo momento que si alguno de ellos moría, su cuerpo serviría de alimento a los demás.

Marcelo no había tomado aún una decisión. Él y su reducido grupo de optimistas seguían aferrados a las esperanzas de un rápido rescate, pero cada vez eran menos los que compartían su fe. La verdad es que algunos de los más jóvenes se llegaron a quejar a los pesimistas —o realistas, como ellos se autodenominaban— sobre los puntos de vista de Marcelo y Pancho Delgado. Estaban decepcionados porque el rescate, que tantas veces les habían asegurado que estaba en camino, no había llegado todavía.

Pero no faltaban partidarios de las opiniones de Marcelo y Pancho. Coche Inciarte y Numa Turcatti, ambos fuertes y resistentes y también de gran nobleza, comunicaron a sus compañeros que a pesar de que sabían que aquélla era la única solución, nunca podrían hacerlo. Liliana Methol se puso de su parte. Estaba tan serena como de costumbre pero, como les pasaba a los demás, se debatía entre las emociones que el tema había suscitado. Su instinto de supervivencia era fuerte, y deseaba fervientemente volver a ver a sus hijos, pero el pensamiento de comer carne humana la horrorizaba. Tampoco ella creía que la idea fuera equivocada, y no se oponía a ello, pues distinguía perfectamente entre el pecado y la repugnancia física, y un tabú impuesto por la sociedad no era una ley de Dios.

—Mientras exista una esperanza insignificante de que nos rescaten, mientras todavía quede algo de comer, aunque sólo sea una partícula de chocolate, yo no podré hacerlo —dijo Liliana.

Javier Methol estaba de acuerdo con su esposa, pero no trató de impedir que los demás hicieran lo que creían que debería hacerse.

A ninguno se le ocurrió argumentar que quizá Dios deseaba que eligieran morir. Todos creían que la virtud estaba en la supervivencia y que comer los cuerpos de sus amigos muertos no pondría en peligro sus almas, pero una cosa era pensarlo y otra actuar en consecuencia.

La discusión continuó durante gran parte del día, y a media tarde sabían que tenían que decidirse en aquel instante o nunca, pero continuaron sentados en el interior del avión en absoluto silencio. Por fin un grupo de cuatro —Canessa, Maspons, Zerbino y Fito Strauch— se levantaron para salir. Algunos más se fueron con ellos, pero nadie quería saber quién iba a cortar la carne o de qué cuerpo iban a cortarla.

La mayor parte de los cuerpos estaban cubiertos por la nieve, pero unos metros más allá del avión, se veía la espalda de uno. Sin decir una palabra, Canessa se arrodilló, desgarró la piel y cortó la carne con un pedazo de cristal roto. Estaba congelada y era muy difícil de cortar, pero insistió hasta que separó veinte tiras del tamaño de una cerilla cada una. Se levantó, y de regreso al avión las colocó sobre el techo. En el interior del fuselaje reinaba el más completo silencio. Los chicos estaban acurrucados en el Fairchild. Canessa les dijo que la carne estaba en el techo secándose al sol y que el que quisiera podía salir y comerla. Nadie se movió y Canessa tuvo que tomar de nuevo la iniciativa. Rezó a Dios para que le ayudara a llevar a cabo lo que él sabía que era lo correcto y se hizo con una pieza de carne. Vaciló. Aunque estaba completamente decidido, se quedó paralizado por el horror del instante.

La mano ni subía hacia la boca ni caía hacia abajo, ya que la repugnancia que sentía luchaba contra su voluntad inquebrantable. Venció la voluntad. La mano subió e introdujo el pedazo de carne en su boca. Lo tragó.

Se sintió triunfante. Su conciencia había vencido un tabú primitivo e irracional. Sobreviviría.

Aquella tarde, poco rato después, un grupo de chicos salieron del avión y siguieron su ejemplo. Zerbino se tragó una de las tiras igual que había hecho Canessa, pero se le quedó detenida en la garganta. Se metió un puñado de nieve en la boca y se las arregló para tragarlo todo junto. Fito Strauch siguió su ejemplo y después Maspons, Vizintín y otros.

Gustavo Nicolich, el muchacho alto y de cabellos rizados, que sólo tenía veinte años y que tanto se había esforzado para conservar la moral de sus jóvenes amigos, escribió a su novia en Montevideo.

> Querídisima Rosina:
>
> Te estoy escribiendo en el interior del avión (nuestro petit hôtel de momento). Se está poniendo el sol y comienza a hacer frío y a levantarse viento como casi siempre sucede a esta hora de la tarde. Hoy ha hecho un tiempo espléndido, el sol brillaba y hacía calor. Me recordaba a los días que pasábamos juntos en la playa con la gran diferencia de que, allí, nos íbamos después a comer a tu casa, mientras que aquí tengo que quedarme fuera del avión sin nada que llevarme a la boca.
>
> Lo más importante de hoy es que ha sido un día muy deprimente y gran parte de los demás se han desanimado (hoy es el décimo día que nos encontramos aquí), pero por suerte ese sentimiento no me ha afectado a mí, porque me da una fuerza increíble sólo pensar que voy a volver a verte. Otra de las cosas que ha contribuido al desánimo es que muy pronto nos quedaremos sin comida: ya sólo nos quedan dos latas pequeñas de mariscos, una botella de vino blanco y otra pequeña de licor de cerezas

que, para veintiséis hombres (bueno, hay algunos chicos que quieren ser hombres), es lo mismo que nada.

Una cosa te va a parecer increíble (yo todavía no consigo creerlo) y es que hoy han comenzado a cortar carne de los muertos para comérsela. No hay otro remedio. Yo había rezado a Dios desde lo más profundo de mi ser para que este día no llegara nunca, pero ha llegado y tenemos que aceptarlo con valor y fe. Fe, porque he llegado a la conclusión de que si los cuerpos están ahí es porque Dios los ha puesto ahí y lo único que importa es el alma, no debo sentir remordimientos; y si llega el día en que yo pueda salvar a alguien con mi cuerpo, lo haría con mucha alegría.

No sé cómo estaréis mamá, papá, los chicos y tú; me pone muy triste pensar que sufrís, y rezo a Dios en todo momento para que os consuele y os dé fuerzas, porque es la única manera de salir de esta situación. Creo que muy pronto llegará un final feliz para todos nosotros.

Te va a dar un síncope cuando me veas. Estoy sucio, con barba, más delgado, y con una herida en la cabeza, otra en el pecho que ya ha cicatrizado, y otra pequeña que me he hecho hoy cuando trabajaba en el interior del avión. También tengo pequeños cortes en las piernas y en los hombros; pero, a pesar de todo, estoy bien.

3

Los dos primeros que salieron del avión al día siguiente, vieron que el día estaba nublado, pero llegaba un poco de sol a la nieve a través de las nubes. Algunos lanzaban miradas curiosas a Canessa, Zerbino, Maspons, Vizintín y los primos Strauch. No lo hacían por temor a que Dios los hubiera castigado, sino porque todos sabían, por la experiencia en sus haciendas, que no se debe comer un novillo que muere de causa natural, y se preguntaban si no sería tan poco saludable hacer lo mismo con el cuerpo humano. Los que habían comido la carne se encontraban perfectamente bien. Ninguno de ellos había comido gran cantidad y, de hecho, se sentían tan hambrientos como los demás. El primero en levantarse, como siempre, fue Marcelo.

—Vamos —le dijo a Roy Harley—. Tenemos que preparar la radio.

—Hace mucho frío. ¿No puede ir otro? —respondió Roy.

—No. Éste es tu trabajo. ¡Vamos! —dijo Marcelo.

Roy se puso los zapatos encima de sus dos pares de calcetines de mala gana. Pasó agachado entre las somnolientas figuras, saltó por encima de los que se encontraban junto a la salida, y siguió a Marcelo hasta el exterior del avión. Los siguieron otros dos. Marcelo sostenía ya la antena y esperaba que Roy cogiera la radio, la conectara y comenzara la búsqueda de alguna señal. Sintonizó la misma emisora chilena que el día anterior sólo había transmitido propaganda política. Pero ahora, mientras sostenía el aparato pegado a su oído, oyó las últimas palabras del boletín de noticias. El Servicio Aéreo de Rescate solicita a todos los aviones comerciales y militares que sobrevuelen la cordillera, que comuniquen si ven algún indicio de los restos del Fairchild n.º 571. Esto se debe a la suspensión de la búsqueda del aparato uruguayo por el Servicio Aéreo de Rescate, a causa de los resultados negativos obtenidos.

El locutor cambió de tema. Roy separó la radió de su oreja. Miró a Marcelo y le contó lo que había oído. Marcelo dejó caer la antena, se cubrió la cara con las manos y se puso a llorar de desesperación. Los demás, que rodeaban a Roy cuando éste informó sobre las noticias que había oído, comenzaron a llorar y rezar, todos excepto Parrado, que miraba con calma las montañas que se levantaban al oeste.

Gustavo Nicolich salió del avión y supo lo que había sucedido con sólo ver la expresión de sus rostros.

—¿Qué les decimos a los demás? —preguntó.

—No debemos decírselo —respondió Marcelo—. Al menos, que conserven la esperanza.

—No —replicó Nicolich—. Hemos de decírselo. Deben estar preparados para lo peor.

—No puedo, no puedo —dijo Marcelo, con la cara oculta entre sus manos.

—Yo lo diré —concluyó Nicolich, dirigiéndose a la entrada del avión.

Escaló hasta el hueco que había entre las maletas y las camisetas de rugby, se paró en la misma entrada del estrecho túnel, y miró a las tristes caras que se habían vuelto hacia él.

—¡Eh, muchachos! —les gritó—. Buenas noticias. Las acabamos de escuchar por la radio. Han suspendido la búsqueda.

Dentro del departamento hubo un silencio.

Cuando se percataron de lo desesperado de su situación comenzaron a sollozar.

—¿Por qué demonios son buenas noticias? —le gritó Páez completamente fuera de sí.

—Porque esto significa que tendremos que salir de aquí por nuestros propios medios —le respondió Nicolich.

Su valor evitó la desesperación total, pero algunos de los optimistas que aún confiaban en el rescate fueron incapaces de reanimarse. Entre los pesimistas, para la mayoría de los cuales las esperanzas de ser rescatados eran tan escasas como las de salir de allí por sus propios medios, no cundió el pánico. Aquello respondía a sus expectativas. Las noticias dejaron anonadado a Marcelo. Su papel de jefe se acabó de forma automática en aquel instante y la vida se borró de sus ojos. También a Delgado le trastornó la noticia. Su elocuente y alegre optimismo se evaporó en el aire ligero de la cordillera. Parecía que no le quedaba ni un atisbo de fe en que pudieran escapar de allí por sus propios medio y se retiró a segunda fila. De los antiguos optimistas, solamente Liliana Methol conservaba las esperanzas y ofrecía su consuelo.

—No os preocupéis —decía—. Saldremos todos de aquí. Nos encontrarán en cuanto se derrita la nieve.

Entonces, al recordar los pocos alimentos que les quedaban, y los cuerpos de los muertos, añadía:

—O saldremos caminando hacia el oeste.

Escapar: ésta era la obsesión de los optimistas. Era desesperante que el valle en que se encontraban atrapados descendiera hacia el este, y que hacia el oeste tuvieran las sólidas paredes de las altas montañas, pero esto no detenía a Parrado. Tan pronto como se enteró de la cancelación de la búsqueda, anunció su intención de partir hacia el oeste aunque tuviera que hacerlo solo. Con gran dificultad, los demás lo convencieron para que abandonase esa idea. Diez días antes lo habían dado por muerto. Si había que subir las montañas, había muchos otros que se encontraban en mejores condiciones físicas.

—Tenemos que pensar sobre todo esto con calma y actuar juntos. Es la única forma que nos permitirá sobrevivir —dijo Marcelo.

Todavía le tenían suficiente respeto a Marcelo, y Parrado conservaba bastante disciplina de equipo para aceptar lo que los otros decidieran. De todas formas, no era el único que insistía en que antes de que se debilitaran más debían emprender otra expedición, bien para subir la montaña y ver qué había al otro lado, bien para buscar la cola del avión.

Acordaron que un grupo integrado por los más fuertes saliera inmediatamente, y una hora después de haber oído las noticias de la radio, Zerbino, Turcatti y Maspons emprendieron la subida de la montaña bajo la mirada expectante de sus amigos.

Canessa y Fito Strauch cortaron más carne del cadáver que habían comenzado el día anterior. Las tiras que habían puesto en el techo del avión ya se las habían comido. En esto no sólo influyó que después de secas por el sol y el aire eran más fáciles de tragar, sino también la certeza de que no iban a ser rescatados, que acabó convenciendo a la mayoría de los que el día anterior no se habían atrevido. Parrado comió carne humana por primera vez. También lo hizo Daniel Fernández, pero con un enorme esfuerzo de voluntad para vencer su repugnancia. Uno a uno se vieron obligados a tocar y tragar la carne de sus amigos. Para algunos era simplemente una desagradable necesidad, pero esto suscitaba en otros un conflicto entre la conciencia y la razón.

Liliana y Javier Methol, Coche Inciarte y Pancho Delgado aún no eran capaces de conseguirlo. Marcelo Pérez, que estaba seguro de que debían dar este paso, usaba la poca autoridad que aún conservaba para convencer a los demás de que debían hacerlo, pero nada de lo que dijo causó el efecto del pequeño comentario que hizo Pedro Algorta. Era uno de los chicos que en el aeropuerto lucía una indumentaria más modesta que los demás, como si despreciara los valores burgueses. Durante el accidente recibió un golpe en la cabeza que le había producido amnesia total, y no recordaba nada de lo que había sucedido el día anterior. Algorta estaba mirando cómo Canessa y Fito Strauch cortaban carne, pero no dijo nada hasta el momento en que le ofrecieron una tajada. La cogió, la tragó, y entonces dijo:

—Es como la Sagrada Comunión. Cuando Cristo murió, nos entregó su cuerpo para que tuviéramos una vida espiritual. Mi amigo me entrega su cuerpo para darme la vida física.

Gracias a este planteamiento, Coche Inciarte y Pancho Delgado tomaron por primera vez su parte, y Marcelo se aferró a él y lo esgrimió como un concepto para persuadir a los demás de que debían seguir su ejemplo y sobrevivir. Uno a uno lo fueron haciendo, hasta que sólo quedaron Liliana y Javier Methol.

Ahora que ya se había establecido que iban a vivir alimentándose de los muertos, organizaron un grupo entre los chicos más fuertes para que cubrieran los cadáveres con nieve, mientras que los más débiles o los heridos se sentaban en los asientos con las bandejas de aluminio al sol para convertir la nieve en agua que recogían en botellas de vino vacías. El resto de los supervivientes limpiaban el interior del avión. Canessa, una vez que hubo cortado suficiente carne para satisfacer sus necesidades inmediatas, examinó a los heridos. Quedó bastante satisfecho de su estado. La mayor parte de las heridas externas continuaban cicatrizando, y ninguna mostraba señales de infección. Las inflamaciones que rodeaban a los huesos rotos también iban cediendo. Álvaro Mangino y Pancho Delgado ya se las arreglaban, a pesar de los terribles dolores, para salir al exterior. Arturo Nogueira era el que se encontraba en peor estado. Si quería salir del avión había de hacerlo reptando, empujándose hacia adelante con los brazos. La pierna de Rafael Echavarren, sin embargo, había empeorado y mostraba los primeros síntomas de gangrena.

Enrique Platero, a quien le habían arrancado el tubo de acero del estómago, le dijo a Canessa que se encontraba perfectamente bien, pero que todavía tenía algo que le asomaba por la herida. Con mucho cuidado, el doctor le quitó la camiseta de rugby que continuaba usando como venda y confirmó la observación del paciente: la herida estaba cicatrizando bien, pero había algo que salía. Parte se había secado y Canessa le sugirió que si le cortaba la parte seca, sería mucho más fácil meter el resto dentro.

—Pero ¿qué es lo que asoma? —preguntó Platero.

Canessa se encogió de hombros.

—No lo sé. Seguramente es parte del interior del estómago, pero si fuera el intestino y lo cortamos, entonces malo. Tendrías peritonitis —le dijo Canessa.

Platero no vaciló.

—Haz lo que tengas que hacer —dijo reclinándose de nuevo en la puerta.

Canessa se preparó para operar. Como bisturí tenía que elegir entre un pedazo de vidrio roto o una hoja de afeitar. La temperatura bajo cero que los rodeaba actuaba como esterilizador. Desinfectó con agua de colonia los alrededores de la herida y después, muy cuidadosamente, cortó un trozo de la piel seca con el cristal. Platero no sintió nada, pero aún no se podía meter debajo de la piel lo que quedaba. Siendo todavía más cuidadoso, Canessa cortó otro trozo más cercano que el anterior a la carne con células vivas, y aunque temió en todo momento que se tratase del intestino, tampoco esta vez parecía haberle causado ningún daño y, con una presión del dedo del cirujano, la tripa volvió al interior del estómago de Platero.

—¿Quieres que te dé unos puntos? —preguntó Canessa a su paciente—. Pero debo advertirte que no tenemos la clase de hilo que se usa en cirugía.

—No te preocupes —respondió Platero irguiéndose, apoyado en los codos, y mirándose el estómago—. Así está bien. Vuelve a vendarme y quedaré como nuevo.

Canessa volvió a vendarlo apretándole la camisa tan fuerte como pudo, y una vez terminada esta operación, Platero saltó de su hamaca diciendo:

—Ahora ya estoy listo para salir en la primera expedición, y cuando lleguemos a Montevideo serás mi médico de cabecera. Jamás podré encontrar uno mejor que tú.

Afuera, siguiendo el ejemplo de Gustavo Nicolich, Carlitos Páez estaba escribiendo a su padre, su madre y sus hermanas. También escribió a su abuela lo siguiente:

> No te puedes imaginar cuánto pienso en ti, porque te quiero, te adoro, y la vida te ha dado tantos golpes, que no me puedo imaginar cómo vas a recibir éste. «Buba», me has

enseñado muchas cosas en esta vida, pero la más importante de todas ha sido tener fe en Dios. Esta fe ha aumentado tanto, que no te lo podrías imaginar...

Quiero que sepas que tú eres la mejor abuela del mundo y me acordaré de ti toda mi vida.

4

Zerbino, Turcatti y Maspons siguieron el rastro que había dejado el avión en la montaña. Cada veinte o veinticinco pasos, se veían obligados a parar, en espera de que sus corazones recobraran el ritmo normal. Tenían que avanzar hincando las manos en la nieve, y la montaña comenzaba a aparecer casi vertical. Se marcharon con tanta prisa, que no tuvieron la precaución de equiparse adecuadamente para la ascensión. Iban en zapatillas o mocasines, con jerseys, chaquetas de verano y pantalones de tela ligera. Los tres habían adquirido gran fortaleza en los entrenamientos, pero no habían comido casi nada en los últimos once días.

No hacía mucho frío aquella tarde. Mientras subían, el sol les calentaba las espaldas. Lo que más les hacía sufrir eran sus pies, empapados de agua helada. A media tarde alcanzaron una roca, y Zerbino comprobó que a su alrededor la nieve se estaba derritiendo. Se agachó y chupó las gotas de agua de los copos fundidos. Encontró otra especie de líquen que trató de comer, pero sabía a tierra. Continuaron subiendo, pero hacia las siete de la tarde se dieron cuenta de que les quedaba la mitad del camino para llegar a la cumbre de la montaña. Ya se había puesto el sol y estaba oscureciendo. Se sentaron para pensar qué debían hacer. Estuvieron de acuerdo en que cada momento haría más frío, y si se quedaban allí lo más probable era que murieran. La otra alternativa era regresar, pero entonces sería inútil el esfuerzo realizado. Además, la única oportunidad de sobrevivir que tendrían los veintisiete que quedaban era llegar hasta la cumbre o encontrar la cola con las baterías. Decidieron pasar la noche en la montaña, para lo cual comenzaron a buscar un lugar apropiado.

Más adelante encontraron un otero donde el viento había barrido la nieve que lo cubría dejando al descubierto la roca que se encontraba debajo. Construyeron una pared de piedra para protegerse del viento, y cuando la oscuridad se cernía sobre ellos, se tumbaron tratando de dormir. Como siempre, con la oscuridad arreció el frío, y para protegerse contra las temperaturas bajo cero y el viento helado sólo contaban con las ligeras ropas con las que estaban vestidos, lo que, en aquella situación, equivalía a estar desnudos. No había manera de dormir. Se veían obligados a golpearse unos a otros con manos y pies para mantener la circulación y suplicaban ser golpeados en la cara, pero a pesar de ello sus bocas se helaron hasta el punto de que no podían pronunciar una sola palabra. Ninguno de los tres confiaba en que podría llegar a ver el nuevo amanecer. Cuando apareció el sol por el este, se quedaron asombrados y, en la medida en que fue elevándose en el cielo, calentó sus helados cuerpos. Se les había empapado la ropa que llevaban, así que se levantaron, se quitaron las camisas, pantalones y calcetines, y los retorcieron para secarlos, pero el sol se escondió detrás de una nube, por lo que tuvieron que volver a ponerse las prendas húmedas y emprender la ascensión.

A cada rato se detenían para descansar y entonces miraban hacia los restos del Fairchild. A aquella altura, no era más que un punto en la nieve, imposible de distinguir entre las innumerables rocas desprovistas de nieve que había a su alrededor. No se distinguía la S que habían pintado en el techo del avión, y los tres comprendieron la razón por la que no habían sido rescatados: era imposible advertir el avión desde el aire. Pero esto no era lo único que los deprimía. Cuanto más avanzaban, más montañas veían ante sí. Nada indicaba que estuvieran en el extremo de los Andes; solamente podían ver hacia el norte y el este. La montaña que estaban subiendo obstaculizaba aún la visión hacia el sur y el oeste y, sin embargo, sabían que ya faltaba poco para llegar a la cumbre. Cuando ya creyeron haberla alcanzado, descubrieron que era sólo un cerro. La montaña continuaba alzándose ante ellos.

Sus esfuerzos fueron recompensados al llegar a uno de estos cerros. Una de las rocas carentes de nieve aparentaba haber recibido un golpe. Un poco después vieron que había pedazos de metal retorcido a su alrededor, y pensaron que debían pertenecer a una de las alas. Un poco más arriba, donde el suelo formaba una especie de plataforma, encontraron volcado un asiento del avión. Lo levantaron y ahí estaba, atado a él todavía, el cuerpo muerto de uno de sus amigos. Tenía la cara ennegrecida y supusieron que quizá se había quemado con el aceite de uno de los motores.

Con gran cuidado, Zerbino retiró de sus ropas la cartera y el documento de identidad, así como una cadena con medallas que el muerto llevaba alrededor del cuello. Hizo lo mismo cuando encontraron los cuerpos de tres Old Christians y dos miembros de la tripulación que también habían salido despedidos por la cola del aparato.

Contaron los cuerpos que habían encontrado y los sumaron a los que estaban abajo. Eran cuarenta y cuatro en total, por lo que faltaba uno. Entonces recordaron la figura de Valeta desapareciendo en la nieve la tarde del accidente. La cuenta salía exacta: seis cuerpos allí, once muertos en los alrededores del avión, el desaparecido en la nieve, veinticuatro supervivientes abajo, y ellos tres; total, cuarenta y cinco.

Todavía no habían llegado a la cumbre y aún no habían encontrado señales de la cola del avión o de otros restos perdidos. Regresaron montaña abajo, siguiendo el rastro que había dejado el fuselaje y, en una grieta, vieron uno de los motores. Desde donde estaban, el panorama era magnífico. Los reflejos del sol en la nieve los hacían parpadear cuando intentaban fijarse en lo que les rodeaba. Todos llevaban gafas de sol, pero las de Zerbino, que estaban rotas por el puente, se le habían deslizado hacia abajo durante el ascenso, lo que le facilitaba mirar por encima de ellas. Esto mismo sucedía mientras bajaban, deslizándose con los almohadones de los asientos del avión atados a los pies. Iban zigzagueando, parándose cada vez que encontraban trozos de metal o de cualquier otra cosa perteneciente al avión, intentando averiguar si les sería de alguna utilidad. Encontraron parte del sistema de calefacción del avión, el lavabo, y fragmentos de la cola, aunque no la cola entera. Llegaron a un lugar donde el rastro del aparato pasaba por una zona escarpada y se desviaron por la ladera de la montaña. En aquellos momentos,

Zerbino estaba ya tan cegado por los reflejos del sol en la nieve que apenas distinguía las cosas. Continuaba su camino, pero tenía que ser guiado por los otros en numerosas ocasiones.

—Creo que debemos confesar a los demás lo difícil que parece —dijo Maspons, mientras se acercaban al aparato.

—No —le contestó Turcatti—. ¿Qué ventaja obtendremos de decepcionarlos? —Después, preguntó—: Pero ¿qué ha pasado con tu zapato?

Maspons se miró los pies y vio que había perdido un zapato mientras caminaba. El pie se le había entumecido de tal manera que ni siquiera lo sentía.

Los otros veinticuatro supervivientes quedaron encantados al verlos regresar, pero tristes al mismo tiempo porque no habían encontrado la cola del Fairchild, y asombrados también, por el estado en que se encontraban. Los tres se quejaban de dolores en sus pies medio congelados, y tenían un aspecto desastroso después de haber pasado la noche en la montaña. Zerbino estaba prácticamente ciego. En seguida los introdujeron en el avión y les llevaron grandes pedazos de carne que se comieron sin vacilar. Poco después, Canessa les curó los ojos, que no cesaban de llorar, con gotas de un colirio que había encontrado en una maleta, creyendo que les sentaría bien. Las gotas les escocían, pero notaron que les aliviaban. Zerbino se vendó los ojos con una camiseta de rugby, y no se los destapó hasta dos días más tarde. Cuando se quitó la camiseta no veía más que sombras, así que continuó usándola como si fuera una especie de velo para evitar que el sol le diera en los ojos. Comía con el velo puesto, y su ceguera lo hizo intolerablemente agresivo e irritable.

Los pies continuaban molestándoles. Aún los tenían rojos e hinchados a causa del frío, y sus amigos les daban suaves masajes. Todos se dieron perfecta cuenta de que una expedición de tan sólo un día casi había acabado con tres de los chicos más fuertes y, de nuevo, decayó la moral entre ellos.

5

Unos días después, desapareció el sol detrás de las nubes, y como consecuencia de ello los chicos tuvieron que volver a usar el viejo método de agitar las botellas, ya que los «aparatos de conversión de agua» habían quedado inutilizables. A Roy Harley y a Carlitos Páez se les ocurrió hacer fuego con las tablas de una caja de Coca Cola que encontraron en el departamento de equipajes del avión. Sostuvieron las bandejas de aluminio encima del fuego y enseguida tuvieron agua suficiente. Como habían quedado algunas brasas les pareció razonable intentar asar un poco de carne. No la dejaron mucho tiempo al fuego, pero el ligero asado daba a la carne mejor sabor, más suave que el de la de vaca, pero muy parecido.

El aroma que despedía atrajo a varios muchachos alrededor del fuego, y Coche Inciarte, que era el que sentía mayor aversión por la carne cruda, la encontró muy buena una vez asada. A Roy Harley, Numa Turcatti y Eduardo Strauch también les era más fácil vencer la repugnancia si estaba asada, y la comieron como si se tratara de carne de vaca.

Canessa y los Strauch no eran partidarios de cocinar la carne, y como ya se habían ganado cierta autoridad sobre el grupo, sus puntos de vista no podían ser ignorados.

—¿No sabéis que las proteínas se destruyen a una temperatura superior a los cuarenta grados? Si queremos sacarle todo el provecho a la carne, hay que comerla cruda —les dijo Canessa, tan sabihondo y aseverativo como siempre.

—Y si se cocina —dijo Fernández, mirando los pequeños filetes en la bandeja de aluminio—, la carne encoge. Gran parte del alimento se va en humo o se derrite.

Estos argumentos no convencieron a Inciarte y Harley, quienes apenas se nutrían porque nunca les había gustado comer carne cruda, pero, en todo caso, cocinarla no era fácil, en primer lugar por la falta de combustible —solamente tenían otras tres cajas—, pero también por los fuertes vientos que soplaban muy a menudo, impidiendo cualquier tentativa de hacer fuego.

Unos días después, Eduardo Strauch se sintió tan débil que consiguió por fin vencer la repugnancia por la carne cruda con la ayuda de sus dos primos. Harley, Inciarte y Turcatti nunca lo consiguieron del todo, pero se sentían obligados a sobrevivir y se las arreglaron para consumir la cantidad necesaria como para mantenerse con vida. Los dos únicos que aún no habían probado la carne humana eran los dos más viejos del grupo, Liliana y Javier Methol, que, con el paso de los días, mientras que los otros veinticinco se fortalecían con su nueva dieta, alimentándose sólo con el vino, el chocolate y la mermelada que quedaba, adelgazaban y se debilitaban cada vez más.

Los muchachos observaban con cierta alarma su creciente debilidad. Marcelo insistía continuamente para que superaran la repugnancia y comieran la carne. Ponía en juego todas las razones que podía discurrir y, sobre todo, se apoyaba en las palabras de Pedro Algorta.

—Pensad que es como la Comunión. Pensad que es como el Cuerpo y la Sangre de Cristo, y que estos alimentos nos los ha dado Dios porque Él quiere que continuemos viviendo.

Liliana escuchaba lo que decía, pero una y otra vez, sacudía la cabeza negando.

—No hay nada malo en que tú lo hagas, Marcelo, pero yo no puedo, sencillamente, no puedo.

Durante algún tiempo, Javier siguió su ejemplo. Continuaba padeciendo los efectos de la altitud y Liliana lo cuidaba como si fuera su hijo. Los días transcurrían lentamente y había algún que otro rato para permanecer solos, sin la compañía de los demás. Hablaban entonces de su hogar en Montevideo, preguntándose qué harían sus hijos a aquella hora y temiendo que la pequeña Marie Noel, que sólo tenía tres años, llorara echando de menos a su madre, o que María Laura, de diez años de edad, no hiciera los deberes.

Javier trataba de convencer a su esposa de que sus padres cuidarían de los niños. Al mencionar a sus padres, Liliana se preguntaba si sería posible que fueran a vivir con ellos en su casa de Carrasco cuando regresaran. Miró con un poco de nerviosismo a su marido cuando sugirió esta idea, sabiendo que no todos los maridos son partidarios de vivir con sus suegros bajo el mismo techo, pero Javier sonrió y dijo:

—Por supuesto, ¿por qué no se nos ha ocurrido antes?

Comentaron la posibilidad de construir un anexo

en su vivienda para que así los padres de Liliana pudieran conservar cierta independencia. Liliana se preocupaba porque quizá no tuvieran dinero suficiente para llevar a cabo estos planes o, porque al construir el anexo, estropearían el jardín, pero Javier la tranquilizaba.

Esta conversación debilitó su propósito de no comer carne humana y, la siguiente vez que Marcelo les ofreció un trozo de carne, Javier la tomó y se obligó a comérsela.

Sólo faltaba que lo hiciera Liliana. Aunque estaba tan débil que la vida se le escapaba del cuerpo, su espíritu seguía sereno. Permanecía siempre al lado de su marido, le ayudaba continuamente porque él era más débil y a veces se enfadaba porque, como estaba mareado por la altitud, sus movimientos eran lentos y torpes, pero ni la cercanía de la muerte influyó en su cariño hacia él, que no disminuyó.

Allá en las montañas, sus vidas seguían siendo una sola, igual que en Montevideo, y en esta situación desesperada, sus lazos de unión se estrecharon aún más. Incluso la pena que sentían formaba parte de esta unión, y cuando pensaban en sus cuatro hijos, a quienes quizá no volvieran a ver, las lágrimas les resbalaban por las mejillas, y no sólo eran lágrimas de dolor, sino de alegría, ya que lo que tanto añoraban ahora, les recordaba todavía más lo que habían tenido.

Una tarde, nada más ocultarse el sol y cuando los veintisiete supervivientes se preparaban para guarecerse del frío en el interior del avión, Liliana se dirigió a Javier para comentarle que cuando regresaran le gustaría tener otro hijo. Creía que si continuaba con vida era porque Dios lo había dispuesto así.

Javier quedó encantado. Quería a sus hijos y

siempre había deseado tener más, aunque, cuando contempló a su esposa, su proposición le resultó muy dolorosa y se agolparon las lágrimas en sus ojos.

Después de diez días sin alimentos, su cuerpo se había quedado sin reservas. Tenía los pómulos salientes y los ojos hundidos. Solamente su sonrisa era la misma de siempre. La tomó de la mano y le dijo:

—Liliana, tenemos que enfrentarnos a la realidad. No podremos llevar a cabo nada de esto si no sobrevivimos.

—Lo sé —respondió ella.

—Dios desea que sobrevivamos.

—Sí, lo desea.

—Sólo hay una forma de conseguirlo.

—Sí. Sólo hay una forma.

A causa de su debilidad, Liliana y Javier se acercaron lentamente hasta el grupo de chicos que se habían colocado en fila para entrar en el avión.

—He cambiado de opinión —comunicó Liliana a Marcelo—. Comeré carne.

Marcelo se acercó al techo del avión y tomó un pequeño trozo de carne humana que había estado secándose al sol. Liliana lo tomó a su vez de las manos de Marcelo y, con gran esfuerzo, consiguió comerla.

CUARTA PARTE

1

La noticia de que los chilenos habían abandonado la búsqueda de sus hijos al cabo de ocho días, y que durante dos de ellos los aviones ni siquiera habían despegado a causa del mal tiempo, dejó desconsolados a los padres, convencidos aún de que sus hijos estaban vivos. Se sentían muy defraudados con los chilenos por haber abandonado tan pronto, y molestos con su propio gobierno, por no haber hecho casi nada. En Chile, Páez Vilaró anunció que continuaría la búsqueda por su cuenta. Desde Carrasco, Madelón Rodríguez se puso en contacto con Gérard Croiset.

Gérard Croiset había nacido en 1910 de padres judíos holandeses y fue prácticamente analfabeto hasta su juventud. En 1945 lo descubrió un hombre llamado Willem Tenhaeff, que había dedicado su vida a la investigación sistemática del fenómeno de la clarividencia. En 1953 nombraron a Tenhaeff profesor de Parapsicología de la Universidad de Utrecht —algo sin precedentes en la historia de esta ciencia—, y el más asombrado de los cuarenta clarividentes que trabajaban con el profesor fue el mismo Croiset.

La cualidad más destacada del talento de Croiset era la de encontrar a personas extraviadas y, por este motivo, la policía de Holanda y la de Estados Unidos le consultaban muy a menudo. El método consistía en darle un objeto que hubiera pertenecido a la persona perdida, o hablar con alguien de su entorno, y entonces describía la imagen o la serie de imágenes que se formaban en su mente. Si un caso le recordaba alguna experiencia que él mismo hubiera vivido, su sentido se agudizaba. Si un niño perdido se había ahogado en un canal, por ejemplo, le era mucho más fácil adivinarlo, pues estuvo a punto de morir de esta forma cuando era joven. Nunca aceptaba dinero por las consultas que le hacían, y sus facultades disminuían cuando alguien le pedía que encontrara alguna propiedad o dinero perdido.

El profesor Tenhaeff recopilaba y archivaba cada caso en que intervenía, y después de casi veinte años y centenares de experimentos, contaba con un impresionante número de éxitos.

Madelón visitó la Embajada de Holanda en Montevideo y, con uno de los empleados como intérprete, llamó por teléfono al Instituto Parapsicológico de Utrecht. Le dijeron que Gérard Croiset se encontraba en un hospital recuperándose de una reciente operación. Suplicó que, a pesar de todo, le pusieran en contacto con él, pero en lugar de ponerse en contacto con el padre, lo hizo con el hijo, Gérard Croiset, Jr., que vivía en la ciudad de Enschede, tenía entonces treinta y cuatro años, y se creía que había heredado los poderes de su padre. El joven Croiset pidió al intérprete que le enviaran un mapa de los Andes.

Madelón le hizo llegar inmediatamente una carta

ÁREA DE LA BÚSQUEDA

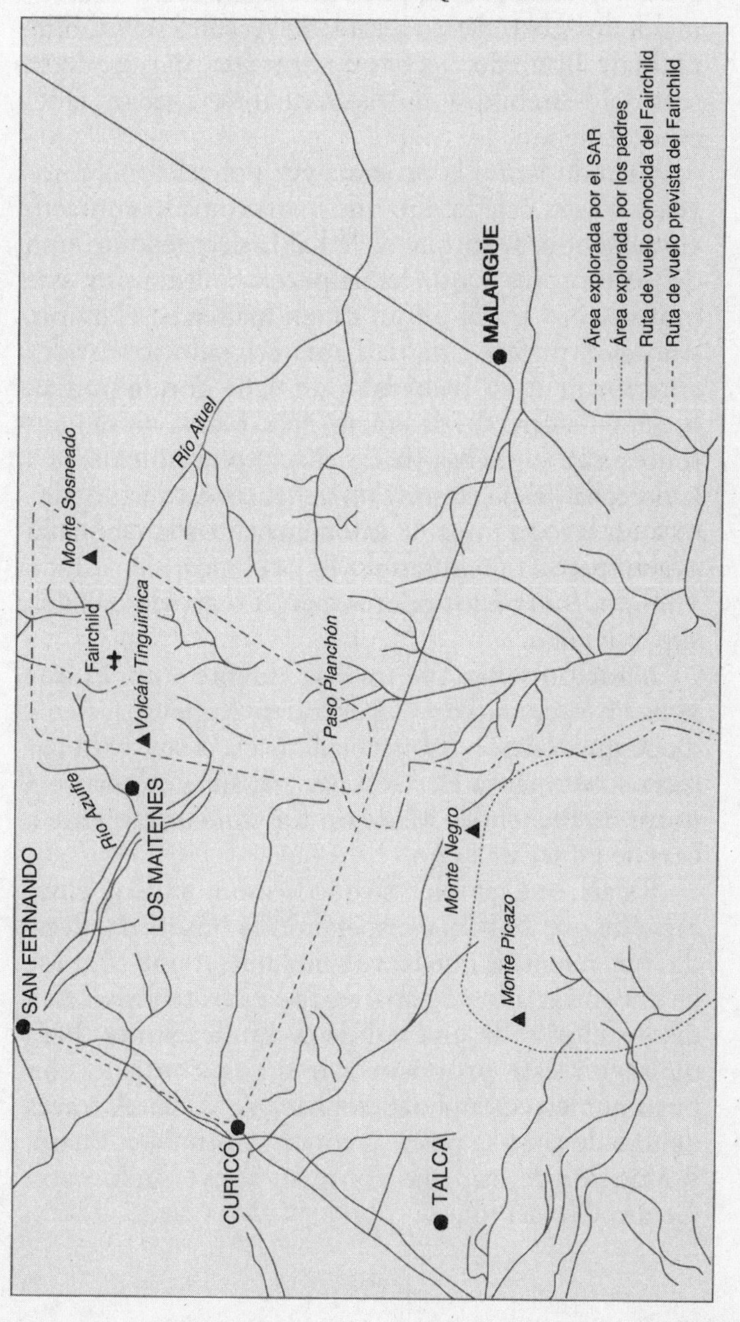

aeronáutica de la zona, con un rudimentario diagrama de los corredores aéreos de Argentina y Chile. Habían dibujado flechas en el mapa, indicando la ruta del Fairchild, y un signo de interrogación en el paso Planchón.

Cuando llamó la próxima vez por teléfono al joven Croiset, éste le dijo que había tomado contacto con el avión. Dijo que se le había desprendido uno de los motores y que había perdido altura por este motivo. No era el piloto quien manejaba el avión, sino el copiloto, que ya había cruzado los Andes anteriormente y recordaba un valle donde podían hacer un aterrizaje de emergencia. Había virado entonces a la izquierda (hacia el sur) o posiblemente a la derecha (hacia el norte) y se habían estrellado junto a un lago, a unos 65 kilómetros de Planchón. El avión «parecía un gusano». Tenía el morro aplastado y no podía ver a los pilotos, pero existía vida. Había supervivientes.

Madelón sabía que un clarividente japonés que vivía en la ciudad de Córdoba, en Argentina, había dicho que el avión había volado hacia el sur. Esto parecía confirmar la elección hacia el sur y no hacia el norte de Planchón. Madelón fue inmediatamente a casa de Ponce de León.

Rafael, que también se quedó asombrado al enterarse de que se había suspendido la búsqueda, decidió que mientras quedara algún familiar que confiase en encontrar a los desaparecidos, éstos tendrían a su disposición toda una red de comunicaciones. Para conseguir este propósito, siguió en contacto con buen número de radioaficionados de Chile. A través de uno de ellos se puso en contacto con Páez Vilaró, y Madelón le informó sobre su conversación con Gérard Croiset hijo.

La noticia de que el vidente holandés había tomado contacto con el avión se difundió rápidamente entre los demás parientes. Aunque algunos se mantuvieron escépticos, especialmente los padres, nombraron una delegación de tres personas para que visitara al comandante en jefe de las Fuerzas Aéreas Uruguayas. La delegación hizo una petición oficial para que se enviara un aparato uruguayo a Chile con la misión de buscar el Fairchild en las montañas alrededor de Talca, una ciudad que está a unos doscientos cuarenta kilómetros al sur de Santiago. La petición fue rechazada.

La noticia de la visión del joven Croiset elevó considerablemente la moral de Páez Vilaró. Siempre había considerado la magia más interesante que la ciencia. Además, como había sobrevolado el área donde el Servicio Aéreo de Rescate pensaba que había descendido el avión, entre los volcanes Tinguiririca y Palomo, sabía que no conseguiría nada buscando entre montañas de esa altitud; pero Croiset había situado el lugar del accidente en las estribaciones de la cordillera, donde las montañas eran mucho más bajas. La labor de un Hércules había sido puesta al alcance de los mortales...

Páez Vilaró se dirigió inmediatamente hacia el sur, y al día siguiente, el domingo día 22 de octubre, se encontraba sobrevolando las montañas de los alrededores de Talca, en un avión que había conseguido en el Aero Club de San Fernando.

En los siguientes días desplegó una intensa actividad. Hizo una lista de todos los dueños de aviones en Chile y pidió consejo a los pilotos que, invariablemente, le ofrecieron sus servicios. Páez Vilaró podía haber tenido treinta aviones a su disposición y, si no los usaba, era a causa de la escasez de combustible que había en Chile. Sabía que el dueño del avión que volara con él durante sólo una hora se vería obligado a prescindir del automóvil durante un mes, pero muchas personas, a pesar de estar convencidas de que los chicos habían muerto, se prestaron a ayudarle sin exigirle pago alguno.

Inmediatamente después se organizaron los radioaficionados que Rafael había reclutado desde Carrasco. Muchos de ellos no sólo pusieron a disposición de Páez Vilaró sus aparatos de radio, sino también ropas apropiadas y automóviles. Un Citroën dos caballos, con la antena moviéndose como los cuernos de un saltamontes, lo seguía en sus recorridos por las montañas. El automóvil lo ponía en contacto, en cualquier momento, con Rafael en Montevideo y, a través de él, con cualquier persona en el mundo.

Páez Vilaró no permanecía en Talca mucho tiempo, ya que participaba en cuantas expediciones podía en el interior de los Andes. Madelón Rodríguez y la madre de Diego Storm llegaron a Talca, lo cual le dio libertad para poner en práctica sus propios planes. No se conformaba con que le ayudaran a rescatar a los chicos los chilenos ricos y sus aviones privados; pretendía que hasta el más pobre campesino del valle más remoto de los Andes supiera que aún continuaba la búsqueda de los supervivientes. Preguntaba en cada pueblo si alguien había visto caer un avión del cielo, y tuvo que escuchar muchas historias fascinantes, pero todas ellas infundadas. A quienes interrogaba, les ofrecía una copa o una taza de café. En cierta ocasión llegó a tener cuatro habitaciones en cuatro hoteles diferentes, para facilitar su búsqueda en cualquiera de aquellas cuatro direcciones. Tenía dinero, pero los hoteleros y los propietarios de los restaurantes, o bien no lo aceptaban o se consideraban pagados con un dibujo en un plato, en una servilleta o en un mantel.

Le precedía su reputación, y ahora, cuando llegaba a un pueblo, se formaba una pequeña multitud a su alrededor, y la gente solía decir:

—Aquí viene el loco que está buscando a su hijo.

A Páez Vilaró no le importaba. Comprendía que su misión era algo mágica y fantástica, con todo un ejército desplegado en busca de un avión, bajo la dirección de un adivino holandés. Los habitantes de los pueblos lo consideraban un brujo, porque llevaba con él una cámara Polaroid y sacaba fotografías a hombres que hasta entonces jamás habían sido fotografiados.

Ya fuera en avión o a pie, rastreó un área de sesenta y cinco kilómetros a partir del paso aéreo de Planchón sin encontrar nada. Pidió por radio a Rafael que llamara otra vez a Croiset para que le diera más datos. Una vez establecido el nuevo contacto, noche tras noche, a las dos de la madrugada, Croiset, en pijama, describía las imágenes de los Andes que aparecían en su mente.

Les dio gran cantidad de detalles, referentes en su mayor parte al vuelo del avión, pero no al momento actual de los chicos. Describía a menudo a un hombre gordo —sin duda, el piloto— que abandonaba los mandos y dejaba el control en manos del copiloto a causa de unas molestias en el estómago. Llevaba puesta una cazadora y se entretenía jugando con sus gafas de vuelo. En aquel momento se paró uno de los motores y el copiloto dirigió el avión hacia una playa, probablemente en la costa o tal vez a orillas de un lago, un lugar que recordaba de sus anteriores vuelos sobre los Andes. Encontró un lago —o quizá un grupo de tres lagos— e intentó aterrizar, pero el avión chocó contra la ladera de una montaña y quedó medio sepultado por un desprendimiento de rocas. Muy cerca de allí había otra montaña «sin cima», y una señal de peligro, acaso una señal de tráfico indicando peligro. No podía ver rastros de vida en las cercanías del avión, pero posiblemente se debiera a que los chicos hubiesen abandonado el aparato y estuvieran refugiados en algún lugar de las cercanías.

Basándose en estos nuevos datos, Páez Vilaró y sus amigos chilenos organizaron nuevas expediciones de búsqueda en las montañas, ya que, para entonces, la fe en las visiones de Croiset se había extendido a otras muchas personas. Madelón se trasladó a Santiago y persuadió al Servicio Aéreo de Rescate para que enviara aviones con el fin de reconocer las montañas que rodeaban la ciudad de Talca. El jefe del destacamento militar de Talca envió una patrulla al Cerro Picasso (el único de los alrededores que correspondía a las descripciones, porque tenía la cima cortada), y durante cinco días, a pesar del intenso frío, estuvieron buscando los restos del Fairchild. Un grupo de sacerdotes salesianos también se internó por las montañas en una búsqueda por lugares casi inaccesibles, que duró tres días y que fue realizada como si fuera una «acción de gracias».

Nada encontraron y, en vista de que los vuelos rasantes en las montañas eran excepcionalmente peligrosos, el Servicio Aéreo de Rescate suspendió la búsqueda una vez más. Sólo los helicópteros eran capaces de volar tan bajo como para localizar un avión medio enterrado en una montaña, o distinguir al grupo de jóvenes uruguayos al amparo de unos pinos, y en unos momentos en que en Chile era muy difícil conseguir jabón o cigarrillos, el uso de los helicópteros era prácticamente imposible.

Para Madelón esto no era más que un obstáculo insignificante, así que decidió pedir prestado al presidente Allende su helicóptero privado. Antes de hacerlo, un amigo le habló de un conocido que alquilaba pequeños helicópteros para fumigar sembrados o tender líneas de alta tensión y, en cuestión de diez minutos, acordaron que Madelón los alquilaría por la irrisoria cantidad de diez dólares la hora, una vez estuvieran libres los pequeños helicópteros.

Mientras tanto, en la tarde del 28 de octubre, Páez Vilaró y Rafael habían llegado a la conclusión de que sin los helicópteros ya se había hecho todo lo que se podía hacer respecto a las visiones de Gérard Croiset.

2

El domingo día 29 de octubre, aniversario de la muerte del padre de Marcelo Pérez, su viuda Estela invitó a los padres de los chicos que habían viajado en el Fairchild a una reunión que se celebraría aquella tarde en su casa. No sólo acudieron los padres, sino también los hermanos, hermanas y novias de muchos de los miembros del Club Old Christians.

La mesa de la espaciosa sala de estar de la casa de Estela se hallaba cubierta con mapas de los Andes en los que se indicaba, por medio de círculos y líneas, las áreas alrededor de Talca que habían sido investigadas por Páez Vilaró. En una mesa cercana había amontonados una especie de hongos que se sabía que crecían en la cordillera y que, seguramente, eran el alimento que sustentaba ahora a sus hijos.

El ambiente era de luto. El optimismo que se había suscitado la semana anterior, cuando Croiset les hizo partícipes de sus primeras visiones, se había evaporado. Con sus agitados gestos y aturdido parloteo, muchas de las mujeres, y sobre todo las jóvenes, parecían estar al borde de la histeria. Otras permanecieron sumidas en el silencio de su desesperación desde que se habían sentado.

Estela comenzó la reunión diciendo:

—Les he pedido que vinieran porque creo que debemos hacer algo. No es justo que nos quedemos aquí en Montevideo simplemente esperando.

—Páez Vilaró está buscando —dijo uno de los parientes.

—Sí —respondió Estela—. Un solo hombre en toda la cordillera.

—No creo que se pueda hacer mucho más —puntualizó uno de los padres.

Al oír esto, una joven replicó furiosa:

—Da la impresión de que Páez Vilaró es el padre de todos los chicos. No hay nadie con él —hizo una pausa y luego añadió—: O, ¿tendremos que ser las mujeres las que vayamos a Chile?

Diferentes voces y opiniones estallaron en la habitación. Cuando por último se restableció la calma, Jorge Zerbino, abogado y empresario, se dirigió al doctor Luis Surraco para decirle:

—Luis, me voy a Chile. ¿Quieres acompañarme?

El doctor Surraco, padre de la novia de Roberto Canessa, era un experto cartógrafo y todos escucharon con atención sus explicaciones sobre dónde deberían iniciar la búsqueda. La mayoría opinó que habían de seguir las instrucciones de Croiset. El vidente había enviado más información y aunque Zerbino y Surraco no tenían mucha confianza en él, estaban persuadidos de que el motivo más importante de su expedición no era encontrar a los chicos, sino tranquilizar a las mujeres que se quedaban en casa. Por esa razón, ambos acordaron buscar por los alrededores de Talca.

Cuando se terminó la reunión, Rafael Ponce de León se puso en contacto con Páez Vilaró a través de la radio.

—Zerbino y Surraco van a Chile —le comunicó—. Van a ayudarte.

Su voz no tenía el mismo tono optimista.

—Que no vengan —respondió Páez Vilaró con desaliento—. No merece la pena.

Rafael quedó sorprendido. ¿Por qué no quería Carlos que fueran?

—¿Estás solo? —le preguntó el pintor.

—Sí —respondió Rafael.

—No lo comentes con los demás —le dijo Páez Vilaró con voz ronca y pausada—, pero es inútil. He perdido toda esperanza de encontrar a los chicos. Sigo buscándolos con un crucifijo en una mano y los signos del Zodíaco en la otra pero después del tiempo que ha pasado no creo que quede nadie con vida.

Tras una pausa, Rafael añadió:

—Regresa, Carlos. Todos comprenderán que lo dejes.

—No —le respondió Páez Vilaró—. Madelón cree que todavía viven. Yo no puedo decepcionarla.

Rafael notó a través del teléfono que estaba sollozando.

Al día siguiente, Rafael comentó con los doctores Zerbino y Surraco algo acerca de este cambio, pero ellos no quisieron darse por vencidos. Hablaron con Páez Vilaró por radio y cuando le dijeron que ya habían reservado plazas para ir a Chile, él renunció a desanimarlos.

—Venid, os estaré esperando —les dijo con su habitual tono afectuoso.

Los que rodeaban el transmisor de radio se entusiasmaron. Zerbino y Surraco dispusieron en un instante de mapas, dinero y toda clase de ayudas y consejos. Los padres de Daniel Shaw y Roy Harley constituyeron un fondo para financiar la búsqueda al que aportaron sus contribuciones incluso aquellos que, como Seler Parrado, pensaban que sus hijos estaban muertos. Parrado era de los más afectados por el accidente. Su desesperación no tenía límites. No sólo había perdido a su esposa, a la que tanto había amado, sino también a dos de sus hijos. Toda la vida la había dedicado a los negocios, no por satisfacción propia, sino pensando en su familia. Y ahora ya no le quedaba nada. La única hija que aún vivía se trasladó a su casa para ocuparse de él, pero la vida ya no tenía sentido para Seler Parrado. No encontraba razón alguna que le permitiese continuar ni motivos para seguir viviendo. Con el corazón destrozado, había vendido la moto de Nando a un antiguo amigo de éste. Pese a todo ello contribuyó a financiar el fondo.

Aquella misma noche anunciaron por radio que, debido a las excepcionales e inesperadas nevadas caídas en los Andes, el Servicio Aéreo de Rescate no reanudaría la búsqueda de los restos del Fairchild en enero, como se había dicho previamente, sino en febrero. Esta noticia no desalentó a Zerbino y Surraco.

Sus maletas ya estaban hechas y partirían al día siguiente.

Los doctores Zerbino y Surraco, juntamente con Guillermo Risso, un amigo de Gastón Costemalle, volaron hacia Santiago el día 1 de noviembre. Allí se encontraron con Madelón y la señora de Storm, que habían salido de Talca en dirección a Córdoba, en Argentina, con la intención de convencer al vidente japonés de que las acompañara a Santiago. Las dos mujeres les pusieron al corriente de lo que estaba sucediendo en Talca y, por la tarde, Zerbino, Surraco y Risso continuaron su viaje en un coche alquilado. La situación política de Chile había empeorado y los enemigos del gobierno de Allende sembraban las carreteras de salida de Santiago con puntas y tachuelas con la intención de impedir el tránsito. Esto afectó al coche en el que viajaban los tres uruguayos, que debido a la serie de pinchazos que sufrió, llegó con un gran retraso.

Páez Vilaró los esperaba en la cárcel. Aquella mañana había sobrevolado una central eléctrica, y la policía local, nerviosa debido a la situación política, lo acusó de espía, juntamente con el joven uruguayo que estaba con él y que era amigo de los muchachos. Los trataron con amabilidad. Permitieron a Páez Vilaró ponerse en contacto con Ponce de León, a quien trató de explicar su situación, pero sin decírselo claramente, ya que no quería perturbar a las mujeres que con toda seguridad estarían reunidas en torno al transmisor de radio de Rafael.

—Estoy sentado aquí —dijo—, detrás de unos pequeños barrotes... y el panorama es tan hermoso como el que se divisa desde Punta Carretas (la principal cárcel de Montevideo).

Hasta muy avanzada la tarde, la policía no logró

descubrir que Páez Vilaró no era agente de una potencia extranjera, sino «el lunático que andaba buscando a su hijo», y los dos uruguayos fueron puestos en libertad justo a tiempo para dar la bienvenida a Zerbino, Surraco y Risso. Páez Vilaró los acompañó sin pérdida de tiempo para que realizaran una visita de inspección y, cuando comprobaron la eficacia y extensión de su organización, quedaron muy sorprendidos. Aquella tarde hablaron con Croiset por medio de la radio de Ponce de León en Montevideo y el holandés les proporcionó otra clave con relación a la búsqueda: en el lago donde se había estrellado el avión había una isla.

Páez Vilaró recordó que en uno de los vuelos que efectuó en un helicóptero alquilado, había visto un lago con esas características a unos cien kilómetros de Talca. Al día siguiente emprendió un nuevo vuelo de reconocimiento por aquella zona, situada a la derecha de las dos montañas que no tenían cima, el Cerro Azul y el Cerro Picasso. Volaron por cañones y valles entre las montañas, pero el resultado fue siempre negativo.

Un día después, los uruguayos deseaban volver a buscar en el mismo lugar, pero el helicóptero tenía que regresar a Santiago.

—De todas formas —les dijo el piloto del helicóptero—, si el avión se hubiera estrellado en aquella zona, habría quedado enterrado en la nieve.

Pero tampoco este comentario consiguió desanimarlos. Bajo la dirección de Surraco, elaboraron un mapa en relieve de la zona y buscaron montañeros profesionales dispuestos a ayudarles.

Por la tarde, como era habitual, hablaron con Carrasco, y éste les informó que había habido un error en la traducción de uno de los mensajes de Croiset.

El avión lo encontrarían a la izquierda de las montañas sin cima y no a la derecha como se había dicho anteriormente.

Así que al día siguiente, el 3 de noviembre, salieron con dos guías hacia la pequeña ciudad de Vilches, a unos sesenta kilómetros de Talca. Allí se dividieron en dos grupos y se internaron en las montañas.

Los padres no estaban tan entrenados como sus hijos, y la ascensión se les hacía muy difícil a causa del frío y del peso que cargaban a sus espaldas. Ambos grupos escalaron el Cerro del Peine, pero una vez en la cumbre, no divisaron nada. Rodeados de una espesa niebla, comenzaron el descenso hacia Vilches, gateando por los peñascos y tropezando cuando sus piernas vacilaban en el escarpado descenso.

Dejaron la Laguna del Alto a sus espaldas, en cuyos alrededores habían buscado algún vestigio del avión entre las rocas, pero no encontraron nada.

El día 7 de noviembre se hallaban de vuelta en Vilches, y el día 8 el helicóptero quedó libre de nuevo y regresó de Santiago. Por la mañana voló sobre el monte Despalmado; por la tarde revisó la zona de la Quebrada del Toro, donde un campesino había dicho que oyó el ruido de un avión al estrellarse. Los uruguayos esperaban en Vilches los resultados de estas incursiones, pero todas fueron negativas.

El día 9 de noviembre el grupo regresó a Talca y el 10 a Santiago. Comunicaron al Servicio Aéreo de Rescate lo que habían realizado, pero las autoridades repitieron que no se reanudaría la búsqueda oficial hasta que comenzara el deshielo —a finales de enero o quizás a principio de febrero—, y lo harían en los alrededores del volcán Tinguiririca.

Aquel mismo día, en Montevideo, se supo que

Croiset había hecho un dibujo de la zona del accidente y que había grabado en cinta magnetofónica una descripción más detallada de la que había dado por teléfono. El paquete que contenía todo esto llegaría en un avión de KLM al mediodía del día siguiente.

Un grupo de parientes se fue al aeropuerto de Carrasco a esperar este importante paquete, pues aquella misma tarde salía un avión para Santiago y querían tener tiempo para copiar el dibujo de Croiset y obtener un duplicado de la cinta, antes de enviar los originales a Páez Vilaró, Zerbino y Surraco en aquel vuelo.

El cónsul de Holanda se encontraba con ellos en el aeropuerto, así como también el padre de un Old Christians que era el representante de KLM en Uruguay. El hecho de hacerse acompañar por estos dos hombres resultó una sabia precaución, ya que el paquete de Croiset no lo habían mandado separado del resto, y se hallaba en uno de los dos sacos de correo procedentes de Europa. Se concedió la autorización precisa para abrirlos y poco después lo encontraron. Lo abrieron inmediatamente y un grupo se dedicó a copiar el dibujo mientras que otro sacaba un duplicado de la cinta.

Una vez realizado esto, enviaron los originales en el avión de la SAS a Santiago. A continuación se pusieron en contacto por radio con Páez Vilaró comunicándole las conclusiones a que habían llegado: tanto el dibujo como el mensaje indicaban la Laguna del Alto, en las estribaciones de la cordillera junto a Talca.

Los tres hombres de Santiago no estaban muy convencidos. Después de varios días de búsqueda por las estribaciones de la cordillera, podían juzgar desde otro punto de vista el valor del paquete de Croiset, y mucho de lo que decía les pareció bastante desatinado respecto a las circunstancias que ellos habían encontrado.

Decía que el accidente había ocurrido en una playa, ya fuera junto al mar o junto a un lago. Cerca de allí estaba la cabaña de un pastor y poco más allá una aldea con casas blancas al estilo mexicano, próxima a donde se había librado una batalla en el año 1876. Veía letras y números pintados en el avión: una N y una Y, y el número 3002. También le había venido a la mente el número 1036, lo que quizá significaba que el avión se encontraba a 1.036 metros sobre el nivel del mar.

El morro del avión estaba aplastado; se había deslizado suavemente, como un insecto, y había perdido ambas alas. Había visto que el fuselaje se encontraba separado del resto del aparato, pero no pudo distinguir ninguna marca, quizá porque estaba muy oscuro bajo la roca donde se había estrellado. Tampoco podía ver vida en el interior del avión; nadie se asomaba a las ventanas.

Sus bocetos eran bastante rudimentarios. También había trazado un triángulo en el que marcaba distancias concretas, pero no existían puntos de orientación. Surraco no pudo soportar más aquella mezcla de magia y datos técnicos.

—Es completamente irracional —dijo—. Estamos persiguiendo algo absurdo. Si debemos buscar en alguna parte, tiene que ser en los alrededores del Tinguiririca. Allí es donde los hechos que conocemos nos indican que debe estar el avión.

Zerbino era de la misma opinión. No tenía sentido regresar a Talca, y como no disponían de los medios necesarios para explorar las altas montañas de las cercanías del Tinguiririca, reservó dos pasajes, uno para él y otro para Surraco, para volver a Montevideo al día siguiente.

Páez Vilaró intentaba ganar tiempo. Naturalmente tenía sus dudas sobre Croiset, pero no se sentía capaz de defraudar a Madelón y el resto de las mujeres que todavía confiaban en él. Por este motivo les dijo a Zerbino y Surraco que se quedaría en Chile uno o dos días más, y cuando ellos regresaron a Uruguay, él volvió a Talca. Desde allí hizo una excursión más a la Laguna del Alto, pero no encontró nada.

Unos días antes de que los chicos salieran para Chile, Páez Vilaró había contraído un compromiso para ir a Brasil a mediados de noviembre. Como ahora ya se acercaba el día en que lo esperaban en São Paulo, se preparó para ir. Había dedicado un mes a buscar pistas del avión, y aun así dejó instrucciones para que otros continuaran su tarea. Hizo imprimir varios millares de octavillas, en nombre de los padres, ofreciendo una recompensa de trescientos mil escudos a quien facilitara una información que le garantizara el hallazgo del Fairchild. También dispuso lo necesario para que Estela Páez se ocupara de los asuntos de Talca y, antes de marcharse, dio algún dinero a los escolares de Talca para que fundaran un equipo de rugby con el nombre de Old Christians.

El día 16 de noviembre, Páez Vilaró regresó a Montevideo.

QUINTA PARTE

1

El decimoséptimo día, 29 de octubre, transcurrió bastante bien para los atrapados en el Fairchild. Todavía pasaban frío y estaban mojados, sucios y hambrientos, y algunos de ellos padecían grandes dolores, pero en los últimos días el orden se había impuesto al caos. Los distintos equipos de cortar, cocinar, derretir nieve y limpiar el interior del avión trabajaban en completa armonía y los heridos dormían con un poco más de comodidad en las hamacas suspendidas. Y lo que aún era más importante: habían seleccionado a los más idóneos para formar un equipo de expedicionarios que atravesarían los Andes en busca de ayuda. Reinaba el optimismo entre ellos.

Comían a mediodía. Hacia las cuatro y media de la tarde el sol se ocultaba tras las montañas del oeste e, inmediatamente, el frío se hacía insoportable. Se alineaban en grupos de dos, según el orden en que ocuparían sus sitios para dormir. Juan Carlos Menéndez, Pancho Delgado, Roque el mecánico y Numa Turcatti entraron los últimos, pues les tocaba el turno de dormir junto a la entrada.

Los chicos, a medida que iban entrando, se quitaban los zapatos y los colocaban en la red de equipaje de mano situada en el lado derecho. Habían decidido adoptar esta regla aquel mismo día con el fin de no mojar las almohadas y mantas. Luego entraban en el avión y ocupaban las plazas que tenían asignadas.

Aunque solamente era media tarde, algunos cerraban los ojos y trataban de dormir. Vizintín casi no había conciliado el sueño la noche anterior y estaba dispuesto a dormir esta vez lo más caliente y cómodo posible. Le habían permitido conservar los zapatos puestos, ya que en la litera estaba más expuesto al frío. Soplaba un viento fuerte en el exterior y el aire frío penetraba por todos los agujeros del avión. Se las había arreglado para conseguir gran cantidad de almohadones y mantas (las fundas de los asientos que habían unido cosiéndolas), y se cubrió todo el cuerpo con ellas, incluida la cabeza.

Carlitos Páez rezó el rosario en voz baja y algunos muchachos hablaban quedamente entre ellos. Gustavo Nicolich le decía a Roy Harley que tenía la esperanza de que, si moría, alguien entregaría a su novia la carta que le había escrito.

—Y si todos morimos —le seguía diciendo—, puede que alguien encuentre los restos junto con la carta y se la entreguen. La echo mucho de menos y me siento fatal porque no la he tratado como se merece. Y a su madre tampoco. —Hizo una pausa y luego añadió—: Hay tantas cosas de las que uno se arrepiente... Espero tener la ocasión de corregirlas.

La oscuridad aumentaba rápidamente; algunos dormitaban y su respiración se hizo más regular, lo que invitaba a los demás a dormir. Canessa continuó despierto, tratando de comunicarse telepáticamente con su madre en Montevideo. Tenía una vívida imagen de ella en su mente y repetía una y otra vez en susurros inaudibles para sus compañeros: «Mamá, estoy vivo, estoy vivo, estoy vivo...». Poco después se quedó dormido.

El silencio se había adueñado del interior del avión, pero Diego Storm no podía dormir debido a una dolorosa llaga que tenía en la espalda. Estaba acostado en el suelo entre Javier Methol y Carlitos Páez, y cuanto más tiempo pasaba en esta incómoda posición, más se convencía de que se encontraría mejor si se cambiaba de lugar. Alzó la mirada y vio que Roy Harley todavía estaba despierto, así que le preguntó si le importaba cambiarse con él de sitio. Roy dijo que no y se levantaron y se cambiaron, pasando uno por encima del otro.

Roy ya estaba acostado en el suelo, con el rostro cubierto por una camisa y pensando en lo que Nicolich había comentado, cuando sintió una tenue vibración y, un instante más tarde, oyó el ruido de metal al chocar contra el suelo. Este ruido lo hizo saltar para incorporarse y, al hacerlo, se encontró medio asfixiado por la nieve: le llegaba hasta la cintura, y cuando se apartó la camisa del rostro lo que vio lo dejó aterrado. El avión estaba prácticamente lleno de nieve. La barrera de la entrada había sido derribada y cubierta de nieve, y las mantas, almohadones y cuerpos que cubrían el suelo habían desaparecido. Roy se volvió a toda prisa hacia la derecha, apartando la nieve en busca de Carlitos, que dormía en aquel lugar. Le descubrió la cara y luego el torso, pero aun así Carlitos no podía liberarse. Al aposentarse la nieve se oyó un crujido e inmediatamente se formó una capa de hielo en su superficie a causa del intenso frío.

Roy abandonó a Carlitos porque vio las manos de otros que asomaban en la superficie de la nieve.

Estaba desesperado; parecía que era el único que podía acudir en ayuda de los demás. Liberó a Canessa y se dirigió después a la parte delantera del avión, de donde sacó a Fito Strauch, pero transcurrían los minutos y la mayoría de los chicos seguían enterrados. Arriba, desde las hamacas, Vizintín había comenzado a excavar en la nieve, pero Echavarren no se podía mover, y Nogueira, aunque libre, estaba paralizado por el miedo.

Roy reptó como pudo hacia la entrada y salió por el pequeño agujero que había quedado, con la intención de sacar la nieve por el mismo lugar por donde había entrado, pero en seguida se dio cuenta de que lo que pretendía hacer era imposible, por lo que volvió a arrastrarse hacia adentro. Vio que Fito Strauch, Canessa, Páez y Moncho Sabella estaban libres y cavando.

Fito Strauch charlaba con Coche Inciarte cuando el alud cayó sobre ellos. Se dio cuenta de inmediato de lo que había sucedido y luchó para zafarse de la presión que ejercía la nieve, pero fue incapaz de mover un solo centímetro cualquier parte de su cuerpo en ninguna dirección. Se relajó y pensó con resignación que había llegado su última hora; aunque lograra escapar, podría ser el único que lo consiguiera, y quizás fuera preferible morir que sobrevivir en solitario, aislado en medio de los Andes. En ese momento oyó voces y Roy Harley lo agarró de la mano. Mientras Roy avanzaba hacia su rostro, Fito dijo a su primo Eduardo, a través de un agujero que los comunicaba, que conservara la calma, respirase pausadamente, y que llamara a Marcelo. Poco después, al notar un agudo dolor en el dedo gordo del pie, comprendió que Inciarte lo había mordido. También él estaba vivo.

Fito consiguió liberarse. Eduardo salió por el mismo lugar, e Inciarte, después de cavar un pequeño túnel, apareció seguido de Daniel Fernández y Bobby François. Inmediatamente se pusieron a escarbar en la apretada nieve todos juntos, con las manos desnudas, buscando a Marcelo en primer lugar. Cuando descubrieron su rostro, vieron que ya estaba muerto.

Fito se dedicó desde ese momento a trabajar con firmeza en busca de los vivos. También organizó a los demás que, asustados, no sabían lo que estaban haciendo. Incluso cuando una punzada en el costado le obligaba a descansar, continuaba dirigiendo a los otros grupos, para evitar que la nieve que sacaban de un hoyo no la tiraran en otro que estuvieran cavando al lado.

Parrado dormía hacia el centro del avión con Liliana Methol a su izquierda y Daniel Maspons a la derecha. No oyó ni vio nada, pero de repente se encontró enterrado y paralizado por la pesada y fría nieve. No podía respirar, pero recordó que había leído en The Reader's Digest que era posible vivir bajo la nieve, así que intentó respirar poco a poco. Continuó así durante unos minutos, pero el peso que le oprimía el pecho llegó a ser insoportable, comprendió que iba a desmayarse y también que moriría pronto. No se acordó de Dios ni de su familia, sino que pensó para sí mismo: «Muy bien, me estoy muriendo.» Y justo en ese momento, cuando tenía los pulmones a punto de estallar, apartaron la nieve que le cubría la cara.

Coche Inciarte había visto la avalancha y luego la oyó. Fue un estruendo seguido de un silencio. Estaba inmovilizado, con un metro de nieve encima y el dedo gordo del pie de Fito pegado a su cara. Lo mordió. Era la única forma de averiguar si Fito estaba vivo o de hacerle saber que él lo estaba. El dedo se movió.

La nieve se aplastó encima de él y su peso le hizo orinar. No podía respirar ni moverse. Esperó y poco después sintió que el dedo se apartaba de su rostro. Luchó contra la nieve y finalmente se deslizó por el mismo túnel.

Carlitos Páez había sido desenterrado hasta la cintura, pero no pudo moverse hasta que Fito, una vez estuvo libre, retiró la nieve que le cubría las piernas. Cuando consiguió hacerlo, comenzó a buscar a sus amigos Nicolich y Storm, pero se le congelaban las manos cuando escarbaba. Rápidamente se las calentaba con el encendedor de gas y continuaba, pero cuando encontró a Nicolich y le tomó de la mano, la encontró fría, lánguida, y no devolvía sus apretones. No había tiempo para lamentarse. Carlitos no se detuvo. Retiró la nieve del rostro de Zerbino y luego libró a Parrado. Cuando se volvió y empezó a desenterrar a Diego Storm, la nieve que sacaba caía de nuevo encima de Parrado, por lo que éste se puso a maldecirlo. Trabajó con más cuidado, pero todo fue en vano. Cuando llegó hasta él, Diego estaba muerto.

Para Canessa, la avalancha fue como el flash de magnesio de una vieja cámara fotográfica. También quedó enterrado, aprisionado y asfixiándose, pero, como le había ocurrido a Parrado, lo dominó menos el pánico que la curiosidad. «Bien —pensó—, hasta aquí he llegado y ahora voy a saber qué es la muerte. Por lo menos me enteraré de todas esas ideas abstractas sobre Dios, el Purgatorio, el Cielo o el Infierno. Siempre me había preguntado cómo terminaría la historia de mi vida. Bueno, pues aquí estoy en el último capítulo.» Cuando el libro estaba a punto de cerrarse, una mano lo tocó, se asió a ella, y Roy Harley abrió un túnel para hacerle llegar aire a sus pulmones.

En cuanto pudo moverse Canessa buscó a Daniel Maspons. Encontró a su amigo estirado, como si durmiera, pero estaba muerto.

En la nieve que cubría a Zerbino se había formado una pequeña cavidad, lo que le permitió respirar durante varios minutos. Igual que Canessa y Parrado, no rezó a Dios ni se arrepintió de sus pecados, y aunque su mente conservaba la calma, su cuerpo no se resignaba a morir. Había alzado un brazo en el mismo momento en que se precipitó el alud, y con gran esfuerzo consiguió abrir una grieta en la nieve a través de la cual llegaba aire a sus pulmones.

Por encima de él oyó la áspera voz de Carlitos Páez gritando:

—¿Eres tú, Gustavo?

—¡Sí! —gritó Zerbino.

—¿Gustavo Nicolich?

—No. Gustavo Zerbino.

Carlitos se fue. Más tarde, llegó otra voz hasta él.

—¿Te encuentras bien?

—Sí, estoy bien —contestó Zerbino—. Salva a otro.

Y se dispuso a esperar en su tumba hasta que los otros tuvieran tiempo de rescatarlo.

Roque y Menéndez murieron al derrumbarse la barrera, pero parte de ella salvó la vida de los otros dos que dormían junto a ella. Numa Turcatti y Pancho Delgado quedaron atrapados bajo la puerta ahuecada que había sido la de la salida de emergencia del avión y que formaba parte de la barrera, de modo que tuvieron suficiente aire para respirar bajo su superficie cóncava. Estuvieron así probablemente unos seis o siete minutos. Hicieron ruido, de todas formas, y entonces Inciarte y Zerbino acudieron en su ayuda.

La nieve allí, en la parte trasera del avión, era muy profunda, e Inciarte le pidió a Arturo Nogueira, que los estaba observando desde su litera colgante, que los ayudara. Nogueira ni se movió ni dijo nada. Permanecía allí como en trance.

Pedro Algorta, todavía enterrado en la nieve, sólo disponía del aire que contenían sus pulmones. Se sentía cerca de la muerte, y el conocimiento de que después de muerto su cuerpo ayudaría a sobrevivir a los demás, lo dejó sumido en una especie de éxtasis. Era como si ya se encontrara en las puertas del Cielo. Entonces desapareció la nieve de su rostro.

Javier Methol fue capaz de dejar fuera de la nieve una de sus manos, pero cuando trataron de sacarlo gritó a los chicos que liberasen a Liliana en su lugar. Javier podía tocar a su esposa con los pies y temía que pudiera estar asfixiándose, pero nada podía hacer por ella.

—Liliana —le gritaba—. ¡Haz un esfuerzo! Aguanta. ¡Te sacaré de aquí!

Sabía que podía vivir durante un minuto o dos sin aire, pero el peso de los chicos que cavaban alrededor de él estaba aplastado la nieve que la cubría. Por otra parte, el instinto les llevaba a ayudar primero a sus amigos y luego a quienes tenían las manos fuera. Inevitablemente, habían dejado para el final a los que, como Javier, podían respirar, y a los que, como Liliana, se encontraban ocultos por completo. Javier continuaba gritándole a su esposa, rogándole que resistiese, que tuviera fe y que respirara lentamente. Por fin, Zerbino lo libró y, juntos, comenzaron a buscar a Liliana. Estaba muerta cuando la encontraron. Javier cayó desesperado encima de la nieve, llorando, abrumado por el dolor. El único consuelo que le quedaba era su convicción de que ella, que tanto amor y comprensión le había ofrecido aquí en la tierra, estaría ahora cuidando de él desde el Cielo.

Javier no era el único afligido por el dolor, pues los que se habían salvado, una vez reunidos en el pequeño espacio que quedaba entre el techo y el suelo cubierto de nieve del avión, supieron que algunos de sus más queridos amigos estaban muertos y enterrados debajo de donde ellos se encontraban. Marcelo Pérez estaba muerto. También Carlos Roque y Juan Carlos Menéndez, aplastados bajo la barrera de la entrada; Enrique Platero, cuya herida del estómago había cicatrizado por fin; Gustavo Nicolich, que con su valentía, después de la noticia del cese de la búsqueda, los había salvado de la desesperación; Daniel Maspons, el amigo íntimo de Canessa, y Diego Storm, otro de la «banda». Ocho habían muerto bajo la nieve.

Las terribles circunstancias a las que tenían que

hacer frente los diecinueve supervivientes no impedían, sin embargo, que se dieran cuenta de lo que significaba la muerte de sus amigos. Algunos pensaban que hubiera sido mejor morir entonces que continuar viviendo en el estado físico y mental que sufrían por haber perdido a sus compañeros. Estas cavilaciones prácticamente coincidieron con un segundo alud, producido alrededor de una hora después del primero y que, gracias a la obstrucción anterior en la entrada, se desplazó en su mayor parte por encima del avión. De todas formas, el túnel por donde había salido y entrado Roy Harley quedó taponado. El Fairchild estaba enterrado por completo.

Ya avanzada la noche, los supervivientes se hallaban mojados, exhaustos y ateridos, sin zapatos, almohadones o mantas con las que protegerse. Apenas había sitio para permanecer de pie; solamente podían estar tumbados y hacinados, golpeando los cuerpos de sus respectivos vecinos para restablecer la circulación de la sangre, aunque sin saber a quién pertenecían aquellos brazos y piernas. Despejaron la nieve del centro del aparato, y la fueron colocando a ambos extremos del interior para habilitar algo más de espacio. Con la ayuda de los primos Strauch y Parrado, Roy cavó un hoyo en el que podían permanecer cuatro personas sentadas y una de pie. Al que le tocaba el turno de estar levantado, debía saltar encima de los pies de los demás para evitar que se les congelaran.

La noche parecía interminable. Solamente Carlitos fue capaz de dormir, pero a cortos intervalos. Los demás permanecían despiertos, retorciéndose los dedos de las manos y de los pies y frotándose la cara y las manos para conservar el calor. Después de varias horas les amenazó otro peligro: el poco aire que quedaba en el avión se vició en extremo. Algunos chicos comenzaron a sentir síntomas de mareo debido a la falta de oxígeno. Roy se dirigió a la entrada y trató de abrir un agujero para que penetrara el aire, pero no consiguió llegar al exterior, pues la capa de hielo que se había formado allí era demasiado dura para romperla con la mano. Parrado tomó una de las varillas de acero que habían utilizado para hacer las hamacas y la metió en la nieve que cubría el techo, empujando hacia arriba. Trabajaba iluminado por cinco encendedores de gas, mientras los muchachos que se habían congregado a su alrededor lo observaban con ansiedad, pues no tenían idea de la cantidad de nieve que los había cubierto: podía ser una capa de treinta centímetros o de cuatro metros. Pero después de clavar la barra empujándola con fuerza hacia arriba, Parrado notó que no ofrecía demasiada resistencia. Una vez retirada, quedó un pequeño agujero, pero suficiente como para que entrara a través de él la tenue luz de la luna y de las estrellas.

Esperaron la llegada de la mañana observando por el agujero hasta que por fin salió el sol, sus rayos se filtraron a través de la nieve, y la oscuridad del interior del avión fue cediendo ante una pálida y lúgubre luz. Tan pronto como pudieron ver lo suficiente como para saber lo que hacían, comenzaron a pensar en la manera de salir de aquella tumba. Había demasiada nieve amontonada para intentarlo por la entrada, pero pensaron que no había tanta sobre la cabina de los pilotos, ya que podían ver la claridad filtrándose por una ventana. Canessa, Sabella, Inciarte, Fito Strauch, Harley y Parrado comenzaron a construir un túnel a través de la cabina de los pilotos. Estaba llena de nieve congelada que tenían que quitar con las manos desnudas, y los seis trabajaron por turnos. Zerbino, que llevaba ropas más gruesas y podía soportar el frío mejor que los demás, se deslizó entre los cadáveres de los dos pilotos hasta llegar a la ventana, que debido a la inclinación del avión apuntaba hacia el cielo. Trató de abrirla, pero le fue imposible a causa del peso de la nieve acumulada, así que regresó. Canessa lo intentó a continuación, pero también fracasó. El próximo fue Roy y esta vez la ventana se abrió y dio paso a la luz del día.

Sacó la cabeza a la superficie. Eran cerca de las ocho de la mañana, pero la oscuridad era mayor que de costumbre porque el cielo estaba nublado. Nubes de nieve se arremolinaban a su alrededor. Llevaba un gorro de lana y una cazadora impermeable, pero el fuerte viento le lanzaba la nieve a los ojos y dejaba dolorida la piel de su rostro y sus manos.

Volvió a la cabina de los pilotos y les gritó a los otros:

—No se puede salir. Hay una tormenta.

—Intenta destapar las ventanas —le gritó alguien.

Roy se izó de nuevo y esta vez salió al exterior, pero el avión estaba totalmente cubierto de nieve. Era imposible ver dónde estaban las ventanas, y temía que al moverse por el techo del avión resbalara y se perdiera en la nieve. Volvió al interior y se reunió con sus compañeros.

La tormenta duró todo el día y los copos entraban deslizándose por el túnel, después de pasar junto a los cuerpos de los dos pilotos que continuaban atados a los asientos. La delgada capa de nieve que se formó, sirvió para saciar la sed de algunos de los chicos. Otros utilizaron la que había penetrado la noche anterior.

Era el 30 de octubre, el día que Numa Turcatti

cumplía veinticinco años. Los chicos le dieron un cigarrillo extra y le hicieron una tarta de cumpleaños con la nieve. Numa no era ni Old Christians ni jugador de rugby —se había educado con los jesuitas y prefería el fútbol—, pero daba la impresión de fortaleza con su figura voluminosa y ademanes tranquilos. Muchos hubieran querido hacerle pasar un cumpleaños más alegre, pero, en cambio, fue él quien levantó los ánimos.

—Ya hemos pasado lo peor —les dijo—. Desde ahora las cosas serán mucho más sencillas.

No hicieron nada aquel día excepto comer nieve y esperar que pasara la tormenta. Hablaron mucho del alud. Algunos de ellos, como Inciarte, pensaban que habían muerto los mejores porque eran los que Dios más amaba, pero había otros que no encontraban ningún sentido a esto. Parrado expresó su determinación de escaparse de allí.

—Tan pronto como pare de nevar, me voy —les anunció—. Si nos quedamos más tiempo, nos matará a todos otra avalancha.

—No lo creo así —le contestó juiciosamente Fito—. El avión está enterrado y por eso la segunda avalancha pasó por encima. Estamos a salvo por el momento, pero si nos marchamos ahora es posible que nos arrolle otro alud por el camino.

Escucharon con respeto la opinión de Fito, porque era el que había conservado la calma después de la avalancha y ahora no mostraba los síntomas de la histeria que ya era evidente en algunos.

—No hay ninguna razón que nos impida esperar a que mejore el tiempo —añadió.

—Pero ¿hasta cuándo? —preguntó Vizintín, que también estaba dispuesto a salir de inmediato.

—Recuerdo que en Santiago un taxista me dijo

que el verano empieza el día quince de noviembre y que entonces cesa de nevar —comentó Algorta.

—El quince de noviembre —respondió Fito—. Es decir, dentro de dos semanas, así que merece la pena esperar si tenemos más oportunidades de éxito.

Nadie contradijo esta opinión.

—Y para entonces —continuó Fito— habrá luna llena, lo que quiere decir que podremos caminar por la noche cuando la nieve esté dura y dormir de día, aprovechando el calor.

No comieron nada aquel día, y por la noche, cuando se apiñaron para intentar dormir, rezaron el rosario acompañando a Carlitos. Al día siguiente, el 31 de octubre, cumplía diecinueve años. El regalo que más hubiera deseado, después de un pastel de crema o un batido de moras, era que mejorase el tiempo, pero cuando al día siguiente pasó por el túnel y se asomó al exterior, comprobó que seguía nevando con tanta intensidad como el día anterior. Regresó y predijo, dirigiéndose a los demás:

—Tendremos tres días de mal tiempo y luego brillará el sol durante otros tres días.

El intenso frío, en combinación con sus ropas mojadas, contribuyó a debilitarles aún más. No habían comido nada durante dos días y se sentían hambrientos. Los cuerpos de los que habían muerto en el accidente seguían enterrados en la nieve de afuera, de manera que los primos Strauch tuvieron que desenterrar a uno de los que había muerto en la avalancha y cortarle trozos de carne delante de todos los demás. Hasta ese momento habían cocinado la carne o la habían secado al sol, pero ahora no quedaba otra alternativa que comérsela húmeda y cruda a medida que la iban cortando, y como tenían tanta hambre, muchos comieron grandes pedazos que tuvieron que masticar y saborear. Para todos fue horrible. La verdad es que hubo algunos a quienes les fue imposible comer carne del cuerpo de un amigo que dos días antes se encontraba vivo a su lado. Roberto Canessa y Fito Strauch discutieron con ellos. Fito incluso intentó forzar a Eduardo a comer:

—Tienes que comértela. De otra forma morirás, y te necesitamos vivo.

Pero no hubo poder ni argumento que venciese la repulsión de Eduardo Strauch, Inciarte y Turcatti, y como consecuencia de ello, su estado físico empeoró.

El día 1 de noviembre, día de Todos los Santos, era el cumpleaños de Pancho Delgado. Como Carlitos había vaticinado, cesó de nevar, y seis de los chicos salieron del avión para tomar el sol. Canessa y Zerbino retiraron la nieve que cubría las ventanas, para dar más luz al interior del avión. Fito y Eduardo Strauch, junto con Daniel Fernández, derritieron nieve para conseguir agua, mientras que Carlitos fumaba un cigarrillo y pensaba en su familia, pues también era el cumpleaños de su padre y de su hermana. Ahora estaba seguro de que los volvería a ver. Si Dios lo había salvado del accidente primero y después del alud, era sólo porque deseaba que se volviera a reunir con su familia. La proximidad de Dios en la quietud de aquel paraje reafirmó su convicción.

Una nube ocultó el sol, volvió a hacer frío, y los seis regresaron al interior del Fairchild. No podían hacer otra cosa por ahora que esperar.

2

Durante los días siguientes continuó el buen tiempo. No hubo nevadas intensas, y los que estaban más fuertes y conservaban más energías de los diecinueve supervivientes consiguieron excavar otro túnel al exterior por la parte trasera del avión. Para hacerlo se sirvieron de las palas que construyeron con planchas de metal o láminas de plástico arrancadas del cuerpo del avión. Con ellas fueron rompiendo la dura nieve y recuperando los objetos que se habían perdido durante la avalancha. Páez, por ejemplo, encontró sus zapatos de rugby.

Una vez acabaron el túnel se dedicaron a sacar al exterior la nieve y los cuerpos enterrados en ella. La nieve estaba tan dura como una roca y sus herramientas no eran muy apropiadas. Los cadáveres congelados conservaban el último gesto de autodefensa. Los que tenían los brazos levantados para proteger sus caras, como las víctimas del Vesubio en Pompeya, eran los que ofrecían más dificultades al moverlos. Alguno de los chicos no se atrevió a tocar a los muertos, especialmente a sus amigos íntimos, así que ataron largas cintas de nailon a los cuerpos y los arrastraron fuera.

Los que estaban enterrados cerca de la entrada se quedaron allí, encerrados en la pared de hielo que protegía a los vivos de posibles futuros aludes. Servirían como reserva de alimentos si una segunda avalancha o una fuerte tormenta ocultara los cuerpos que acababan de sacar, ya que los de quienes fallecieron en el accidente se habían perdido bajo la nieve. Por la misma razón, cuando los supervivientes se retiraban por la noche, introducían una extremidad o parte de un tronco, por si al día siguiente, debido al mal tiempo, les fuera imposible salir.

Tardaron ocho días en conseguir que el interior del avión volviese a ser más o menos habitable, pero todavía quedaba una pared de nieve a ambos extremos del avión, y el espacio con que contaban era más reducido que antes, a pesar de que eran menos los que lo ocupaban. Muchos recordaban con cierto resentimiento los apacibles días anteriores al alud:

—¡Pensábamos que nos encontrábamos muy mal entonces, pero aquello era un lujo y una comodidad comparado con esto!

La única ventaja de la avalancha fue que obtuvieron una reserva de ropas al despojar de ellas a los muertos. Presintiendo que Dios los ayudaría si ellos se auxiliaban unos a otros, los supervivientes no sólo tomaron medidas para mejorar las condiciones de vida durante el tiempo que permanecieran allí, sino que planearon y se prepararon para su escapada final.

Antes de la avalancha habían decidido que un equipo formado por los más fuertes debería intentar llegar a Chile. Al principio las opiniones se dividieron entre los que creían que un grupo numeroso tendría más oportunidades y aquellos que consideraban más acertado concentrar sus recursos en otro formado tan sólo por tres o cuatro. Como se había demostrado durante las semanas que siguieron al accidente y sobre todo durante los días de tormenta posteriores a la avalancha, las dificultades que tendrían que afrontar los expedicionarios serían extremadamente severas, por lo que prevalecieron las razones propuestas del segundo grupo. Elegirían como expedicionarios a cuatro o cinco entre ellos. Les aumentarían la ración de carne y ocuparían los mejores lugares para dormir, y además, se verían relevados de las labores diarias de cortar carne y extraer nieve, de manera que, cuando por fin llegara el verano y la nieve comenzara a fundirse hacia finales de noviembre, se encontraran fuertes, saludables y en buenas condiciones para emprender el camino hacia Chile.

El primer factor que tendrían en consideración para elegir a los expedicionarios sería su condición física. Algunos de los que, aparentemente, habían salido ilesos del accidente, se resintieron del mismo después. Los ojos de Zerbino no se habían curado del todo desde la ascensión a la montaña. Inciarte tenía dolorosos forúnculos en una pierna. Sabella y Fernández se encontraban bien, pero como no formaban parte del equipo, su condición física no era tan buena como la de los quince Old Christians. Eduardo Strauch, fuerte al principio, se había debilitado por la repugnancia que le impidió comer carne humana inmediatamente después de la avalancha. Las alternativas se reducían a Parrado, Canessa, Harley, Páez, Turcatti, Vizintín y Fito Strauch. Algunos de los candidatos eran, sin embargo, más entusiastas que otros. Parrado estaba tan decidido a escapar, que si no lo hubieran elegido, se hubiera marchado en solitario. También Turcatti estaba empeñado en ser uno de ellos. Su participación en dos de las anteriores expediciones demostró suficientemente su resistencia física y mental, por lo que los más jóvenes tenían plena confianza en el éxito de la operación si él participaba.

Canessa tenía más imaginación que muchos de los otros y preveía los peligros y dificultades a los que tendrían que hacer frente, pero debido a su fuerza excepcional y a su capacidad de inventiva, se consideraba obligado a ir. Fito Strauch también se ofreció voluntario, pero lo hizo motivado más por sentido de la obligación que por verdadero deseo de abandonar la relativa seguridad del Fairchild. La naturaleza intervino para resolver su caso, y ocho días después del alud le salieron hemorroides, por lo que fue definitivamente excluido. Sus dos primos estuvieron encantados de que se quedara.

Los tres restantes, Páez, Harley y Vizintín, también querían ir, pero había dudas sobre la madurez y fortaleza de sus mentes, aunque se les consideraba suficientemente entrenados. Se decidió que realizaran una expedición de un día como prueba. Después de la avalancha ya se habían aventurado en algunas pequeñas salidas por los alrededores del avión. François e Inciarte habían escalado cien metros de la montaña, descansando cada diez pasos para fumar un cigarrillo. Turcatti había subido en compañía de Algorta hasta donde se encontraba el ala del avión, pero lo había hecho con menos energía y más esfuerzo que la vez anterior, pues también se encontraba debilitado por la aversión que sentía por la carne cruda.

Páez, Harley y Vizintín salieron a las once de la mañana, siete días después del alud, para probarse a sí mismos. Su plan consistía en bajar hacia el valle hasta la gran montaña del otro lado. Parecía un objetivo fácil para una expedición de un día.

Llevaban dos jerseys cada uno, dos pantalones y botas de rugby. La superficie estaba helada, así que descendían hacia el valle con facilidad zigzagueando cuando la pendiente era demasiado inclinada para seguir un camino recto. No llevaban nada que les impidiera la marcha. Después de caminar durante una hora y media, encontraron la puerta trasera del avión y, un poco más lejos, algunos de los recipientes de la despensa: dos cacharros de aluminio para café y Coca-Cola, un cubo de la basura y un frasco de café instantáneo vacío, pero con residuos de café en el fondo. Inmediatamente los tres echaron nieve en el frasco, la derritieron lo mejor que pudieron y se bebieron el agua con aroma de café. Después vaciaron el cubo de la basura y con gran alegría descubrieron algunos trozos de caramelos que escrupulosamente dividieron en tres partes y se los comieron sentados en la nieve. Permanecieron en éxtasis durante un breve instante. Aunque continuaron buscando, todo lo que pudieron encontrar fue un depósito de gas, un termo roto y un poco de yerba mate. Metieron la yerba en el termo y continuaron su camino llevándolo consigo.

Después de continuar el descenso por el valle durante otras dos horas, comenzaron a darse cuenta de que las distancias en la nieve engañan, una vez fueron conscientes de que casi se encontraban tan lejos de la montaña de enfrente como cuando partieron. El avance se había hecho también más difícil debido a que el sol de mediodía había derretido la superficie de la nieve, por lo que se metían en ella hasta las rodillas al caminar. A las tres de la tarde decidieron regresar al avión, pero al volver sobre sus pasos comprobaron rápidamente cuánto más difícil se hacía la ascensión en comparación con lo fácil que había sido el descenso. Por si esto fuera poco el cielo se encapotó y comenzaron a caer copos de nieve que giraban a su alrededor empujados por el viento.

Tomaron el frasco de café y se refrescaron con el agua con sabor a café. Roy y Carlitos recogieron los recipientes de la despensa, pensando que serían de utilidad para fundir nieve una vez de vuelta en el avión, pero los abandonaron en cuanto los encontraron demasiado pesados. Vizintín, sin embargo, continuó apoyándose en el cubo de la basura para subir la ladera.

La ascensión llegó a hacerse extremadamente difícil. Seguían hundiéndose en la nieve hasta las rodillas, el declive era cada vez más pronunciado y abrupto, las ráfagas de nieve se intensificaban y los tres estaban muy cansados. Roy y Carlitos eran presas del pánico. Como consecuencia de la dificultad de calcular distancias en aquel terreno cubierto de nieve, no tenían ni idea de lo lejos o cerca que se encontraban del avión. Las ondulaciones de la ladera de las montañas les hacían creer, cada vez que coronaban la cumbre de una de ellas, que se encontrarían con el Fairchild, pero nunca aparecía; y con cada decepción, su ánimo se venía abajo. Roy comenzó a llorar y Carlitos se dejó caer finalmente en la nieve.

—No puedo seguir —decía—. No puedo, no puedo. Dejadme aquí. Seguid vosotros. Dejad que me muera aquí.

—Vamos, Carlitos —le repetía Roy entre sollozos—. Por el amor de Dios, ¡vamos! Piensa en tu familia... en tu madre... en tu padre...

—No puedo, no puedo moverme...

—Levántate, marica —le dijo Vizintín—. Nos congelaremos todos si nos quedamos aquí.

—De acuerdo, soy un marica. Un cobarde. Lo reconozco, pero seguid vosotros.

Pero no se marcharon, y bombardearon a Carlitos con una mezcla de frases animosas e insultos hasta conseguir que se levantara otra vez. Subieron un poco más, hasta la cima de otra colina, pero aún no se divisaba el avión.

—¿Cuánto falta todavía? —preguntaba Carlitos—. ¿Falta mucho aún?

Un poco después volvió a caerse en la nieve.

—Seguid vosotros —les dijo—. Yo continuaré dentro de un minuto.

Pero tampoco ahora lo abandonaron Vizintín y Harley, que de nuevo lo insultaron y le rogaron hasta que se puso de pie y siguió caminando a través de la espesa nevada.

Llegaron al avión después de la puesta del sol. Los demás ya habían entrado y los esperaban con ansiedad. Cuando los tres se arrastraron por el túnel al interior del avión, casi extenuados, con Carlitos y Roy llorando, todos supieron que la prueba había sido dura y que algo había fallado.

—Era imposible —explicó Carlitos—. Era imposible y me derrumbé; deseaba morirme y lloraba como un niño.

Roy se estremeció, sollozó y no dijo nada.

Los ojos de Vizintín, pequeños y juntos, estaban completamente secos.

—Fue duro, pero posible —sentenció.

Esto convirtió a Vizintín en el cuarto expedicionario. Carlitos retiró su candidatura después de esta experiencia, y Parrado le dijo a Roy que no podía serlo porque lloraba demasiado, lo que hizo que Roy rompiera a llorar de nuevo. Quedó abatido porque pensaba que Fito iría. Conocía a Fito desde la infancia y se sentía seguro a su lado. Cuando a Fito le salieron hemorroides y se retiró, Roy se sintió feliz de encontrarse entre los que se quedaban.

Los cuatro expedicionarios, una vez elegidos, se convirtieron en una especie de guerreros cuyas particulares obligaciones les concedían privilegios especiales. Les permitían todo lo que pudiera mejorar su estado mental o físico. Comían más carne que los demás y podían escoger los trozos que prefirieran. Dormían cómo, dónde y el tiempo que deseaban. No estaban obligados a participar en las tareas diarias de cortar carne y limpiar el avión, aunque Parrado y un poco menos Canessa, continuaron haciéndolo. Sus cuerpos se trataban con mimo, y lo mismo se hacía con sus mentes. Por la noche se rezaban oraciones pidiendo por su salud y bienestar, y se procuraba que las conversaciones ante ellos tuvieran todas un carácter optimista. Si Methol creía que el avión se hallaba en medio de los Andes, se cuidaba mucho de no comentarlo con un expedicionario. Si alguna vez se discutía la posición del Fairchild con ellos, Chile sólo se encontraba a una milla o dos más allá del otro lado de la montaña.

Fue inevitable quizá que los cuatro trataran de obtener alguna ventaja debido a lo privilegiado de su situación, lo cual provocó algún resentimiento. Sabella tuvo que sacrificar sus pantalones de repuesto para dárselos a Canessa; François sólo contaba con un par de calcetines, mientras que Vizintín tenía seis. Los trozos de grasa que algún chico hambriento había recogido cuidadosamente en la nieve, eran requisados por Canessa, que alegaba:

—Los necesito para adquirir fuerza, y si no lo consigo, tú nunca saldrás de aquí.

Parrado, por el contrario, nunca abusó de su situación, ni tampoco Turcatti. Ambos trabajaban con el mismo entusiasmo que antes, mostrando la misma calma, efectividad y optimismo.

Los expedicionarios no eran los líderes del grupo, sino una casta aparte, separada de los demás por sus privilegios y preocupaciones. Probablemente hubieran llegado a constituir una oligarquía si los poderes no hubieran sido frenados por el triunvirato de los primos Strauch. De todos los subgrupos de amigos o parientes que habían existido antes de la avalancha, el suyo fue el único que permaneció intacto. El clan de los más jóvenes había perdido a Nicolich y a Storm; Canessa a Maspons; Nogueira a Platero; Methol a su esposa. También había desaparecido Marcelo, el dirigente que habían heredado del mundo exterior.

La intimidad de las relaciones entre Fito Strauch, Eduardo Strauch y Daniel Fernández les daba una ventaja sobre los demás, pues soportaban mejor el sufrimiento, no físico sino mental, causado por el aislamiento a que se veían sometidos en las montañas. También eran realistas y poseían un gran sentido práctico, cualidades mucho más útiles en su brutal situación, que la elocuencia de Pancho Delgado o la amable naturaleza de Coche Inciarte. La reputación que habían adquirido, sobre todo Fito, durante la primera semana, cuando tuvieron que enfrentarse con la desagradable realidad y tomar ingratas decisiones, mereció el respeto de los que habían salvado la vida gracias a ellos. Fito, el más joven de los tres, era el más respetado, no sólo por sus juiciosas opiniones, sino por la forma en que había dirigido el rescate de los atrapados por la avalancha en el momento de mayor histeria. Su realismo, unido a la firme creencia en la salvación final, hizo que muchos de los chicos depositaran en él sus esperanzas, y Carlitos y Roy lo propusieron como líder para reemplazar a Marcelo. Pero Fito rehusó la corona que le ofrecían. No había necesidad de institucionalizar la influencia de los primos Strauch.

Cortar carne de los cuerpos de sus amigos muertos era la más difícil y desagradable de las tareas que habían de realizar. Lo hicieron Fito, Eduardo y Daniel Fernández. Era algo tan horripilante que incluso muchachos tan duros como Parrado o Vizintín no se sentían capaces de llevarlo a cabo. Primero tenían que desenterrar los cadáveres y tenderlos al sol. El frío los conservaba tal como estaban en el momento de la muerte. Si tenían los ojos abiertos, había que cerrárselos, pues era difícil seccionar a un amigo ante su vítrea mirada, por muy seguros que estuvieran de que su alma lo había abandonado hacía tiempo.

Los Strauch y Fernández, a menudo ayudados por Zerbino, cortaban grandes pedazos de carne de los cuerpos y después se los pasaban a otro grupo que se encargaba de dividirlos en trozos más pequeños utilizando hojas de afeitar. Este trabajo no era tan desagradable como el anterior, ya que una vez separada la carne de los cuerpos, era más fácil olvidar de qué se trataba.

La carne estaba estrictamente racionada, tarea que también realizaban los Strauch y Daniel Fernández. La ración básica fue estipulada en una cantidad que podía pesar unos cien gramos, pero se acordó que quienes trabajaban podían comer algo más, por el desgaste de energías debido al ejercicio, y los expedicionarios casi tanto como quisieran. Siempre terminaban un cadáver antes de comenzar otro.

La necesidad les había obligado a comer casi todas las partes del cuerpo. Canessa sabía que el hígado contiene la reserva de vitaminas; por esta razón él lo comía y animaba a los demás para que siguieran su ejemplo, hasta que quedó reservado para los expedicionarios. Una vez superada la repugnancia de comer este órgano, les fue mucho más fácil pasar al corazón, riñones e intestinos. Para ellos, hacer esto no era tan inconcebible como lo hubiera sido para un europeo o norteamericano, porque es muy común en Uruguay comer asados los intestinos y las glándulas linfáticas de un novillo. Las capas de grasa que se sacaban de los cuerpos se ponían a secar al sol hasta que se formaba una corteza, y entonces todos las comían. Era una fuente de energía y, aunque no era tan apreciada como la carne, no estaba racionada, como tampoco lo estaban los restos de los primeros cuerpos que, abandonados en la nieve, podían ser recogidos por quien quisiera. Esto aplacaba los estómagos de los que padecían hambre, pues sólo eran los expedicionarios los que podían comer al máximo. Los demás sentían un deseo permanente de comer más, pero eran conscientes de la importancia que tenía conservar la carne racionada. Solamente desechaban los pulmones, la piel y los órganos genitales.

Éstas eran las normas, pero al margen comenzó a abrirse paso un sistema de pillaje extraoficial que era tolerado por los Strauch. Por esta razón, cortar los pedazos grandes comenzó a ser una tarea popular; de vez en cuando, un pedazo se deslizaba en la boca de alguno. Todos los que cortaban carne lo hacían, incluso Fernández y los Strauch, y nadie protestaba mientras no se abusara. Un trozo en la boca por cada diez que se cortaran para los otros, era la cantidad sustraída habitualmente. Mangino aumentó la proporción a uno por cada cinco o seis y Páez a uno por cada tres, pero no ocultaban lo que hacían y sólo desistían cuando los otros les gritaban.

Este sistema, como en una buena constitución, era justo en teoría y lo bastante flexible como para satisfacer la debilidad de la naturaleza humana, pero sus inconvenientes recaían sobre los que no querían o no podían trabajar. Echavarren y Nogueira continuaban atrapados en el avión debido a sus piernas rotas, hinchadas, infectadas y gangrenosas, y sólo en contadas ocasiones bajaban de las hamacas y se arrastraban afuera para defecar o derretir nieve para conseguir agua. No había posibilidad de que cortaran carne o recogieran la perdida en la nieve. Delgado también tenía una pierna rota, e Inciarte una infectada. Methol aún se encontraba inutilizado por los efectos de la altitud. François y Roy Harley también estaban incapacitados, aunque no por sus extremidades sino a causa de su estado psíquico. Podían trabajar, pero el shock que les produjo el accidente, o en el caso de Roy el alud seguido del fracaso de la prueba de la expedición, había destruido en ellos todo sentido de la obligación. Se pasaban el día sentados al sol.

Los trabajadores no mostraban mucha compasión hacia los que consideraban unos parásitos. En una situación tan desesperada, la abulia rayaba con lo criminal. Vizintín pensaba que a los que no trabajaran no se les debería alimentar hasta que lo hicieran. Los demás se daban cuenta de que debían conservar a sus compañeros vivos, pero no veían la necesidad de hacer mucho más por ellos. También eran crueles respecto a su enfermedad. Algunos pensaban que Nogueira no tenía las piernas rotas y que sólo se imaginaba el dolor que decía sentir, y que Delgado exageraba las molestias que le producía el fémur fracturado. Mangino, después de todo, también tenía una pierna rota, pero se las arreglaba para trabajar cortando carne. Hacían caso omiso de los mareos que sentía Methol debido a la altitud, o de los pies congelados de François. Como resultado de esto, el único suplemento de la ración de los «parásitos» eran las propias reservas de sus cuerpos.

A algunos de los chicos les costaba todavía comer

carne humana cruda. Mientras los otros consiguieron, incluso, comer el hígado, el corazón, los riñones y los intestinos de los muertos, Inciarte, Harley y Turcatti sólo se atrevían con la carne roja de los músculos. Las únicas ocasiones en que comían con algo más de facilidad, era cuando cocinaban la carne. Cada mañana, Inciarte se acercaba a Páez, que estaba al cargo de este departamento, y le preguntaba:

—Carlitos, ¿vamos a cocinar hoy?

—No sé; todo depende del viento —le respondía Carlitos, ya que sólo podían encender fuego si el tiempo era bueno.

Pero también influían otros factores. Las reservas de madera eran limitadas; cuando terminaron todas las cajas de Coca Cola, sólo quedaban pequeñas tiras de madera procedentes de una parte de las paredes del avión. También contaba la opinión de Canessa de que las proteínas se perdían con altas temperaturas, y la de Fito, que pensaba que la carne se reducía de tamaño y quedaba menos para comer cuando se freía. En consecuencia, sólo se permitía cocinar una o dos veces a la semana cuando las condiciones atmosféricas lo permitían, y, en estas ocasiones, los menos escrupulosos se contenían para que los otros pudieran comer más.

3

Durante los diez días que transcurrieron entre la elección de los cuatro expedicionarios y el 15 de noviembre, día que esperaban que cesara el frío, los diecinueve supervivientes desarrollaron su personalidad tanto en grupos como individualmente.

Parrado, por ejemplo, que antes del accidente era desgarbado, tímido, con aires de playboy, se había convertido en un héroe. Su valor, resistencia y abnegación lo hacían el más querido de todos. Era siempre el más dispuesto a desafiar el frío y las montañas y partir en busca de la civilización. Por esta razón, los más jóvenes, lo más débiles o los menos decididos, depositaban en él toda su confianza. También los consolaba cuando lloraban y era el que hacía los trabajos más arduos a pesar de que, como expedicionario, estaba oficialmente exento. Nunca proponía un nuevo método de acción sin ser él el primero en emprenderlo. Cierta noche, cuando parte de la barrera se cayó debido al fuerte viento, fue Parrado quien se levantó para reconstruirla. Cuando volvió a acostarse, se había quedado tan frío que los que dormían a su lado tuvieron que golpearlo y darle masajes para restablecerle la circulación; pero cuando la barrera cayó de nuevo, se levantó y la reconstruyó otra vez.

Parrado tenía solamente dos debilidades. La primera era su empeño en salir de allí. Si sólo hubiera dependido de él, se hubiera marchado inmediatamente después de la avalancha, aunque no estuviera bien preparado. Tenía paciencia con los demás, pero no con la situación. Al contrario que Fito, era incapaz de juzgar por separado las circunstancias en que se encontraban. Si lo hubieran dejado marcharse cuando él quería, no hubiera sobrevivido.

Su otra debilidad era la irritación que le producía Roy Harley. Le exasperaba que alguien tan preparado físicamente y con tanta resistencia estuviera siempre llorando. Sin embargo, otros que padecían de una forma similar debido a lo desesperado de su situación, encontraban en Parrado su única fuente de consuelo. Era sencillo, afectuoso, agradable, optimista y de buen temperamento. Raramente insultaba, si es que lo hizo en alguna ocasión, y era el más popular como compañero a la hora de dormir.

Después de Parrado era Numa Turcatti el más estimado de los chicos. Desde el primer momento había puesto a disposición de la causa común su cuerpo pequeño y musculoso. La expedición anterior a la avalancha lo había debilitado, y Algorta, que iba con él cuando encontraron el ala del avión, notó que Numa ya no poseía el vigor de antes. Así mismo, continuaba con su aversión por la carne cruda. El hecho de que llegara a ser tan querido y respetado por los chicos, teniendo en cuenta que conocía a muy pocos de ellos antes de salir de Montevideo, significaba que había demostrado tener una gran resistencia, sencillez y absoluta falta de malicia. Todos estaban convencidos de que si él y Parrado salieran al frente de una expedición, ésta tendría éxito.

Los otros dos expedicionarios no inspiraban tanta confianza. Se reconocía que Canessa había tenido buenas ideas, como la de las mantas y las hamacas, que habían mejorado las condiciones de vida en el avión. Sabía de vitaminas y proteínas y había sido un gran defensor en favor de comer la carne de los muertos. Por otra parte, su reputación médica, que se tenía en tanta estima después de la operación que le hizo a Platero, se había resentido bastante desde que vertió agua de colonia en la pierna de Inciarte, cuya infección empeoró como consecuencia de ello.

La personalidad de Canessa era, sin embargo, lo que hacía difícil la convivencia con él. Siempre estaba nervioso y tenso, se enfadaba a la menor provocación, y maldecía e insultaba a todos con su voz aguda. Raras veces se mostraba valeroso y desinteresado, pues por lo general era obstinado e impaciente. Su apodo, «Músculos», se lo habían puesto por su testarudez más que por su fuerza física. En el campo de rugby esto significaba idiosincrasia; en el avión se paseaba por encima de sus compañeros dormidos, abriéndose camino hacia donde quisiera ir. Hacía lo que quería y nadie lograba impedírselo. Sólo Parrado podía ejercer alguna influencia sobre él. Los Strauch quizá lo hubieran podido controlar, pero no querían enemistarse con ningún expedicionario.

Vizintín no era tan enérgico y dominante como Canessa, pero era más suyo y, sin embargo, no tenía la inventiva ni el ingenio tan despierto como Canessa, lo que compensaba en éste algunos de sus aspectos negativos. Tenía valor, como lo había demostrado en la expedición de prueba, pero de regreso en el avión su comportamiento era otra vez infantil y caprichoso. Discutía con todos, en especial con Inciarte y Algorta, y el único trabajo que hacía era convertir nieve en agua para su consumo y, de vez en cuando, algo que pudiera interesarle particularmente. Con la tela de las fundas de los asientos hizo manoplas para todos los expedicionarios y también algunas gafas de sol. Por la noche lloraba llamando a su madre.

Sólo Canessa ejercía una especie de control sobre Vizintín, y a Mangino le gustaba. Era como si los tres chicos —tenían diecinueve años— más agresivos y quisquillosos hubieran formado una pequeña alianza. Mangino se sentía marginado. Tampoco él, como Turcatti, había conocido con anterioridad a muchos de los chicos, y por este motivo no dudaba en mandarlos a paseo. Durante los días que siguieron al accidente se había portado con egoísmo y mostrado signos de histeria, pero, después, había trabajado por el grupo tanto como el que más, a pesar de tener la pierna rota, y algunos, especialmente Canessa y Eduardo Strauch, lo protegían.

A Bobby François, sus faltas, como en otros casos, se le excusaban a causa de su juventud. La principal era la especie de letargo en que había caído. Parecía haber nacido sin instinto de supervivencia. Desde el momento del accidente, cuando se sentó en la nieve, encendió un cigarrillo e hizo aquella lacónica observación, «la fastidiamos», se había comportado como si sobrevivir no valiera el mínimo esfuerzo. Antes del viaje ya era bastante vago —le apodaban Gordito—, pero en estas circunstancias, la pereza equivalía al suicidio y, si lo hubieran dejado solo, habría muerto sin remedio. No trabajaba. Se sentaba al sol y derretía nieve si lo obligaban; cuando no hacía esto, se daba masajes en los pies, que se le habían helado al quedar enterrado por la avalancha. Por la noche, si se destapaba al moverse, no tenía la suficiente fuerza de voluntad para cubrirse de nuevo, y permanecía así hasta que otro lo hiciera. Se produjo incluso la situación de que Daniel Fernández le tuviera que dar masajes en los pies para evitar que se le gangrenaran.

Llegó un día en que los primos se encolerizaron tanto por la abulia de Bobby que creyeron conveniente hacerlo trabajar; le dijeron que si no lo hacía no le darían nada de comer. Bobby se limitó simplemente a encogerse de hombros, y dijo:

—Bien, me parece justo.

Pero al día siguiente volvió a las andadas, y cuando llegó el mediodía, a la hora de la distribución de comida, no se puso a la cola para recoger su ración.

Parecía que le era indiferente vivir o morir, y parecía bastante satisfecho de que fueran los otros quienes tuvieran que adoptar una decisión por él. Pero no estaban dispuestos a hacerlo. Su «incentivo» había fallado. Bobby volvió a recibir su ración.

Entre los mayores y más fuertes, Eduardo Strauch era como Parrado, amable y gentil con los más jóvenes y débiles, o sea, con Mangino, François y Moncho Sabella. Aunque Moncho estaba sano, era más débil que la mayoría y, además, nervioso por naturaleza. Se había portado bien cuando ocurrió el accidente —Nicolich estaba convencido de que había salvado su vida— y le hubiera gustado comportarse con tanto valor y trabajar lo mismo que los demás, pero no tenía la resistencia suficiente. Llegó a formar parte del grupo que se sentaba al sol charlando, fumando y fundiendo nieve mientras que los otros realizaban las tareas más pesadas.

Javier Methol también pertenecía a aquel grupo. Siempre estaba mareado, pues la altitud le seguía afectando. Hablaba bastante, pero tartamudeaba y nunca terminaba las frases. Los que eran por lo menos diez años más jóvenes que él, lo tenían por un personaje gracioso. Lo llamaban Dumbo, porque les había dicho que éste había sido su apodo de niño, y se reían de él cuando caminaba torpemente por la nieve. Le gastaban bromas, en las cuales él participaba exagerando sus defectos porque sabía que de esta manera los chicos se divertían y, al mismo tiempo, les levantaba el ánimo. Por ejemplo, una de sus actuaciones consistía en describirles, amplia y pedantemente, qué era una ensaimada, o algo que los chicos nunca hubieran comido.

Cuando estaba cerca del final, llegaba otro y le preguntaba:

—¿De qué estás hablando, Dumbo?
—Estoy describiendo una ensaimada.
—¿Una ensaimada? ¿Qué es eso?
—¿No lo sabes? Verás, es una cosa redonda, de un tamaño así... —y comenzaba a repetir la descripción. Cuando volvía a estar cerca del final, llegaba otro y le hacía creer que nunca había comido una, y así sucesivamente.

Methol era especialista en extraer aceite de trozos de grasa para usarlo como laxante. También era el encargado de afilar los cuchillos, por medio de otro cuchillo o con una piedra. Hizo gafas de sol, primero para Canessa y después para él, con pedazos de plástico y material que recogió de la cabina de los pilotos. Cuando estaba frabricándose las suyas, los demás vieron que sólo les puso una lente de plástico. Ésta fue la primera noticia que tuvieron de que sólo podía ver por un ojo.

Consolaba a los chicos cuando se sentían desgraciados, igual que Coche Inciarte, que sentía por ellos el mismo afecto que Parrado y Turcatti. De todas formas, como éstos eran expedicionarios, se encontraban un poco más distanciados, mientras que Coche comprendía su debilidad, ya que él también era débil. Al principio colaboraba en algún trabajo, pero después, cuando se le infectó la pierna, ya no hizo nada. No le importaba que le dieran una ración más pequeña, porque no le gustaba la carne cruda. Nunca se quejaba por la comprometida situación en que se encontraban, pero se pasaba el día soñando despierto con el pasado en Montevideo. Aunque a los otros les exasperaba su inactividad, no llegaban a enfadarse con él, porque a todos les gustaba su carácter abierto y honesto. También era amable, gentil, de hablar pausado e ingenioso. Los cautivaba por la expresión de sus ojos, cándidos y sonrientes, incluso cuando una mirada le sorprendía escamoteando un cigarrillo o un trozo adicional de carne.

Pancho Delgado, a quien se le consideraba tan parásito como a Inciarte, estaba, sin embargo, en desventaja con respecto a éste, ya que no poseía su sencilla personalidad ni la amistad que lo unía a Fito Strauch era tan antigua. Era muy elocuente y atractivo, por lo que obtenía grandes éxitos en la vida cuando ponía en práctica sus cualidades. Con los Sartori, por ejemplo, que al principio se habían opuesto de forma rotunda a que se comprometiese con su hija, pero a quienes se había ganado con los ramos de flores y regalos que siempre llevaba cuando iba de visita.

Pero no había flores en las montañas, y la elocuencia y el atractivo no se aprecian en las situaciones críticas. La verdad es que la oratoria que Delgado había desplegado al principio, se volvió después contra él. Los jóvenes no le habían perdonado su anterior optimismo. Era uno de los mayores y debió haber evaluado la situación antes de infundirles tantas esperanzas sin tener una buena razón en qué apoyarse. Por este motivo, cuando les comunicó que no podía trabajar porque se lo impedía la pierna enferma, algunos no lo creyeron y lo acusaron de mentiroso.

Su posición entrañaba algunos riesgos. Cuando un grupo se halla en tensión, siempre busca una víctima propiciatoria, y Delgado parecía el candidato más apropiado. El único amigo que tenía desde Montevideo era Numa Turcatti, demasiado noble para sospechar lo que estaba sucediendo. Los que no podían trabajar estaban protegidos por sus malas condiciones físicas: Methol por no soportar la altitud; Mangino, Sabella, Harley y François por su juventud. Inciarte por su bondad. Por otra parte, Inciarte no pretendía ser más de lo que era y, en cambio, Delgado, tenía ya una mentalidad de abogado. Se tomaba la vida como si fuera una partida de póker, pero no se daba cuenta de que esta vez tenía malas cartas. Se sentía débil porque estaba hambriento y era casi el único de los diecinueve que no podía escamotear o contar con alguien que lo hiciera para él. Su situación tendía a empeorar.

La expedición de prueba provocó en Roy Harley y Carlitos Páez efectos contrarios a los que se esperaban. El comportamiento de Roy, que en la expedición había sido mejor que el de Carlitos, comenzó a empeorar enseguida. Al ser rechazado como expedicionario, pensó que había decepcionado a sus compañeros, y como esto había sucedido inmediatamente después de la muerte de su íntimo amigo Nicolich, fue para su mente lo que una pierna rota hubiera sido para su cuerpo. Su sensibilidad se extremó hasta el punto de que lloraba si alguien le hablaba en tono fuerte y, en cambio, él siempre lo hacía gimiendo, como un chiquillo caprichoso. Se comportaba de forma perezosa y egoísta y era preciso amenazarle o forzarle si se quería conseguir algo de él.

Con Carlitos Páez sucedió justamente lo contrario. De consentido, infantil y timorato, reconocido por él mismo, pasó a ser un arduo trabajador y responsable de sus actos. No sólo ayudó a cortar carne, sino que se impuso la obligación de cerrar la entrada por las noches.

Tenía cualidades opuestas. Era mandón y pendenciero, y hurtaba más que ningún otro, además, pero su nueva personalidad contribuyó de manera excepcional a levantar la moral del grupo. Aunque era el más joven de todos, se mostraba seguro de sí mismo y tenía una voz grave, como la de un osito gigante. Sus pensamientos eran inocentes, sus parlamentos pomposos y su comportamiento irresponsable a veces —solía perder encendedores y cuchillos en la nieve—, aunque en las montañas, lo mismo que en Montevideo, la evocación de la imagen de Carlitos inducía a sonreír. No provocaba la risa únicamente por la gracia de sus chistes, sino por el efecto cómico que causaba su personalidad. Esta facultad era algo importante, pues había muy poco más con que poder divertirse.

Carlitos Páez pertenecía al segundo grupo de poder. Junto con Algorta y Zerbino, actuaba de auxiliar de Daniel Fernández y los primos Strauch. Los tres recibían las órdenes de los que les precedían en la escala de influencia y las transmitían a quienes eran sus inferiores. Zerbino en particular, adulaba a los mayores y amedrentaba a los más jóvenes, a pesar de que él, con sus diecinueve años, figuraba entre los últimos. Era afectuoso, pero rígido. Lo mismo que Canessa, se excitaba con facilidad, y llegaba a ponerse histérico si, por ejemplo, alguien ocupaba su lugar en el avión frente a Daniel Fernández. Se sentía especialmente unido a éste, y si Fernández le pedía unos pantalones, se los daba sin vacilar. En cambio, si lo hacía Vizintín, un expedicionario, le contestaba:

—Vete al infierno, sucia bestia. Búscalos por ahí si tanto los necesitas.

Fernández y Zerbino se responsabilizaron de la recogida del dinero y de los documentos de quienes morían. Zerbino se impuso a sí mismo la tarea de investigar los pequeños desórdenes, como, por ejemplo, quiénes eran los que se movían por la noche. Por este motivo, a veces lo llamaban «el Detective». Antes del accidente lo apodaban «Orejas», pero después lo llamaron «Caruso», porque durante una conversación sobre platos típicos resultó que Zerbino nunca había comido cappelletti alla Caruso (una especie de raviolis con una salsa a la que se ha dado el nombre del tenor italiano), y ni siquiera sabía lo que eran. A menudo era el blanco de las bromas de los demás por la facilidad de su carácter sencillo y afectuoso. Los chicos se reían de él porque, a veces, a última hora de la tarde o a primera de la mañana, no sabía distinguir el sol de la luna, o viceversa. Siempre se mostraba pesimista. Si Fito le pedía que saliera para ver qué tiempo hacía, invariablemente regresaba diciendo:

—Hace un frío terrible y se avecina una tormenta.

Entonces Fito se volvía a Carlitos y le pedía:

—Ve a echar un vistazo.

Y Carlitos, que era un optimista, volvía con su versión:

—Nieva algo, pero no durará mucho tiempo. Dentro de media hora, el cielo estará despejado.

Pedro Algorta no era precisamente un héroe. Debería de haber sido el primero en desaparecer, según el criterio de algunos, que pensaban que había contribuido a rebajar la moral. Aunque había comenzado sus estudios en el Colegio Stella Maris, los continuó en Santiago y luego en Buenos Aires, debido al trabajo que hacía su padre; así que conocía a muy pocos de los diecinueve. De sus dos amigos, uno, Felipe Maquirriaín, había muerto, y el otro, Arturo Nogueira, permanecía inválido en el interior del avión.

Varias peculiaridades separaban a Algorta de los

demás. Era tímido, introspectivo y socialista, mientras que los demás eran impetuosos, extrovertidos y conservadores. En Uruguay había trabajado para el Frente Amplio, una especie de Frente Popular que había presentado su candidatura por primera vez en las recientes elecciones presidenciales. Por otra parte, Daniel Fernández y Fito Strauch pertenecían al Movimiento Universitario Nacional (MUN), que apoyaba a Wilson Ferreira (un blanco liberal); Eduardo Strauch apoyaba a Jorge Batlle (un colorado liberal), mientras que Carlitos Páez había votado por el reaccionario general Aguerrondo, del partido blanco.

Otra de las desventajas de Algorta era su amnesia. Todavía no podía recordar lo que había sucedido en los días anteriores al accidente. En cierta ocasión, corrió loco de alegría alrededor del avión cuando Inciarte le dijo que un equipo de Argentina había ganado el campeonato de fútbol. Era absolutamente falso. Pero, al margen de las anécdotas, Algorta había olvidado por completo que el interés que lo llevaba a Chile no eran los textos baratos de Ciencias Económicas, o un estudio de primera mano sobre el socialismo en Sudamérica, sino una chica que había conocido cuando vivía en Santiago. En aquellos tiempos pensó que estaba enamorado, pero no habían vuelto a verse durante año y medio, y las cartas que intercambiaron no bastaban para mantener sus sentimientos tan vivos como él hubiera deseado. En consecuencia, el propósito de su viaje era solucionar esta cuestión, ya fuera en un sentido o en otro, pero ahora había olvidado hasta la existencia de la chica, pues lo cierto es que una de las razones por las que deseaba regresar a Montevideo era la de encontrar una novia.

Tenía la cabeza lo suficientemente despejada

como para darse cuenta de que debía trabajar para sobrevivir, y sus esfuerzos merecieron la aprobación de los primos, en especial la de Fito. Pero Algorta continuó sintiéndose marginado —sobre todo porque no podía participar en las conversaciones que, casi siempre, versaban sobre agricultura—, pero no hasta el extremo de que esto creara en él complejo de aislamiento.

Los tres que gobernaban esta pequeña comunidad, Eduardo y Fito Strauch, junto a Daniel Fernández, no eran, considerados individualmente, muy diferentes a los demás. Dominaban al grupo en virtud de la fuerza nacida de su unión.

Daniel Fernández, por ejemplo, era el mayor de los supervivientes después de Methol, y era consciente de la responsabilidad que esto le acarreaba. Era bastante maduro incluso para su edad —tenía veintiséis años—, y trabajaba con ahínco conservando limpio el interior del avión, recogiendo documentos y controlando la distribución de cuchillos y encendedores. Friccionaba los pies congelados de Bobby François —por lo que Bobby le prometió ser su esclavo cuando regresaran a Montevideo—, y aconsejó a Canessa que no operase la pierna infectada de Coche. Aunque tímido por naturaleza, a Daniel le gustaba la charla y contar historias. Era sereno, responsable y agradable. La verdad es que las únicas cualidades que no poseía eran fuerza física y firmeza de carácter.

Aunque a Eduardo Strauch lo apodaban «el Alemán», tenía, en muchos aspectos, menos características alemanas que sus dos primos. Se parecía más a su madre, de la familia de los Urioste, y era menos corpulento que Fito. Su apariencia era distinguida y sus ademanes muy personales. Era el más culto de los diecinueve —quizá porque había viajado por Europa—, y también el que poseía una mentalidad más abierta. En general conservaba la calma, pero, en algunas ocasiones, se mostraba iracundo en extremo. Tenía cierta inclinación a dar órdenes, especialmente a Páez, pero, al igual que Fito, era paciente con los más jóvenes y más exasperantes, como Mangino y François.

Fito Strauch, más temperamental que Eduardo, inspiraba, no obstante, más confianza al grupo. Cuando meditaban sobre la situación, sus razones eran siempre las más positivas y sus juicios los más cabales. Una de las iniciativas que le habían favorecido fue la invención de las gafas de sol que tanto necesitaban para protegerse los ojos de los reflejos de la nieve. Los protectores antisolares de plástico oscurecido de la cabina de los pilotos, le sirvieron para cortar pequeños círculos que cosió al armazón de plástico de la carpeta que contenía el plan de vuelo.

Pero también Fito tenía sus defectos. Como le ocurría a Daniel Fernández, también él se irritaba con Mangino, discutía con Eduardo cuando se acostaban, y en una ocasión se puso tan furioso con Algorta por apoyarse en él, que se levantó de un salto, y le gritó:

—¡Me estás matando, me estás matando!

Algorta abrió los ojos y le respondió simplemente:

—Vamos, Fito, ¿cómo puedes decir eso? —y a continuación se dio la vuelta y se quedó dormido.

4

El sistema que habían implantado funcionaba bastante bien. Existían ventajas e inconvenientes, como en la Constitución de Estados Unidos, y así, los Strauch, con sus ayudantes, limitaban el poder de los expedicionarios, y los expedicionarios limitaban el de los Strauch. Ambos grupos se respetaban recíprocamente y los dos actuaban con el consentimiento tácito de los diecinueve.

Los únicos que no estaban integrados en ninguno de los grupos, a causa de las heridas que sufrieron en el accidente, eran Rafael Echavarren y Arturo Nogueira. Ambos dormían en la hamaca que había inventado Canessa y sólo en contadas ocasiones salían del avión. Les era muy difícil caminar, y para arrastrarse hasta la nieve necesitaban más energías de las que disponían sus cuerpos.

Los dos eran distintos, tanto por sus trayectorias anteriores como por su temperamento. Nogueira, a sus veintiún años, era un estudiante izquierdista de Ciencias Económicas. Echavarren, de veintidós años, era granjero y conservador. Sus puntos de vista eran divergentes y no parecía que pudiera reconciliarlos su sufrimiento común, ya que el menor e inadvertido movimiento de uno de ellos, causaba grandes dolores al otro.

Echavarren, vasco de origen, era de naturaleza abierta y valeroso. El estado de su pierna era lastimoso. Habían vuelto a colocar en su sitio el músculo desprendido de la pantorrilla, pero la herida se infectó. Peor aún, no podía mover la pierna o frotarse los pies por la noche, así que los dedos se le pusieron morados al principio y después negros por la congelación. Durante el día, pedía a los demás que le restauraran la circulación.

—Patroncito —le rogaba a Daniel Fernández—, dame un masaje en las piernas, ¿quieres? Están tan entumecidas que ni siquiera las siento.

Y cuando Daniel acababa su tarea con él, Rafael solía decirle:

—Te prometo, Fernández, que si salgo de ésta te daré todo el queso que quieras por el resto de tu vida.

Estaba absolutamente decidido a escapar de allí. Todas las mañanas se repetía a sí mismo: «Soy Rafael Echavarren y juro que regresaré.» Cuando alguien le sugería que escribiera una carta a sus padres o a su novia, contestaba:

—¿Para qué? Se lo contaré todo cuando vuelva.

Su fe lo hizo popular entre todos, como también su sinceridad y su honradez. Cuando alguien tropezaba con su pierna herida, lo maldecía, pero un minuto o dos más tarde le pedía disculpas. Los hacía reír con su mímica, simulando que comía con una caja de bombones vacía o los entretenía describiendo cómo hacía el queso en su granja.

Su estado empeoró. La pierna se le engrosó a causa del pus, y la piel ennegrecida por la gangrena se le fue extendiendo desde los dedos hacia el resto del pie. Una mañana, con la voz tan alegre y optimista como siempre, les pidió a todos que se reunieran a su alrededor porque quería hablarles, y una vez agrupados, les comunicó que iba a morir. Todos protestaron, pero él se mantuvo firme. Lo comunicaba, dijo, porque quería que los supervivientes transmitieran su última voluntad a su familia: la moto se la regalaba a su criado y el jeep a su novia. Los chicos protestaron otra vez y, al día siguiente, este estado de ánimo desapareció y él volvió a contarse entre los más optimistas.

La salud de Arturo Nogueira era mejor que la de Echavarren, pero su estado mental era el peor de todos. Antes del vuelo ya era una persona difícil y áspera, encerrada en sí misma y poco comunicativa, incluso con su familia. La única persona que había sido capaz de hacerlo salir de su caparazón, fue su novia, Inés Lombardero. También ella había sufrido mucho en la vida, pues uno de sus hermanos se había ahogado con otros dos chicos en una canoa que zozobró en las costas de Carrasco. Su único consuelo era Arturo, quien no tenía reparos en besarla en plena calle.

Su otra pasión era la política. Su gran sentido de la justicia hizo de él un idealista, socialista unas veces, y anarquista otras. Había abandonado la religión católica en favor de la Utopía. Como Zerbino, había trabajado en los barrios pobres de Montevideo, a instancias de los jesuitas, pero ahora confiaba más en hallar soluciones a los candentes problemas de la opresión y la pobreza.

Permanecía solitario en el avión y sus grandes ojos verdes se destacaban en su rostro demacrado con una pequeña perilla. Hubo un tiempo en que mostró algún interés por la situación en que se encontraban, y se había adjudicado el papel de cartógrafo, pero con el paso de los días su fe disminuyó y abandonó los mapas. Recordaba que de niño había tenido el presentimiento de que moriría a los veintiún años. Un día, hablando con Parrado, le dijo que estaba seguro de que iba a morir.

Peor que su desesperación era el aislamiento a que se veía sometido. Era desabrido y caprichoso y, en las condiciones en que estaba, no había nadie que se tomara la molestia de traspasar esta enemistosa coraza exterior. Pedro Algorta era su único amigo íntimo, pero el mismo Pedro corría el peligro de quedarse aislado también, por lo que no se encontraba en condiciones de rescatar a Arturo en contra de su voluntad.

Su antagonismo con los demás era sobre todo político. Discutía acaloradamente con Echavarren por las mantas o la posición de los pies, pero estas pequeñas discrepancias encubrían sus distintos puntos de vista políticos. Hubo una ocasión en que Páez divertía a los chicos contando historias de su padre. En una de ellas describía el encuentro de su padre en África con Gunther Sachs, y cómo más tarde, Gunther Sachs y Brigitte Bardot los habían visitado en Punta Ballena.

—Oye, Arturo, ¿qué opinas de esto? —preguntó Canessa.

—No me interesa en absoluto. Yo soy socialista —respondió Arturo.

—Tú no eres socialista, eres tonto —continuó Canessa—. Y deja ya de ser tan testarudo.

—Sois todos unos dictadores y unos reaccionarios —contestó Arturo, resentido—, y no quiero vivir en un Uruguay dominado por los valores materialistas que representáis... sobre todo tú, Páez.

—Yo estoy dispuesto a escucharte —le replicó Carlitos.

—Puede que seas socialista —sentenció Inciarte, que temblaba de indignación—, pero también eres un ser humano y eso es lo único que cuenta aquí.

—No les hagas caso —le dijo Algorta a Nogueira—. Todo esto no tiene la menor importancia.

Nogueira guardó silencio, y un poco más tarde confesó a Páez que se arrepentía de lo que había dicho.

Durante el día, aunque hiciera sol, Nogueira se quedaba dentro del avión. Recogía el agua que se filtraba por un agujero del techo o bien Algorta, Canessa o Zerbino se la traían desde fuera. Le hablaban de su familia y trataban de persuadirlo para que saliera del avión, porque había quien pensaba que sus heridas eran imaginarias, pero todo lo que hacían sus amigos para levantarle los ánimos era en vano.

Dentro del avión estaba oscuro, hacía frío y había humedad. Los que permanecían en el interior, respiraban su propio aliento. Nogueira se debilitaba cada vez, y por fin se dieron cuenta que hacía ya una semana que no consumía su ración de carne. Desde entonces se la llevaba Algorta y le metía pequeños trozos en la boca, que siempre tenía llena de saliva.

Finalmente, Parrado y Fito Strauch llegaron a la conclusión de que su aislamiento le costaría la vida. Parrado habló con él.

—¿Te quieres quedar aquí? —le preguntó.

«Quedar» era el eufemismo que empleaban por «morir».

—Sé que me quedaré —respondió Arturo.

—No lo harás —dijo Parrado—. Te sacaré de aquí para el cumpleaños de Inés. Ya lo verás.

Una noche mientras se preparaban para acostarse, Arturo pidió que le dejaran dirigir el rezo del rosario. Todos estuvieron de acuerdo en que debería hacerlo. Arturo dijo entonces sus dedicatorias, rezando a Dios por sus familias y sus países, por los compañeros que habían muerto y por los que quedaban aún con vida. Puso tal sentimiento en su voz que los dieciocho —algunos pensaban que rezar el rosario era otra forma de contar ovejas— se sintieron conmovidos y llenos de un nuevo afecto y admiración por él. Después de terminar los cinco miste-

ÁREA DEL ACCIDENTE

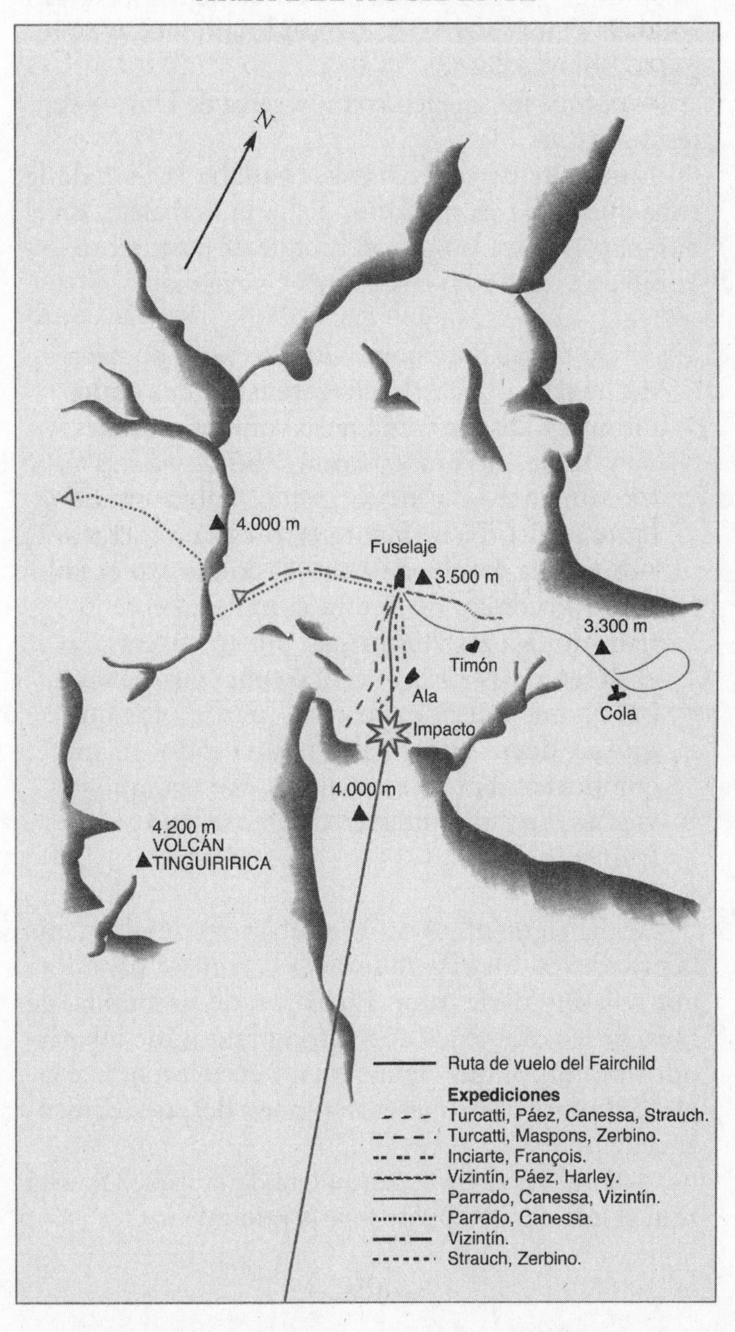

rios, todos guardaron silencio. Sólo se oía a Arturo sollozar calladamente. Pedro se dirigió a él y le preguntó por qué lloraba.

—Porque me encuentro muy cerca de Dios —contestó Arturo.

Entre sus pertenencias se hallaba la lista de la ropa que había escrito antes de hacer la maleta. En el dorso, con un pulso más débil que de costumbre, escribió una carta para sus padres y su novia.

> En situaciones como ésta la razón humana no llega a abarcar la comprensión del poder infinito y absoluto de Dios sobre los mortales.
>
> Nunca sufrí tanto como ahora —física y moralmente— aunque nunca había creído tanto en Él. Físicamente esto es una tortura —día a día, noche a noche—, con una pierna rota y el tobillo de la otra completamente inflamado. Moral y espiritual por tu ausencia y el deseo de verte... te quiero abrazar, y también a mis queridos mamá y papá, a los que quiero decir que estaba equivocado en mi comportamiento hacia ellos... Fuerza, que la vida es dura aunque merece vivirse, aun el sufrimiento. Valor.

Al día siguiente Arturo estaba más débil y tenía fiebre. Pedro Algorta se subió a la hamaca para dormir con él y darle calor. Hablaron de su familia, de Inés, de los exámenes que sufrían juntos, de los partidos de fútbol que habían visto en televisión. Hablaba de forma incoherente y poco después comenzó a delirar.

—Mira, ya viene la camioneta de la leche. Ya está aquí el lechero. ¡Rápido, abre la puerta!

Continuó hablando de la camioneta de la leche, después de la de los helados y luego, de una comida con Inés y su familia. De repente se incorporó y trató de saltar sobre los cuerpos de los que dormían debajo. Pedro lo sujetó, pero Arturo comenzó a gritar que Páez y Echavarren querían matarlo. Pedro lo agarró y después lo golpeó hasta dejarlo tumbado en la hamaca. Luego le dio unas pastillas de librium y valium de las que tenían en el botiquín.

Arturo siguió medio en coma y delirando durante el día siguiente, y por la noche tenía tanto frío que lo bajaron de la hamaca y lo acostaron en el suelo entre ellos. Estaba más tranquilo y durmió en brazos de Pedro. En esta posición murió. Methol y Zerbino trataron de reanimarlo por medio de la respiración artificial, pero Pedro sabía que era inútil. Lloró y, al día siguiente, antes de que lo sacaran al exterior, se quedó con la cazadora y el abrigo de Arturo.

5

La muerte de Nogueira los dejó aniquilados. Con ella se desmentía la tesis de que los supervivientes del alud estaban destinados a vivir. Cada vez era más urgente escapar y los chicos se impacientaban esperando que salieran los expedicionarios, pero, a causa de los vientos fríos y las nevadas, todavía permanecieron días atrapados en el avión.

Durante los días siguientes a la avalancha, no habían guardado ningún orden al ocupar las plazas para dormir; los primeros que entraron por la noche, podían ocupar los lugares más calientes. Más tarde establecieron un plan más estricto y, al mismo tiempo, más justo. Daniel Fernández y Pancho Delgado retiraban los cojines del techo del avión, donde se habían secado al sol, y los extendían en el suelo. Cuando, cerca de las cinco y media, el sol se ocultaba detrás de la montaña y empezaba a hacer frío, los chicos se alineaban en el orden en que iban a dormir. Primero se colocaba Inciarte (pero sin Páez, que era su compañero); después Fito y Eduardo; luego Daniel Fernández y Gustavo Zerbino (si no les tocaba el turno de dormir junto a la entrada). Después de ellos, el orden no era ya tan riguroso. Canessa dormía donde le parecía, y Parrado, generalmente, lo hacía junto a él. François y Harley siempre formaban pareja, así como Javier Methol con Mangino, Algorta con Turcatti o Delgado y Sabella con Vizintín. El turno se estableció para que tocase cada vez a una pareja dormir en el lugar más frío, junto a la entrada, pero el último en entrar siempre era Carlitos, a quien se le había concedido la tarea de cerrar la entrada a cambio de dormir al lado de Inciarte, en el sitio más caliente del avión.

Era el «tapiador». Pero su sitio junto a la cabina de los pilotos implicaba otra obligación: la de vaciar, por un agujero del fuselaje, el recipiente de plástico que usaban como orinal. Era una tarea pesada, porque el recipiente solía tener menos capacidad que la vejiga de quien lo usaba, y a veces, tenía que pasarlo dos y hasta tres veces, pero no había otro remedio, ya que no disponían de un contenedor más grande. Se lo pedían constantemente, porque en muchas ocasiones los chicos se veían obligados a permanecer en el interior durante quince horas seguidas. Casi todos tenían la consideración de orinar antes de entrar, o si luego sentían esa necesidad lo hacían a las nueve, cuando salía la luna y se disponían a dormir, pero había algunos, en especial Mangino, que invariablemente se despertaba a las tres o a las cuatro de la mañana y le pedía el orinal a Carlitos. Una vez Carlitos se enfadó tanto que simuló no encontrarlo y Mangino tuvo que salir al exterior. En otra, le prestó el servicio a cambio de un cigarrillo.

Un día trataron de hacer un segundo vertedero a la entrada del avión, pero cuando se fundía la nieve, también lo hacía la orina, introduciéndose en el interior. Para los que dormían junto a la entrada era muy incómodo pedir el orinal, ya que esto significaba despertarlos a todos para que lo fueran pasando. Algorta se despertó una noche con esta necesidad y, para no molestar, decidió orinar contra la pared del avión. A la mañana siguiente, con la luz del día, vio que lo había hecho en la bandeja de grasa de alguien, pero se lo calló.

En el interior del avión reinaba la suciedad, no sólo por la orina del suelo, sino que había también restos de grasa y huesos por todas partes. Después de algún tiempo se acordó no dejar huesos dentro y si por la noche metían grasa en el avión, por la mañana tenían que sacarla. Así y todo, la nieve que había en los extremos continuó estando sucia, y sólo las bajas temperaturas evitaban el hedor.

Era difícil dormir. Estaban tan cerca unos de otros que si alguien se movía, habían de moverse todos los demás y, por lo tanto, las mantas se deslizaban y quedaban destapados. Además, tenían miedo de una segunda avalancha, por lo que permanecían alerta, ante el menor ruido del exterior, como el ronroneo del volcán Tinguiririca o el estruendo de aludes en otra parte de las montañas. De vez en cuando se desprendían rocas que rodaban montaña abajo hacia ellos. Una golpeó el avión cuando los supervivientes intentaban dormir, e Inciarte y Sabella dieron un salto pensando que era otra avalancha. Los demás siempre estaban preparados para hacer lo mismo. Methol dormía sentado, con la cabeza cubierta por una camiseta de rugby para calentar el aire que inhalaba. Cuando se quedaba adormecido, se inclinaba hacia adelante o a un lado, molestando y enfadando a quienes dormían junto a él.

Esta clase de molestias provocaban las discusiones que podían degenerar en peleas. Se maldecían unos a otros por golpearse con los pies o por quitarse las mantas, pero sólo en muy contadas ocasiones degeneró en algún enfrentamiento físico. Canessa y Vizintín eran los más temibles en este aspecto. Se sabían más fuertes que los demás y además se aprovechaban de sus privilegios de expedicionarios para dormir cómo y cuándo les venía en gana, aunque ponían mucho cuidado en no enemistarse con Parrado, Fernández o los Strauch. En cierta ocasión Vizintín estaba tumbado con un pie en la cara de Harley porque éste no quería hacerle sitio. Cuando éste le pidió que lo quitara, no le hizo caso. Entonces Roy le empujó el pie y Vizintín le dio una patada. Roy se puso furioso y hubiera atacado a Vizintín, si no hubiese intervenido Daniel Fernández. En otra ocasión Vizintín le dio un puntapié a Turcatti, y Numa, que se distinguía por su carácter amable, esta vez reaccionó de forma agresiva y le gritó:

—¡Eres un animal y no te dirigiré la palabra mientras viva!

Inciarte defendió a Turcatti y le respondió:

—¡Tú, hijo de puta, quita la pierna de ahí o te rompo la cara!

Vizintín los mandó al infierno y de nuevo tuvo que intervenir Daniel Fernández para calmarlos.

Inciarte también discutió con Canessa, que levantó la mano para pegarle, pero Inciarte le dijo:

—Si te atreves, te parto la cabeza.

Atrevidas palabras para alguien que se encontraba entre los más débiles, pero suficientes para que Canessa se detuviera a pensar mejor lo que estaba a punto de hacer. Esta pelea, como ocurría generalmente, terminó tan rápidamente como había empezado, con lágrimas, abrazos y la sempiterna frase de que si no permanecían unidos, nunca lograrían salir de allí.

Las disputas, amenazas, juramentos y quejas eran lo único que les permitía relajar la tensión que crecía en su interior. Si alguien chocaba con la pierna de Echavarren, éste chillaba de manera proporcionada al dolor que le habían causado, y esto le servía al mismo tiempo para desahogarse de la constante agonía que padecía. De la misma forma había otros muchos que se sentían más tranquilos después de llamar a Vizintín «cojonazos» o a Canessa «hijo de puta». Lo verdaderamente extraño era que algunos, sobre todo Parrado, nunca discutían.

Una noche Coche Inciarte soñó que estaba durmiendo en el suelo de la casa de su tío en Buenos Aires. Mangino dormía a su lado, rozándole la pierna infectada. En sueños, Coche empezó a darle patadas. Entonces oyó gritos y se despertó: Fito y Carlitos lo estaban sacudiendo por los hombros y Mangino lloraba a su lado. El sueño se hizo realidad, excepto que no estaba en casa de su tío en Buenos Aires, sino en los restos del Fairchild en medio de la cordillera de los Andes.

6

Antes de quedarse dormidos conversaban todos juntos. Uno de los temas era el rugby, que casi todos practicaban, o la agronomía, que para la mayoría era una asignatura común, pero casi siempre terminaban hablando de comida. Las carencias de la dieta diaria las suplían con la imaginación y cuando uno había consumido totalmente su menú, participaba en el de otro. Echavarren, por ejemplo, tenía una granja y conocía al detalle todo lo referente al queso; les daba explicaciones del proceso de su fabricación y describía el sabor y la composición de cada variedad, con tal pasión que muchos de ellos llegaron a pensar en hacerse también granjeros. Para que todos participaran en la conversación y pudieran describir cada uno de ellos hasta los más mínimos detalles, hablaban por turno. Cada uno explicaba una de las comidas que se cocinaban en su casa y, después, otra que supiera hacer él mismo. Luego le tocaba el turno a la especialidad de la novia, luego el plato más exótico que hubieran probado, después su pastel favorito seguido de un plato extranjero y otro regional para terminar con la cosa más rara que hubieran comido en su vida.

Nogueira, antes de morir, les había regalado los oídos con pasteles, merengues y dulce de leche, un postre hecho con leche y azúcar que tenía un sabor entre el de la leche condensada y la crema de caramelo. Harley propuso, como plato de invierno, cacahuetes y dulce de leche, todo cubierto de chocolate y, para el verano, cacahuetes con dulce de leche y helado. Algorta no sabía cocinar ni un plato, pero «ofreció» a los chicos la paella que su padre hacía a veces y los ñoquis de su tío. Parrado les prometió los barenkis hechos por su abuela ucraniana y describió estas pequeñas tortitas rellenas de queso, jamón y puré de patatas para quienes no las conocían. Vizintín, que pasaba los veranos junto al mar, cerca de la frontera de Brasil, les hizo una descripción de la bouillabaisse, y Methol le dijo que, cuando regresaran, Vizintín tenía que enseñarles cómo se hacía.

Numa Turcatti estaba escuchando esta conversación.

—Methol —comenzó diciendo.

—Si me llamas Methol no te contesto.

Numa era educado, además de tímido.

—Javier —dijo—, cuando hagas esa bouillabaisse, ¿me invitará?

—Lo haré —repuso Methol y sonrió, pues aunque Numa había comenzado la frase usando el verbo en segunda persona del singular, había pasado de la segunda a la tercera persona, lo que equivalía a tratarlo de nuevo de usted.

Methol era el experto en comidas. La ensaimada no fue su única aportación. Era el más viejo y, por lo tanto, el que había comido más variedades, y cuando comenzaron a hacer una lista de los restaurantes de Montevideo, él fue quien recordó más nombres. Inciarte se encargó de anotarlos en una agenda que había pertenecido a Nicolich, y cuando escribió el último, con su especialidad más rara (cappelletti alla Caruso), contaron noventa y ocho.

Después organizaron un concurso para ver quién confeccionaba el mejor menú, incluidos los vinos, mas para entonces estos banquetes imaginarios les producían más sufrimientos que alegría. Era muy deprimente despertarse de los sueños de gourmet y volver a la realidad de la carne cruda. Y llegaron a temer que los jugos gástricos que producían al pensar en tan suculentos banquetes, les acarreara una úlcera de estómago, por lo que acordaron entonces suspender las conversaciones sobre comidas. Sólo Methol continuó.

Aunque conscientemente decidieron apartar de su pensamiento las comidas, no lograron ejercer ningún control sobre sus sueños. Carlitos soñó con una naranja sujeta por un hilo, que colgaba justo encima de su cabeza. Trató de apoderarse de ella, pero nunca podía tocarla. En otra ocasión soñó que un platillo volante se detenía sobre el avión. Bajaron las escaleras y apareció una azafata. Le pidió un batido de frutas, pero sólo le dio un vaso de agua con una frutilla flotando en la superficie. Se subió al platillo volante y aterrizaron en el aeropuerto Kennedy, en Nueva York, donde su madre y su abuela lo estaban esperando. Cruzó la sala de estar y se compró un batido, pero el vaso estaba vacío.

Roy soñó que se hallaba en una confitería y que sacaban galletas del horno. Intentó decirle al confitero que ellos estaban en los Andes, pero no pudo hacerse entender.

Con lo que más disfrutaban era pensando y hablando de sus familias. Por esta razón a Carlitos le complacía mirar a la luna; le consolaba que sus padres pudieran estar mirando la misma luna desde Montevideo. Era una de las desventajas que tenía el lugar que ocupaba en el avión, ya que desde allí no podía observar la luna por la ventanilla, pero una vez, a cambio del orinal, Fito sostuvo un espejo de bolsillo de manera que él pudiera ver el reflejo de su adorada luna.

Eduardo le relataba a Fito su viaje por Europa, o ambos hablaban de sus familias, pero cuando lo hacían, frecuentemente oían sollozar a Daniel Fernández, que estaba al lado de ellos. Era muy doloroso pensar en sus hogares, y la mayoría de los chicos conseguían apartar estos pensamientos de su mente para proteger su entereza.

Quedaban muy pocos temas sobre qué hablar. La mayoría de los supervivientes estaban interesados en la política uruguaya, pero, precavidos después de la reacción de Nogueira, evitaban mencionar algo que pudiera despertar tan encontradas pasiones. Cuando oían por la radio que Jorge Batlle, del partido Colorado, había sido arrestado por criticar al ejército, Daniel Fernández, partidario de los blancos, daba saltos de alegría. Tanto Canessa como Eduardo, habían votado por Batlle en las últimas elecciones presidenciales.

El tema más habitual de conversación era la agricultura, porque muchos habían trabajado o estaban trabajando en el campo, o bien sus familias eran propietarias de haciendas. Páez, François y Sabella tenían propiedades en la misma región del interior, e Inciarte y Echavarren estaban ambos a cargo de una granja.

Era entonces cuando Pedro Algorta se sentía marginado del grupo, porque no sabía nada sobre las cuestiones del campo. Al darse cuenta de esto, los granjeros, intentando interesarlo, planearon un Consorcio Regional Agropecuario Experimental en el que Pedro debería hacerse cargo de los conejos. Vivirían todos juntos en las tierras que poseía Carlitos en Coronilla y en casas diseñadas por Eduardo.

Todos se entusiasmaban con el Consorcio Regional, especialmente Methol, que, con Parrado, se haría cargo del restaurante. Una tarde, cuando estaban acostados preparándose para dormir, Methol se inclinó sobre Daniel Fernández para preguntarle si no le importaba apartarse un poco porque le tenía que hacer una pregunta personal a Zerbino. Fernández así lo hizo, desorganizando a todos los demás, mientras que Methol le preguntaba a Zerbino, susurrándole al oído, si podía hacerse cargo de la contabilidad del restaurante.

El Consorcio Regional era un gran proyecto, pero el restaurante recababa toda su atención, y muy pronto dejaron de hablar sobre métodos de engorde de ganado o del aumento de la producción de cereales, para centrarse en los comentarios sobre los huevos de chorlito y los lechones que se servirían en el restaurante. Era muy difícil dejar a un lado las comidas cuando planeaban las fiestas que iban a dar acompañados de sus novias, una vez regresaran a Uruguay. No concebían invitar a nadie que no perteneciera al grupo, y cuando pensaban en sus novias, o hablaban de ellas, era siempre de forma honesta y respetuosa. Tenían demasiada necesidad de Dios como para ofenderle con pensamientos o conversaciones lascivas. La muerte les rondaba tan de cerca que no se podían arriesgar a cometer el menor pecado. Por añadidura toda necesidad sexual parecía haberles abandonado, sin duda a causa del frío y a la misma debilidad. Algunos llegaron incluso a alarmarse al pensar que su deficiente alimentación los convertiría en impotentes.

De aquí que no hubiera frustraciones sexuales en el sentido fisiológico, pero existía una gran necesidad de pensar en la compañera de su vida. Las cartas que escribieron Nogueira y Nicolich estaban dirigidas principalmente a sus novias y no a sus padres. Los supervivientes que tenían novia —Daniel Fernández, Coche Inciarte, Pancho Delgado, Rafael Echavarren,

Roberto Canessa y Álvaro Mangino— pensaban en ellas con intensidad y gran devoción. Pedro Algorta, como ya hemos visto, se había olvidado de la chica que le esperaba en Santiago, y se sentía impaciente por regresar a Uruguay y buscarse una novia. Zerbino no estaba comprometido, pero a menudo hablaba con los demás sobre una chica que conocía y, por lo general, comentaba que llegaría a ser su novia.

Influidos por la situación tan crítica que atravesaban, no se sentían propensos a hablar extensamente sobre los temas filosóficos básicos de la vida y la muerte. Inciarte, Zerbino y Algorta —que eran los tres, entre los dieciocho que permanecían con vida, más progresistas en cuestiones políticas— discutieron en una ocasión sobre la diferencia entre la fe religiosa y la responsabilidad política. Otra vez, Pedro Algorta y Fito Strauch también hablaron de la existencia y la naturaleza de Dios. Pedro estaba bien adoctrinado por los jesuitas de Santiago y podía explicar las teorías filosóficas de Marx y Teilhard de Chardin. Tanto él como Fito eran escépticos. Ninguno de ellos creía que Dios era el ser que vigilaba el destino de cada individuo. Para Pedro, Dios era el amor que había entre dos seres humanos o un grupo de ellos. Así, el amor era lo más importante.

Carlitos trató de participar en esta conversación —tenía sus puntos de vista propios sobre Dios—, pero Fito y Pedro le dijeron que su mente era demasiado lenta para seguir la argumentación. Carlitos se desquitó al día siguiente cuando Pedro maldijo a alguien por darle una patada en la cara cuando estaban acostados o por pisarle su bandeja de grasa:

—Pero, ¿cómo te atreves a decir cosas tan horribles, Pedro? Yo creí que el amor era lo más importante.

No había nada para leer, excepto una o dos revistas cómicas. Ya nadie jugaba, ni cantaba, ni relataba anécdotas. Sólo quedaba el chiste vulgar sobre las hemorroides de Fito, y también se reían cuando Coche Inciarte, al estirarse para alcanzar algo desde su litera, rozaba con la mano la cara de un cadáver introducido por si acaso en el avión como provisión para la noche. En algunas ocasiones hacían chistes sobre el consumo de carne humana:

—Cuando vaya a la carnicería, en Montevideo, exigiré que primero me dejen probar la carne.

O sobre su propia muerte:

—¡Qué aspecto tendré dentro de un trozo de hielo!

También se dedicaban a inventar palabras o a cambiar el final de las mismas, distracción que gustaba especialmente a Carlitos, y creaban frases y slogans, ya fuera para levantar la moral o para expresar mediante subterfugios lo que no se atrevían a mencionar a las claras. «Los perdedores se quedan», era la frase utilizada para decir que los débiles morirían. «Jamás muere un hombre que lucha», decían, o «Hemos vencido el frío», y una y otra vez repetían lo único que sabían que era verdad: «Al oeste está Chile.»

Ésta era su principal preocupación y a donde finalmente conducía su conversación, a la escapada. Planearon la expedición una y otra vez. Pensaron en el equipo, lo proyectaron y lo prepararon. Nunca se dudó de que los expedicionarios actuarían en nombre de todos y que seguirían las instrucciones de la mayoría. Los que tenían más sentido práctico pensaron en cómo debían proteger los pies. Los soñadores pensaban en lo que harían cuando llegaran a Chile: cómo llamarían a Montevideo por teléfono para decirles a sus padres que estaban vivos y luego tomarían un tren con destino a Mendoza. Creían que cuando estuvieran de vuelta en Montevideo, encontrarían a un periodista que estuviera interesado en lo que les había ocurrido, y también planearon escribir un libro para el que Canessa ya había elegido el título, «Quizá mañana», porque siempre guardaban la esperanza de que algo bueno sucedería al día siguiente. Alrededor de las nueve, cuando la luna desaparecía en el horizonte, se callaban y se ponían a dormir. Carlitos empezaba el rosario, haciendo las mismas dedicatorias todas las noches: por su padre, su madre y la paz en el mundo. Después, Inciarte o Fernández decían el segundo misterio, y Algorta, Zerbino, Harley o Delgado se repartían el resto. La mayoría creía en Dios y en la necesidad que tenían de Él. También rezándole a la Virgen lograban un gran consuelo, como si Ella pudiera entender mejor cuánto necesitaban regresar junto a sus familias. Algunas veces rezaban «la Salve», identificándose con «los desterrados hijos de Eva», y el valle en que estaban atrapados, como el «valle de lágrimas». Siempre temían que se produjera otro alud, sobre todo cuando había tormenta, y una noche en que el viento era particularmente violento, rezaron el rosario a la Virgen para que los protegiera. La tormenta cesó una vez hubieron terminado.

Fito continuaba siendo escéptico. El rosario era para él como una pastilla para dormir, algo que evitaba pensar en cosas deprimentes y que amodorraba con su monotonía. Los otros conocían su opinión y una noche creyeron que les sirvió para algo. El terreno donde se encontraba el avión comenzó a temblar debido a la actividad interior del volcán Tinguiririca, y de nuevo experimentaron el terror de que, debido a este movimiento, las grandes cantidades de nieve acumuladas por encima de ellos se removieran, originando una avalancha que los sepultaría para siempre. Pusieron el rosario en manos de Fito y le pidieron que rezara. Los que eran indiferentes tenían tanto miedo como los que creían. Se dedicó el rosario a que se salvaran del volcán, y cuando terminaron, cesó el temblor.

7

Dos cosas les preocupaban continuamente de cara al futuro. La primera eran los cigarrillos. Parrado, Canessa y Vizintín eran los únicos que no fumaban. Zerbino nunca había fumado, pero se aficionó en las montañas. El resto estaban habituados al tabaco y debido a las condiciones de vida que llevaban, a todos les hubiera gustado fumar aún más que antes.

En realidad no tenían escasez de tabaco. Javier Methol y Pancho Abal, que trabajaban los dos para una compañía de tabacos y sabían de la carencia que había del mismo en Chile, habían ido cargados con cartones de cigarrillos uruguayos.

Pero así y todo, los racionaron. Un paquete de veinte les tenía que durar a cada uno dos días, y la mayor parte de ellos tenían el suficiente control sobre sí mismos como para no consumir más de los diez diarios. Los débiles, sin embargo —Inciarte y Delgado, sobretodo—, terminaban el paquete el primer día y ya no tenían nada que fumar durante el segundo. Lo único que entonces podían hacer era solicitar que se les adelantase la ración del día siguiente o pedir cigarrillos a los más generosos. Era entonces cuando Delgado mencionaba lo buen amigo que era del hermano de Sabella, o Inciarte invitaba a Algorta a una cena especial cuando regresaran a Montevideo.

En cuanto se despertaban fumaban el primer cigarrillo del día tumbados en el avión. Después, alguno de ellos incitaba a otro para que saliera, diciéndole:

—Parece que hace buen tiempo... ¿Por qué no sales?

—¿Por qué no sales tú?

Por fin alguien se levantaba, buscaba los zapatos, los frotaba uno contra otro para descongelarlos, se los calzaba y luego apartaba las maletas y ropas con que Carlitos había bloqueado la entrada el día anterior. Todos sacaban los almohadones para colocarlos sobre el avión y que se secaran al sol. También se secaban ellos mismos, pues nunca se cambiaban de ropa ni se la quitaban. Las mantas las amontonaban en las hamacas y el último que salía tenía que dejarlo todo ordenado.

Por la mañana, los primos se ponían a trabajar cortando carne mientras que otros aprovechaban la superficie endurecida de la nieve para buscar grasa entre los despojos o para ir al hoyo que habilitaron en la parte trasera del avión y trataban de defecar.

Ésta era su segunda preocupación, porque debido a la dieta a que se veían sometidos —carne cruda, grasa y nieve derretida— todos padecían estreñimiento crónico. Día tras día y después semana tras semana, lo intentaban por todos los medios pero no conseguían nada. Algunos temían que reventaran sus intestinos y usaban cualquier método que pudiera ocurrírseles para facilitar la salida de las heces. Zerbino utilizaba un trozo de palo para ayudarlas a salir, y Methol, uno de los que más sufría, utilizaba como laxante el aceite que obtenía de la grasa. Carlitos se servía del mismo aceite para hacer una sopa laxante (cuando cocinaban) para él y para Fito, que, debido a sus hemorroides, era quien más lo necesitaba.

Era una desdichada situación, pero tenía su faceta cómica. Los chicos comenzaron a apostar sobre quién sería el último en conseguirlo. Hubo una ocasión en que Moncho Sabella, acuclillado en la nieve, tratando de defecar, dijo:

—No puedo, no puedo.

Vizintín se reía de él, diciéndole:

—No puedes, no puedes.

Entonces Sabella, gracias a un esfuerzo extraordinario, tuvo éxito, recogió el producto duro como una roca y se lo arrojó a su atormentador.

Javier Methol fue uno de los últimos. Día tras día se sentaba en un cojín contando el dinero y esperando que sus esfuerzos se vieran recompensados, y cuando al final lo consiguió, anunció su victoria a todo el grupo y le aplaudieron. Aquella noche, cuando se quejó por estar incómodo, le hicieron callar:

—Cállate. Has cagado, ¿no?, pues cállate.

La competición estaba a punto de finalizar. Después de veintiocho días en la montaña, Páez se las arregló para defecar; Delgado a los treinta y dos, y por último, Bobby François, a los treinta y cuatro.

Por ironías del destino, al estreñimiento siguió una epidemia de diarrea. Su diagnóstico conjunto fue que habían comido demasiada grasa, aunque la causa también pudiera deberse a la dieta inadecuada. Algorta no la padeció y justificó su inmunidad en base a un cartílago que había comido y que los demás no probaron.

Era un sufrimiento a añadir a los muchos que ya tenían. Una noche Canessa tuvo necesidad de defecar y, cuando salió, se encontró con media docena de figuras acuclilladas en la nieve e iluminadas por la luna. Esta escena lo deprimió mucho —pensó que era el final de todo—, y desde entonces, y a pesar de continuar con la diarrea, no volvió a salir a defecar; lo hacía en una manta o en una camisa de rugby en el interior del avión. Esto enfureció a los demás, pero Canessa era terco y no pudieron evitarlo. Carlitos estaba particularmente enfadado porque una noche, por azar, se encontró una camiseta con la que pretendía bloquear la entrada, que estaba llena de inmundicias de Canessa.

Sabella era el que sufría el peor ataque de diarrea. Le duraba ya algunos días y cada vez estaba más débil, hasta que una noche comenzó a delirar. Los otros chicos se alarmaron. Canessa le aconsejó que no comiera demasiado y sobre todo que no probara la grasa. Pero Sabella era perseverante. Todos los días caminaba diez pasos para hacer ejercicio, persuadido de que si daba uno menos, sería el comienzo de su declive. Por la misma razón pensaba que sería peligroso rebajar la dieta, pero cuando los primos observaron que seguía comiendo lo mismo, no le dieron más alimentos y lo encerraron en el avión.

Al día siguiente Sabella salió a defecar y regresó diciendo que estaba curado; pero no se había dado cuenta de que Zerbino, como médico y detective, había examinado las «pruebas». Lo denunció a los demás, así que lo mandaron al avión sin su ración de grasa.

Aunque se quejaba del tratamiento, resultó efectivo. Se curó de la diarrea y más tarde volvió a recobrar parte de sus fuerzas.

8

Al acercarse al 15 de noviembre, el ambiente en el avión era de entusiasmo anticipado. Se discutía repetidamente quién sería el primero en telefonear a sus padres y cómo éstos se sorprenderían y llenarían de júbilo al ver que sus hijos se habían salvado. También pensaban en las empanadas de carne que comprarían en Mendoza, camino de regreso a casa. Desde allí irían en autobús hasta Buenos Aires y luego atravesarían en barco el Río de la Plata. A medida que se imaginaban las etapas del viaje, se recreaban en lo que irían comiendo. Sabían que en Buenos Aires estaban algunos de los restaurantes mejores del mundo y esperaban que una vez en el barco, con los estómagos repletos, tendrían tiempo para comprar regalos a sus familias.

Los expedicionarios, sin embargo, se preocupaban por los problemas prácticos a los que tenían que enfrentarse, fundamentalmente cómo protegerse contra el frío.

Cada uno tenía tres pantalones, una camiseta, dos jerseys y un abrigo, y las mejores gafas de sol. Vizintín usaba las que habían pertenecido al piloto y se había adjudicado también su casco de vuelo. Canessa había fabricado mochilas con unos pantalones. Ató cintas de nailon al extremo de las perneras, las pasó alrededor de los hombros y luego por las trabillas.

Vizintín hizo seis pares de manoplas con las cubiertas de los asientos.

Sabían, por expediciones anteriores, que lo más importante era aislar los pies del frío. Tenían botas de rugby y Vizintín se había apropiado, muy a pesar de Harley, las gruesas botas que su novia le había regalado a Nicolich, pero no tenían calcetines de invierno. Luego se le ocurrió la idea de que podían forrarse los pies con una capa de grasa y piel procedente de los cadáveres. Descubrieron que si practicaban dos cortes, uno por el codo y otro por la muñeca, arrancaban la piel con la capa de grasa que había debajo de ésta y la cosían por la parte de abajo, se hallaban en posesión de unos rudimentarios calcetines, y que la piel del codo se ajustaba perfectamente a sus talones*.

El único contratiempo que sufrieron cuando se aproximaba la fecha de su partida consistió en que alguien tropezó con la pierna de Turcatti, y que la contusión consiguiente empezó a infectarse. Numa, sin embargo, lo olvidó como si se tratara de algo sin importancia, y al principio nadie se preocupó por el incidente. Los pensamientos se concentraban en determinar la ruta que los expedicionarios iban a seguir, pues si calculaban su posición y, por lo mismo, la dirección que debían tomar, se enfrentaban con dos evidencias contradictorias.

* Compárese esto con lo que hacían sus antecesores los gauchos sudamericanos. «Sus botas, las botas de potro, estaban hechas de la dermis de las patas traseras de un potro, que ponían sobre la pierna, mientras estaba húmeda, para que adquiriese la forma de ésta; la parte superior formaba la caña de la bota, la corva se ajustaba al talón y el resto cubría el pie, con una abertura para el dedo gordo.» George Pendle, The Land and People of Argentina (New York: MacMillan Company, 1957).

Sabían por las palabras que pronunciara el piloto antes de morir, que habían pasado Curicó, que Curicó estaba en Chile, y que Chile estaba en el oeste. Pero también sabían que todas las aguas van a parar al mar; y la brújula del avión, que aún estaba intacta, señalaba que el valle donde se encontraban, descendía hacia el este.

La única respuesta que parecía satisfacer a todos era que el valle describiría una curva alrededor de las montañas hacia el nordeste y luego otra para dirigirse al oeste. Una vez llegaron a esta conclusión, los expedicionarios planearon descender por el valle aunque esto los alejara de Chile. Las montañas que había a sus espaldas eran tan inmensas que quedaba descartada la opción de escalarlas. Para ir hacia el oeste, primero tendrían que dirigirse al este.

Los chicos se levantaron temprano el día 15 de noviembre y ayudaron a los expedicionarios a colocarse el equipo. Estaba nevando, pero se pusieron en marcha a las siete en punto. Parrado se guardó uno de los pequeños zapatos rojos que había comprado para su sobrino y dejó el otro en el avión, diciéndoles a los que se quedaban que volvería a buscarlo. Regresó más pronto de lo que pensaban. La nevada se hizo más intensa y, a las tres horas, estaban de vuelta.

Transcurrieron dos días con las peores condiciones atmosféricas que recordaban, con ventiscas y vientos fuertes. Pedro Algorta, que era el que había dicho que el verano comenzaba el 15 de noviembre, se convirtió por algún tiempo en el objeto de las iras y desengaños de todos. Durante los días de espera, empeoró la pierna de Turcatti. Le habían salido dos bultos del tamaño de huevos de gallina y Canessa los rajó para sacarle el pus. Era extremadamente doloroso para Numa caminar con la pierna infectada, pero cuando Canessa le dijo que no estaba en condiciones de participar en la expedición, Numa se puso furioso. Insistía en que se encontraba bien, pero era evidente para todos los demás que sólo conseguiría retrasarlos, así que se vio obligado a aceptar la decisión de la mayoría. En la mañana del viernes, día 17 de noviembre, después de cinco semanas en la montaña, se encontraron con un cielo azul y despejado. Nada, ni sus mermadas fuerzas, podía detener a los expedicionarios. Llenaron las mochilas con hígado y carne, que previamente habían metido en calcetines de rugby, una botella de agua, cubiertas de asiento, y la manta de viaje que la señora Parrado llevaba consigo en el avión.

Todos salieron del avión para despedirlos, y cuando Parrado, Canessa y Vizintín desaparecieron en la lejanía, comenzaron a hacer apuestas sobre cuándo alcanzarían la civilización. Estaban seguros de que todos se encontrarían en Montevideo dentro de tres semanas, y por este motivo habían planeado con todo detalle —incluido el plato que llevaría cada uno— la fiesta que se celebraría en casa de Parrado el día de su cumpleaños, el 9 de diciembre, por lo cual pensaban que llegarían a Chile mucho antes de esa fecha. Algorta creía que sería el próximo martes; Turcatti y François, el miércoles. Seis de ellos apostaban por el jueves, desde Mangino, que pensaba que sería a las diez de la mañana, hasta Carlitos que estaba convencido que sería a las tres y media de la tarde. Harley, Zerbino y Fito Strauch apostaron por el viernes; Echavarren y Methol por el sábado, y Moncho Sabella, el más pesimista, calculaba que llegarían a la civilización a las diez y diez del domingo en ocho días.

9

Canessa iba al frente de la expedición, arrastrando como si fuera un trineo la mitad de una maleta en la que llevaba cuatro calcetines de rugby llenos de carne, las botellas de agua y los cojines que utilizarían para atarse a los pies cuando el sol derritiera la helada superficie de la nieve. Detrás iba Vizintín, cargado como un mulo con todas las mantas, mientras que Parrado cerraba la marcha.

Avanzaban rápidamente hacia el nordeste. Iban colina abajo y las botas de rugby se agarraban bien a la nieve helada. Mientras caminaban, Canessa se adelantó y, después de dos horas, Parrado y Vizintín lo oyeron gritar y percibieron un poco más tarde que les hacía señas. Estaba encima de un montón de nieve y cuando llegaron a su lado, Canessa les dijo:

—Tengo una sorpresa para vosotros.

—¿Cuál? —preguntó Parrado.

—La cola.

Parrado y Vizintín se subieron al mismo sitio y vieron que unos sesenta metros más abajo estaba la cola del Fairchild. Había perdido los dos alerones, pero el cono estaba intacto. Lo que más les encandiló fue la vista de las maletas, esparcidas por los alrededores. Fueron hacia ellas, las abrieron y buscaron en el interior. Aquello equivalía a encontrar un tesoro. Había pantalones, jerseys, calcetines y el equipo de esquiar de Panchito Abal. En la maleta de Abal encontraron también una caja de bombones e inmediatamente comieron cuatro cada uno, pero después decidieron racionarlos.

Se quitaron los tres las ropas sucias y las sustituyeron por las más gruesas que pudieron encontrar. Canessa y Parrado se quitaron los calcetines de piel humana y los tiraron. Ahora tenían una buena provisión de calcetines de lana y se hicieron con tres pares para cada uno. También se llevaron un pasamontañas que pertenecía al equipo de esquiar de Abal, y Parrado se quedó con las botas del mismo.

Después entraron en el interior de la cola y encontraron en la despensa un paquete de azúcar y tres empanadas de carne de Mendoza, que se comieron en ese mismo momento. El azúcar lo guardaron para más adelante. Detrás de la despensa había un departamento de equipajes bastante grande, donde encontraron más maletas. Las abrieron, sacaron las ropas y las extendieron en el suelo. En una de ellas encontraron una botella de ron y, en otras, cartones de tabaco.

Buscaron las baterías del avión que el mecánico Roque les había dicho que se hallaban en la parte de cola, y las descubrieron a través de una pequeña escotilla abierta en el exterior del aparato. También encontraron más cajas de Coca Cola y revistas cómicas, por lo que pudieron encender fuego. Canessa asó parte de la carne que llevaban consigo, mientras que Vizintín y Parrado continuaron rebuscando entre los restos del avión. Encontraron bocadillos envueltos en plástico y llenos de moho, pero los desenvolvieron y salvaron lo que todavía era comestible. Luego se comieron la carne que habían cocinado y, de postre, se tomaron una cucharada de azúcar mezclada con dentífrico con clorofila, disuelto todo ello con un poco de ron. Nunca en su vida habían probado un pastel que les hubiera gustado tanto.

El sol se ocultó tras las montañas y comenzó a arreciar el frío. Vizintín y Parrado recogieron toda la ropa que había alrededor de la cola y la extendieron en el suelo del departamento de equipajes mientras Canessa conectaba los alambres eléctricos de las baterías a una bombilla que encontró en la despensa, pero se quemó. Probó otra y esta vez se encendió. Entraron los tres en el departamento, cerraron la entrada con maletas y ropas y se acostaron en el suelo. Como tenían luz, pudieron leer revistas antes de dormir. En comparación con las condiciones en que vivían en el avión, esto era deliciosamente cálido y cómodo. Canessa desconectó la bombilla a las nueve. Se habían merecido dormir profundamente.

A la mañana siguiente nevaba un poco, pero llenaron la maleta, se echaron a las espaldas las mochilas y partieron en dirección nordeste. A su izquierda se levantaba una montaña enorme y calculaban que tardarían, por lo menos, tres días en rodearla y llegar al valle por el que se dirigían al oeste.

Cesó de nevar, se despejó el cielo, y sobre las once de la mañana empezó a hacer calor. El sol daba de lleno en sus espaldas y la nieve lo reflejaba en las caras. De vez en cuando se paraban para quitarse un jersey o unos pantalones, pero esto consumía parte de sus escasas energías y era tan agotador llevar la ropa puesta como acarrearla con ellos.

Hacia el mediodía llegaron a una roca de la cual manaba una pequeña cantidad de agua. Formaba casi un riachuelo y decidieron quedarse allí y protegerse del sol construyendo una tienda con las mantas y las varas de metal que llevaban. Comieron algo de carne y Vizintín fue a beber agua, pero parecía salobre y los otros dos prefirieron derretir nieve.

Escrutaron la montaña que tenían frente a ellos mientras descansaban a la sombra. Su gran tamaño impedía calcular la distancia que los separaba de ella. Cuando la luz cambiaba, parecía que se alejaba y la lejana sombra donde el valle debía torcer hacia el oeste, se distanciaba más aún. Cuanto más estudiaba Canessa esta situación, más se convencía de que sus planes no eran acertados. Dedujo de sus observaciones que el valle continuaba hacia el este, por lo que pensó que cada paso que dieran en aquella dirección los internaría más en el corazón de los Andes. Pero aquella tarde todavía no comunicó estas conclusiones a sus compañeros.

Estaban cansados y calentaba el sol, pero tan pronto como se ocultó por el oeste, la temperatura descendió a bajo cero y comenzó a oscurecer, así que decidieron pasar la noche donde se encontraban. Cavaron un hoyo en la nieve para protegerse y, una vez dentro, se cubrieron con las mantas que llevaban.

Era una noche hermosa de cielo claro. Debido a la altitud, podían ver miles y miles de estrellas. Todo estaba en calma. No soplaba ni una tenue brisa. Su situación hubiera sido envidiable, de no ser por la temperatura, puesto que a medida que avanzaba la noche, descendía cada vez más y los tres comenzaron a helarse. Ropas y mantas no eran suficientes para resguardarlos del frío. En su desesperación se colocaron unos encima de otros, Vizintín abajo, Parrado en el medio y Canessa encima. De esta forma se daban calor unos a otros, pero no podían dormir.

Canessa y Parrado todavía estaban despiertos cuando salió el sol a la mañana siguiente.

—Es inútil —dijo Canessa—. No aguantaremos otra noche como ésta.

Parrado se levantó y miró hacia el nordeste.

—Tenemos que continuar —respondió—. Tienen sus esperanzas puestas en nosotros.

—No les serviremos de nada si nos morimos.

—Yo sigo adelante.

—Mira —le dijo Canessa, señalando la montaña—, no hay salida. El valle no se dirige al este. Nos estamos internando cada vez más en los Andes.

—Nunca se sabe. Si seguimos...

—No seas tonto.

Parrado volvió a dirigir la mirada hacia el nordeste, sin encontrar nada que le infundiera esperanza.

—Entonces, ¿qué sugieres que hagamos? —preguntó.

—Volver a la cola —respondió Canessa—. Nos llevaremos las baterías al avión. Roque dijo que con ellas podíamos hacer funcionar la radio.

Parrado tenía sus dudas. Se volvió hacia Vizintín, que ya había despertado, y le preguntó:

—¿Tú qué opinas, Tintín?

—No sé, yo haré lo que vosotros decidáis.

—Pero ¿qué crees que debemos hacer? ¿Continuamos?

—Quizá.

—O intentamos hacer funcionar la radio.

—Sí. Tal vez es lo que deberíamos hacer.

—¿Cuál de las dos cosas?

—Me da igual.

Parrado se puso furioso con Vizintín porque no escogía una de las opciones y trató de ponerlo de su parte o de la de Canessa. Por último, Vizintín se unió a Canessa cuando éste dijo:

—Si casi nos morimos de frío en una noche clara,

piensa lo que nos podría pasar con una tormenta. Equivale a suicidarse.

Regresaron en dirección a la cola, y a pesar de que la ascensión era mucho más difícil que la bajada, llegaron poco después del mediodía y cayeron exhaustos en el suelo del departamento de equipajes, cubierto aún por las ropas que se habían dejado. Para ellos era como una lujosa habitación que les protegía del sol durante el día y del frío por las noches, por lo que tuvieron que resistirse a la tentación de quedarse allí un par de días. Las reservas de carne se estaban acabando, de manera que emprendieron el camino hacia el Fairchild. Canessa y Vizintín entraron al departamento donde estaban las baterías, las desconectaron y se las fueron pasando a Parrado. Vizintín vio que las grandes tuberías que formaban parte del sistema de calefacción del avión, de plástico y fibra artificial, estaban forradas con material aislante de una anchura aproximada de sesenta centímetros y más de un centímetro de espesor. Cortó algunas tiras pensando que haría con ellas un buen forro para su chaqueta.

Colocaron las baterías en el centro de la maleta que les servía de trineo y trataron de arrastrarla, pero pesaban demasiado y no pudieron moverla. Como algunas de las pendientes que habían de subir tenían una inclinación cercana a los cuarenta y cinco grados, se dieron cuenta inmediatamente de que sería imposible transportar las baterías hasta el avión. De todas formas no se desanimaron, pues, como dijo Canessa, sería fácil desconectar la radio de la cabina de los pilotos y llevarla hasta la cola.

En lugar de las baterías, Canessa y Vizintín cargaron el trineo y las mochilas con ropa de abrigo para los otros chicos, y treinta cartones de cigarrillos, mientras que Parrado volvió a la despensa y escribió con laca para las uñas: «Id hacia arriba. Todavía quedan dieciocho personas vivas.» Escribió el mismo mensaje en otras dos partes del avión, con la letra clara que usaba para rotular las cajas de tornillos y tuercas del negocio de su padre, «La casa del tornillo». Canessa se llevó de la despensa la caja de medicinas que habían encontrado allí. Contenía diversos medicamentos, incluida cortisona, que serviría para calmar el asma que padecían Sabella y Zerbino.

Cuando salieron los dos, vieron que Vizintín había pisado la maleta y la había roto. Esto puso a Parrado fuera de sí. Maldijo a Vizintín por ser tan descuidado, pero Canessa se las arregló para repararla y por fin iniciaron la ascensión con los almohadones atados a los pies, pisando la nieve blanda en dirección al avión.

10

Los ánimos del resto de los chicos habían mejorado mucho durante su ausencia. Esto se debía fundamentalmente a la inmensa sensación de alivio que experimentaban de saber que por fin se estaba haciendo algo efectivo para que los rescataran. Todos estaban seguros de que los expedicionarios encontrarían ayuda. También desde que ellos se habían marchado estaban más cómodos en el avión. Disponían de más espacio para dormir y, sin Canessa ni Vizintín, la tensión se había relajado.

Algunos echaban de menos a los expedicionarios.

Mangino, por ejemplo, que había perdido la protección de Canessa. Pero, de todas formas, ahora la necesitaba menos, pues había empezado a sentirse menos indefenso. Sufría con estoicismo los dolores de la pierna rota y era más fácil dormir a su lado. Methol, su compañero —una vez le dijo que si fuera su padre le daría una paliza, hasta ese punto lo irritó Mangino—, era ahora el confidente de sus remordimientos.

—Yo estaba muy mimado —le dijo Mangino—. Aquí arriba se da uno cuenta de su horrible comportamiento anterior. Yo le daba patadas a mi hermano si me molestaba, o tiraba la sopa si no me gustaba. ¡Quién pudiera tener aquella sopa ahora!

Todos creían que habían pasado por una experiencia purificadora. Delgado, Turcatti, Zerbino y Fito Strauch lo comentaron en cierta ocasión y se manifestaron de acuerdo en que estaban pasando por una especie de purgatorio. También se acordaron de los cuarenta días que Cristo había pasado en el desierto, y como ahora se cumplían los cuarenta días de la fecha del accidente, creían que su suplicio tendría que terminarse de un momento a otro. Como para demostrar que sus sufrimientos los habían convertido en mejores personas, se empeñaron en no discutir y en ser lo más amables que pudieran entre sí.

Era cierto que sus discusiones nunca tuvieron importancia, sobre todo si se las comparaba con los fuertes vínculos que los unían en su propósito común. Cuando rezaban por la noche, sentían casi una solidaridad mística, no sólo entre ellos, sino también con Dios. Le habían pedido ayuda cuando la necesitaron y ahora lo sentían muy cerca. Algunos llegaron a creer que la avalancha había sido una especie de milagro para proporcionarles más alimentos.

Esta unión no se limitaba sólo a Dios, sino a los amigos que habían muerto y cuyos cuerpos se estaban comiendo ahora para sobrevivir. Sus almas ya estaban en el cielo, porque su misión en la tierra había terminado, pero de todos los que vivían no había ni uno solo que prefiriese estar en el lugar de quienes se habían ido. Nicolich, antes de la avalancha, y Algorta, mientras se estaba asfixiando bajo la nieve, se prepararon para morir y donar sus cuerpos a los amigos. Lo cierto era, como dijo Turcatti a los otros tres en el curso de la conversación sobre Cristo en el desierto, que las condiciones en la montaña eran tan terribles, que cualquier cosa hubiera sido mejor, incluso la muerte.

Numa Turcatti, por el contrario, estaba cada vez más desanimado. Todavía se hallaba muy afectado por no haber podido participar en la expedición, y concentró su ira no en los otros, sino en sí mismo. Despreciaba su propia debilidad y castigaba su cuerpo por haberle fallado. Su ración, ahora que ya no era expedicionario, no era mayor que la de los otros y, a pesar de ello, nunca la terminaba. Su pertinaz repulsión por la carne cruda sólo la había vencido intentando adquirir fuerzas para la expedición. Ahora que ya no las necesitaba, volvió a sentir aversión, y lo que había deseado hacer por el bien de todos, era incapaz de hacerlo por sí mismo. De todas formas, tenía la carne a su alcance, y cuando los Strauch le obligaban a comerla, la escondía.

Como consecuencia de ello, cada vez se encontraba más débil y era incapaz de combatir la infección de su pierna. Canessa le había sacado el pus, pero la infección se le extendió y él reaccionó tomándolo como una excusa para hacer cada vez menos por el grupo o por sí mismo. Se limitaba a derretir nieve para él, y pedía a los demás trivialidades como que le alcanzaran una manta, lo cual él podía hacer sin dificultad. La debilidad de su mente aumentaba a mayor velocidad que la de su cuerpo. En una ocasión le pidió a Fito que le ayudara a levantarse. Fito se negó, diciéndole que lo podía hacer por sí mismo y, efectivamente, unos minutos más tarde Turcatti se levantó del suelo y entró en el avión.

No estaba enfadado con el grupo, sino consigo mismo, pero actuaba como si los acusara a todos silenciosamente, como si pensara: «Tienen razón, estoy débil y no sirvo para nada, pero dentro de poco se darán cuenta hasta dónde puede llegar mi debilidad y lo inútil que puedo ser.»

Rafael Echavarren era todo lo contrario. Seguía muy animado, pero lentamente las aflicciones de su cuerpo parecía que acabarían venciéndole. La herida de la pierna se le había puesto negra y amarilla, debido a la gangrena y el pus, y como no podía salir al exterior, sólo respiraba el aire viciado del avión, que le afectaba los pulmones, y le ocasionaba dificultades para respirar.

Hacía frío arriba, en la hamaca, y Fernández intentaba que durmiera con ellos en el suelo, pero le dolía tanto la pierna que prefería quedarse en la hamaca. Una noche comenzó a delirar.

—¿Quién quiere venir conmigo a la tienda —decía— a buscar pan y Coca-Cola? —Entonces empezó a gritar—: Papá, papá, entra, estamos aquí.

Páez se alzó hasta él y le dijo:

—Más tarde puedes decir lo que quieras, pero ahora vas a rezar conmigo. Dios te salve María, llena eres de gracia, el Señor es contigo...

Los ojos abiertos de Echavarren dirigieron la mirada hacia Páez y lentamente sus labios comenzaron a moverse y a repetir las palabras de la oración. Durante ese corto instante, el tiempo que tardaron en rezar el avemaría y el padrenuestro, se mantuvo lúcido. Después Páez se acostó frente a Inciarte y Echavarren volvió a sus frases incoherentes.

—¿Quién quiere venir conmigo a la tienda?

—Yo no, gracias —le gritaban—. Iremos mañana —añadían.

Todos estaban bastante endurecidos por los horrores que habían soportado. Enseguida cesó su delirio y todo lo que podían oír era el jadeo de su trabajosa respiración. Más tarde se avivó y luego cesó por completo.

Durante media hora, Zerbino y Páez trataron de reanimarlo por medio de la respiración artificial, mientras los otros, después de unos minutos, se convencieron de que Rafael Echavarren había muerto.

La muerte de Echavarren los deprimió inevitablemente. Les recordaba la posibilidad de que también ellos tenían que morir.

Fito estaba tumbado, sangrando a causa de las hemorroides, sintiéndose más angustiado, asustado y solo que nunca, y porque presentía que su propia muerte le andaba rondando se creía más cerca de Dios y rezaba por su alma y el bienestar de los demás.

Al día siguiente, como le sucedió a los otros catorce que permanecían allí, lo único que consiguió animarle fue el pensamiento de que en aquel momento los expedicionarios ya debían de haber conseguido la ayuda que buscaban, y que antes de que llegara la noche oirían y verían la flotilla de helicópteros que acudiría a rescatarlos. Pero todo lo que oyó por la tarde fue el grito de uno de sus compañeros cuando divisó las figuras de los tres expedicionarios, y cuando el mismo Fito los vio, toda su piadosa resignación se convirtió en ira. Dios les había dado esperanzas sólo para arrebatárselas otra vez; su regreso significaba que se encontraban atrapados.

Deseaba gritar como un loco y saltar por la nieve, pero se quedó inmóvil junto a los otros, mirando a los que se acercaban, con la cara larga y una expresión de desesperación y amargo desengaño.

Canessa venía el primero, seguido de Parrado y Vizintín. A medida que se iban acercando, percibían su voz atiplada que les decía:

—Eh, muchachos, hemos encontrado la cola... todas las maletas... ropas.. y cigarrillos.

Y cuando llegaron hasta el avión, todos se reunieron a su alrededor para escuchar el relato de lo que había sucedido.

—No lo hubiéramos conseguido por ese camino —dijo Canessa—. El valle no tuerce, por el contrario, sigue hacia el este. Pero hemos encontrado la cola y las baterías. Todo lo que tenemos que hacer es llevarnos la radio hasta allí.

Los ánimos volvieron a restablecerse dado su optimismo. Lloraron, se abrazaron, y poco después rodearon el trineo para elegir pantalones, jersey y calcetines, mientras que Pancho Delgado se hacía cargo de los cigarrillos.

Los «Primeros Quince de los Old Christians». Abal y Canessa aparecen sentados al extremo de la derecha; Platero, Pérez, Vizintín, Harley y Parrado están en segundo, tercer, cuarto, sexto y séptimo lugar desde la izquierda.

Nando Parrado.

Panchito Abal.

Arturo Nogueira.

Susana Parrado.

Marcelo Pérez.

De izquierda a derecha: Valeta, Martínez-Lamas, Mangino, Platero, Zerbino, Inciarre, Turcatti, Magri y Menéndez.

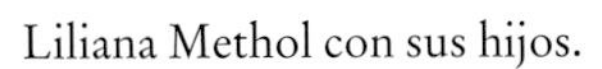

Liliana Methol con sus hijos.

Los pasajeros esperan subir a bordo del Fairchild en el aeropuerto de Mendoza.

Interior del Fairchild; Nicolich rodea con su brazo a Harley.

Marca dejada por el fuselaje.

Fito Strauch.

Eduardo Strauch.

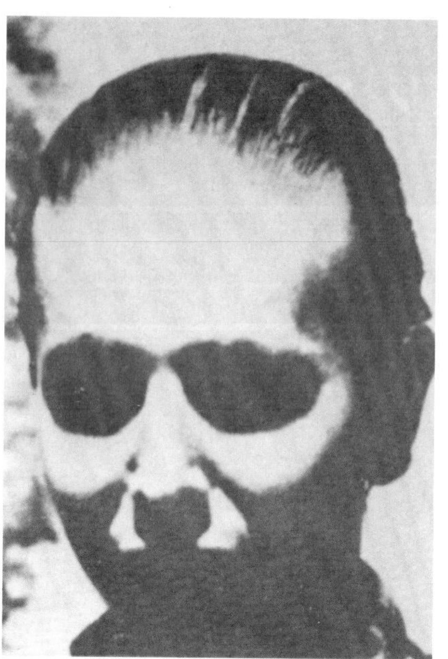

Daniel Fernández.

Gustavo Zerbino.

Roberto Canessa.

Nando Parrado.

Antonio Vizintín.

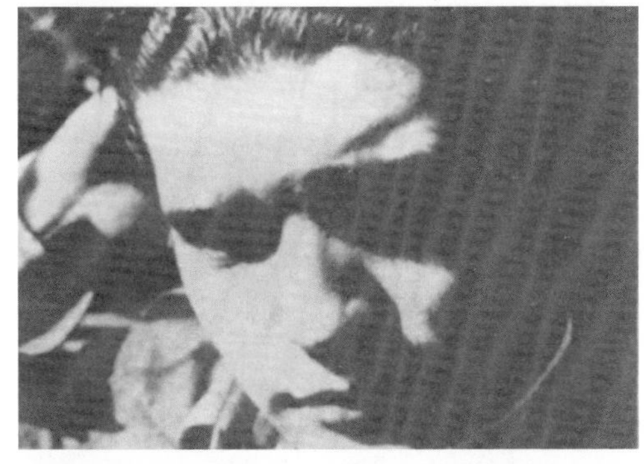

Carlitos Páez.

Pancho Delgado.

Coche Inciarre.

Pedro Algorra.

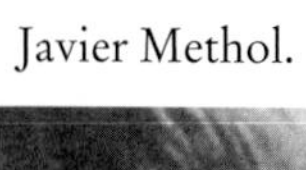

Javier Methol.

Moncho Sabella.

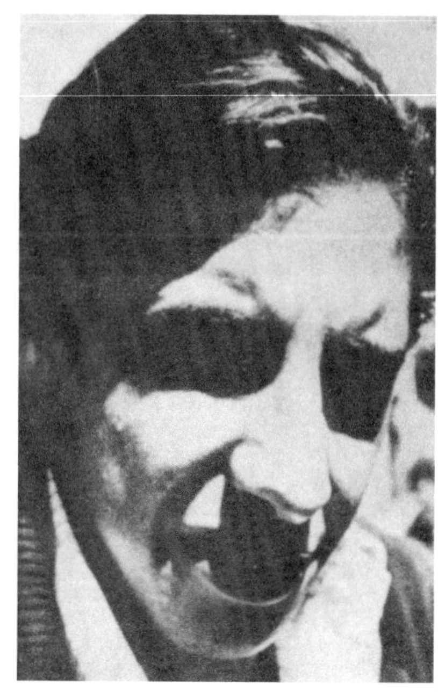

Grupo de supervivientes fuera del Fairchild.

En la montaña.

Bobby François.

Roy Harley.

Álvaro Mangino.

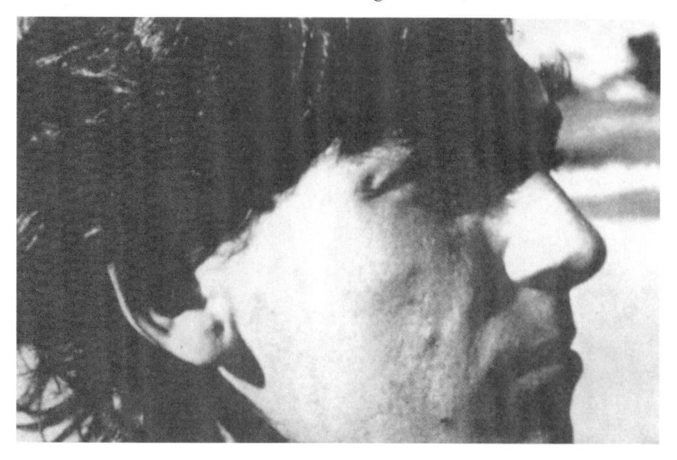

Canessa y Vizintín en la cola; Harley de espaldas a la cámara.

Cosiendo el saco de dormir.

Sabella dentro del fuselaje.

Parrado dentro de la parte de la cola.

Navidad en el Sheraton San Cristóbal.

Tumba en la montaña.

Último día en la montaña. De izquierda a derecha. *Sentados*: Methol, Harley, Zerbino, François, Sabella, un andinista, Fito Strauch y Delgado; *de pie*: Vizintín y dos andinistas.

François abandona el helicóptero. Sabella se halla dentro.

La cruz vista en la montaña de Santa Elena.

Canessa y Parrado parten hacia Los Maitenes.

Nota de Parrado a Catalán.

Roy Harley reunido con su madre.

SEXTA PARTE

1

El mismo día que la primera expedición salía del Fairchild, Madelón Rodríguez y Estela Páez volvieron en avión a Chile. Iba con ellas Ricardo Echavarren, el padre de Rafael; Juan Manuel Pérez, el hermano de Marcelo, y Raúl Rodríguez Escalada, el piloto con más experiencia de PLUNA (Primera Línea Uruguaya de Navegación Aérea) y que era primo de Madelón. Los dos hermanos Strauch también intentaron formar parte de la expedición, pero ambos tenían la presión arterial alta y les recomendaron que se quedaran. Madelón estaba irritada por el escepticismo de Surraco acerca de Gérard Croiset hijo, y estaba decidida a demostrarle que se equivocaba. Tanto ella como Estela Pérez estaban persuadidas, como treinta y seis días antes, cuando el avión acababa de desaparecer, de que sus hijos seguían vivos. Los hombres que las acompañaban en este viaje tenían menos confianza en hallar supervivientes, pero creían que era importante averiguar qué había sucedido con el Fairchild.

El 18 de noviembre llegaron a Talca y comenzaron a explorar los alrededores de Descabezado Grande. Alquilaron un avión e hicieron varios vuelos de reconocimiento por la zona. Desde el aire vieron, junto a Laguna del Alto, una extensión de terreno que era casi exactamente igual al dibujo que les había enviado Croiset. Regresaron a Talca para alquilar guías y caballos, y partieron después hacia las montañas para explorarlas sobre el terreno. Los caballos estaban entrenados para caminar por las sendas de las montañas, con precipicios al lado, pero los uruguayos tuvieron que vendarse los ojos para evitar el vértigo. Al acercarse a su objetivo, encontraron otra clave que encajaba en la visión de Croiset, un cartel que señalaba «Peligro». También estaban allí el lago y las montañas sin cima. Parecía que por fin iban a encontrar el Fairchild, aunque no se exaltaron, porque si el valle tenía vegetación de la que pudieran servirse los seres humanos para sobrevivir, sólo se encontraba a un día de camino de Talca.

No hallaron nada y regresaron a Talca, donde un montañero holandés les dijo:

—Puede que encuentren el avión, pero estará en medio de una bandada de buitres.

Esta era la opinión de la mayoría de la gente.

César Charlone, el encargado uruguayo de negocios en Santiago, parecía tener muy poca fe en la empresa. Cuando el grupo regresó a Santiago el día 25 de noviembre, les dijo que no se atrevía a solicitar del Gobierno chileno que los eximiera de la obligación de cambiar cada día diez dólares por moneda chilena al desfavorable cambio oficial. Madelón Rodríguez y Estela Páez se pusieron furiosas. Antes de salir de Montevideo habían ido al ministerio de Asuntos Exteriores uruguayo para asegurarse de que comunicaran a Charlone que pidiera la exención.

La suma que tenían que abonar era de quinientos cincuenta dólares, que no hubiera supuesto la quiebra de las familias relacionadas con el caso, pero despertó la ira de estas dos enérgicas mujeres. Estela Páez, hija de una distinguida familia perteneciente al partido Blanco (era prima del líder blanco Wilson Ferreira), no tenía la intención de dejarse avasallar por un colorado. Acompañada de Madelón se fue al ministerio de Asuntos Exteriores chileno, donde las recibió el propio ministro, Clodomiro Almeyda, quien las escuchó con atención y escribió una carta revocando la obligación del cambio.

Una vez conseguido esto, los cinco regresaron a Montevideo el día 25 de noviembre. Páez Vilaró estaba en Brasil, y ésta era la primera vez, desde que desapareció el avión, que no había ningún familiar investigando en Chile. Pero antes de dejar Chile habían repartido por las montañas alrededor de Talca muchas de las octavillas de Páez Vilaró en las que se ofrecía una recompensa de trescientos mil escudos. Esperaban que esto diera resultado; de otra forma, sólo podían dedicar sus energías a la oración.

Quedaban muy pocos que confiaran en el joven Croiset, y uno de esos días Ponce de León habló con él casi por última vez. En aquellas fechas decía que cuando veía el avión estaba vacío, y algunas madres consideraron que sus hijos lo habían abandonado en busca de ayuda, pero Rafael comenzó a sospechar que esa visión significaba que todos habían muerto. Cuando le exigió a Croiset una respuesta sobre esto, él le había contestado que había perdido el contacto. Esta vez, al hablar con Croiset, Rafael le recordó lo que había dicho —que el avión estaba vacío— y le expuso las conclusiones que las madres habían sacado de ello.

—Mis conclusiones —continuó Rafael— son otras. Yo lo interpreto como que todos han muerto.

—Pero no puede estar seguro de eso —respondió Croiset por teléfono desde Utrecht.

—Escuche —dijo Rafael—. Ahora no hay aquí ningún pariente de los chicos, así que dígame con sinceridad qué cree que les ha pasado.

Hubo una pausa. Sólo se oían los silbidos y otros ruidos de la radio. Luego Croiset dijo:

—Yo creo... que ahora están muertos.

Éste fue el último contacto con Gérard Croiset, Jr., pero quienes perdieron la fe en sus poderes, no perdieron, sin embargo, la esperanza de encontrar vivos a sus hijos. Continuaron rezando a Dios aún con más fervor y visitaron con más frecuencia la iglesia. Rosina y Sarah Strauch continuaron suplicando fervientemente a la Virgen de Garabandal, y todas las tardes, en su casa de Carrasco, Madelón se arrodillaba junto a su madre y sus dos hijas para rezar el rosario. A menudo se les unían Susana Sartoi, Rosina Machitelli e Inés Clerc, tres de las novias que esperaban el regreso de sus futuros maridos.

Al mismo tiempo que invocaban a los poderes sobrenaturales pidiendo ayuda, buscaban una explicación natural a lo que podía haber sucedido con el avión, y la madre de Roberto, Mecha Canessa, sugirió la idea de que el avión podía haber sido secuestrado por los tupamaros y que podía estar escondido en algún lugar secreto del sur de Chile, esperando el momento apropiado para pedir un rescate. Con la inestabilidad política que existía entonces tanto en Uruguay como en Chile, la posibilidad no parecía demasiado descabellada, así que se investigó sobre las ideas políticas de los pilotos. Resultó que ambos eran de derechas. Descartada la idea de que el secuestrador fuera ninguno de los chicos, sólo quedaba la señora Mariani. Se pensó en ella principalmente por el hecho de que iba a Chile para asistir a la boda de su hija con un político exiliado, pero luego la idea de que esta mujer gruesa y de mediana edad hubiera sido capaz de secuestrar el avión les pareció cada vez más absurda, más aún que la necesidad de una nueva teoría.

El día 1 de diciembre apareció una nota en un periódico de Montevideo informando que las Fuerzas Aéreas Uruguayas enviarían un avión a Chile en busca del Fairchild por los alrededores del volcán Tinguiririca. La noticia no había sido confirmada oficialmente. Las madres de los muchachos, estimuladas por la noticia, espolearon a sus maridos, preguntándoles por qué razón no podía salir inmediatamente un avión uruguayo para iniciar ya lo que el Servicio Aéreo de Rescate planeaba hacer dentro de dos meses.

El día 5 de diciembre, Zerbino, Canessa y Surraco, junto con Fernández, Echavarren, Nicolich, Eduardo Strauch y Rodríguez Escalada se reunieron con el comandante en jefe de las Fuerzas Aéreas Uruguayas, el brigadier Pérez Caldas. Le enseñaron un resumen de todo lo que habían hecho en Chile y por los alrededores de Talca, y añadieron, además, que ya no tenían fe en las visiones de Croiset. La búsqueda debía reanudarse por las cercanías del volcán Tinguiririca, y no contaban con los medios necesarios para hacerlo.

Aportó un informe en el que se decía que nada se podía hacer antes de febrero. Aquel invierno habían caído las nevadas mayores desde hacía treinta años, por lo que el avión estaría completamente enterrado y no había ninguna posibilidad de que hubieran podido sobrevivir. Pérez Caldas se volvió hacia los ocho hombres que lo estaban observando, esperando que aceptaran lo irremediable de la situación, pero aunque en el fondo pensaran que la búsqueda sería infructuosa, insistieron en que debía realizarse. Le explicaron el estado mental en que se encontraban las madres y las novias, y Pérez Caldas comenzó a enternecerse. Por fin se decidió.

—Caballeros —dijo poniéndose de pie—, ustedes han hecho una petición y yo he tomado una decisión. Las Fuerzas Aéreas Uruguayas harán lo necesario para poner un avión a su disposición.

La búsqueda definitiva estaba en marcha.

2

Las noticias de que un C-47 de las Fuerzas Aéreas Uruguayas, con equipo especial, iba a ser enviado en busca del Fairchild, despertaron un nuevo espíritu de optimismo entre los parientes, ofreciéndose varios voluntarios entre los padres para unirse a la expedición. Páez Vilaró estaba todavía en Brasil, y aunque las Fuerzas Aéreas sólo permitieron que se añadieran cinco pasajeros a la tripulación, era evidente que él deseaba ser uno de ellos. Ramón Sabella iba a ser otro, pero tuvo que quedarse por consejo de su médico. Los otros cuatro elegidos para acompañar a Páez Vilaró fueron Rodríguez Escalada y los padres de Roberto Canessa, Roy Harley y Gustavo Nicolich. Pero no eran únicamente estos hombres los que participaban en la operación. Las familias de Methol, Maquirriaín, Abal, Parrado y Valeta contribuyeron con dinero y sugerencias, mientras que Rafael Ponce de León siguió en contacto con los radioaficionados de Chile.

El día 8 de diciembre un grupo de parientes, incluidos los que iban a participar en la expedición, se dirigieron a la base n.º 1 de las Fuerzas Aéreas para compartir opiniones con el piloto del C-47, el comandante Rubén Terra, y proyectar la búsqueda. El mismo día, Páez Vilaró regresó de Brasil y confirmó que, aunque no se fiaba de los aviones de las Fuerzas Aéreas Uruguayas, volaría con la expedición.

Durante todo el día siguiente continuaron haciendo preparativos para la marcha y a mediodía del 10 de diciembre se celebró una última reunión a la que asistieron los padres, parientes y novias en unión de los expedicionarios, en el espacioso bungalow de estilo árabe de los Nicolich. Invitaron a la reunión a dos expertos pilotos uruguayos, y todo el material que habían reunido el Servicio Aéreo de Rescate, las Fuerzas Aéreas Uruguayas y los padres, se hallaba sobre una mesa a la vista de todos. El doctor Surraco sacó unos mapas y explicó por qué él y los demás estaban ahora convencidos de que el avión tenía que haberse estrellado entre las montañas Tinguiririca y Sosneado. Nadie lo contradijo. Las montañas de Talca y Vilches habían pasado al olvido. La razón triunfó sobre la parapsicología.

La reunión continuó hasta bien entrada la tarde. Luego, los dos matrimonios Strauch fueron a casa de los Harley, donde hablaron hasta muy tarde de la expedición que encontraría a sus hijos. Al final, Roy Harley se dirigió a Rosina Strauch:

—Escucha, voy a los Andes. Los voy a recorrer

centímetro a centímetro hasta que los encuentre. Pero te voy a pedir que tú también hagas algo. Si fracasamos esta vez, debes aceptar que ya no hay esperanza. Cuando regresemos de la expedición, todo habrá terminado.

A las seis de la mañana del día 11 de diciembre el C-47 despegó de Montevideo en dirección a Santiago. A bordo iban el piloto, comandante Rubén Terra, cuatro tripulantes, y Páez Vilaró, Canessa, Harley, Nicolich y Rodríguez Escalada. Numerosos familiares fueron al aeropuerto para despedirlos.

El avión era un transporte militar. Carecía de asientos cómodos y los cinco hombres de mediana edad hubieron de sentarse en bancos pegados a los laterales. También era muy ruidoso, pero todos estaban contentos porque por vez primera desde que desapareció el Fairchild, tenían a su disposición un medio que les permitiría explorar entre los picos más altos de los Andes. Según anunció la prensa uruguaya, el C-47 había sido equipado especialmente para esta expedición; lo habían dotado con el oxígeno y la presurización precisos para volar a gran altitud. Cuando sobrevolaban el estuario del Río de la Plata, Páez Vilaró leyó en un periódico que encontró en el avión un artículo sobre la expedición. Miraba de vez en cuando a su alrededor para ver si notaba signos del «equipo especial de excepcional precisión» del que hablaba el periódico, y cuando llegó a un párrafo que hablaba de la habilidad y experiencia de las Fuerzas Aéreas Uruguayas se enfadó un poco. Después de todo, desde que desapareció el avión, esto era prácticamente lo primero que hacían para tratar de rescatar a cinco de sus hombres.

Se preguntó qué opinaría de este artículo el piloto y se dirigió a su cabina. Cuando entró, pudo ver que ya habían alcanzado el lado argentino del estuario y se preparaban para volar sobre Buenos Aires.

—¿Ha visto esto? —le preguntó a gritos a Rubén Terra, sosteniendo el periódico con el artículo que acababa de leer.

—Sí —dijo el comandante.

—¿Qué piensa de ello?

—Muy justo.

Páez Vilaró se encogió ligeramente de hombros.

El piloto, que pareció advertir el gesto, continuó:

—Por cierto, en una ocasión se paró uno de los motores y fui capaz de aterrizar con uno solo...

En ese preciso instante, el avión sufrió una sacudida y comenzó a vibrar. Páez Vilaró miró hacia el ala y vio lo que el comandante acababa de describir: la hélice del motor de la derecha estaba parándose.

Se dirigió de nuevo al piloto:

—Bien, pues ya le ha sucedido otra vez —dijo.

Hicieron un aterrizaje de emergencia en el aeropuerto militar de El Palomar, donde Rubén Terra pidió por cable un motor nuevo a Montevideo, pero los pasajeros no deseaban aguardar hasta que reparasen el C-47. Alquilaron una avioneta que los llevó hasta el aeropuerto de Ezeiza y desde allí tomaron un avión de la Línea Aérea Nacional Chilena en vuelo regular a Santiago. Llegaron sobre las siete de la tarde y se dirigieron al cuartel general del Servicio Aéreo de Rescate en Los Cerrillos.

—¡Cómo! —exclamó el comandante Massa cuando vio a Páez Vilaró y sus compañeros—. ¿Otra vez está usted aquí? Éste no es el momento apropiado para reanudar la búsqueda. Ya le habíamos comunicado que le avisaríamos cuando llegara la hora.

El comandante tenía buenas razones para estar sorprendido. No era raro que desapareciera un avión en los Andes, pero lo que sí era harto extraño es que alguien se empeñara en encontrarlo dos meses después del accidente. Incluso cuando un DC-3 de las Fuerzas Aéreas de Estados Unidos (USAF) se estrelló en 1968, la búsqueda no había durado tanto, y ahora tenía allí a un grupo de civiles uruguayos que no querían darse por vencidos.

—Dígame, comandante —dijo Roy Harley—. ¿Qué probabilidades hay de que el avión se encontrara atrapado en las montañas e hiciera un aterrizaje de emergencia en la nieve?

—Con suerte, un dos por mil.

—Un uno por mil nos basta —respondió Harley.

Los uruguayos hicieron todo lo posible para convencerlo de que usara helicópteros en la búsqueda, pero Massa, pese a escucharlos con paciencia, no aceptaba sus peticiones.

—Es que no lo entienden —les dijo—. Es peligroso volar con helicópteros por la cordillera. No puedo arriesgar la vida de nuestros pilotos a menos que haya una evidencia concreta de que los restos se hallan en un lugar determinado. Mientras tanto, lo siento, no puedo hacer nada.

Los cinco hombres regresaron al hotel sin haber conseguido nada, excepto la vaga promesa de Massa, pero no se desanimaron. Aunque estaban cansados por el incómodo viaje, inmediatamente se reunieron para planear sus próximas acciones. Se dividirían en grupos. Uno de ellos exploraría la zona de las montañas Tinguiririca y Palomo por tierra, otro lo haría desde el aire, tan pronto como llegara el C-47 a Santiago, y el tercero saldría en busca del minero Camilo Figueroa, que aseguraba haber visto caer el avión. Éstas serían las tres avanzadillas de su asalto a los Andes. La denominaron «Operación Navidad».

SÉPTIMA PARTE

1

Bobby François cumplía veintiún años el 23 de noviembre. Como regalo de cumpleaños, sus dieciséis compañeros le obsequiaron con un paquete extra de cigarrillos. Simultáneamente, Canessa y Parrado se dedicaron a desmontar la radio del panel de instrumentos que estaba medio incrustado en el pecho del piloto.

Los auriculares y el micrófono seguían conectados a una caja metálica negra, no mayor que una máquina de escribir portátil, y que sacaron fácilmente después de desenroscar varios tornillos. De cualquier modo se dieron cuenta que no tenían sintonizador; es decir, que debía de pertenecer a la radio de VHF. También había sesenta y siete cables sobresalientes por la parte trasera, que debían de ser sin duda las conexiones de la mitad que faltaba. El avión se hallaba tan lleno de instrumentos que era muy difícil averiguar cuáles formaban parte de la radio. No obstante, poco después, en el departamento de equipajes, tras un panel de plástico, encontraron el transmisor. Éste fue mucho más difícil de separar de los restantes instrumentos, pues, además, no disponían de luz para trabajar. Sus herramientas se reducían a un destornillador, un cuchillo y unos alicates, y luego de varios días de trabajo lograron extraerlo.

Al comprobar que por la parte posterior también asomaban sesenta y siete cables, confirmaron que ésta era la parte que se adaptaba a la caja del panel de instrumentos. Los problemas empezaron cuando quisieron empalmar los cables, pues ignoraban qué cable de una parte correspondía a la otra mitad. Podían hacerse miles de combinaciones con sesenta y siete cables por cada lado. Más tarde descubrieron que los cables estaban marcados especialmente para hacer las conexiones.

Canessa era el que se mostraba más entusiasmado con la radio. Le parecía una locura arriesgar su vida atravesando las montañas cuando desde allí tenían la posibilidad de tomar contacto con el mundo exterior. Como él pensaba la mayoría, pero algunos dudaban de que aquello resultara. Pedro Algorta tenía el convencimiento de que nunca la harían funcionar, pero se calló para no desanimar a los optimistas. Roy Harley, el experto en radio, era el que más dudas albergaba. Era consciente de hasta dónde alcanzaban sus escasos conocimientos en los que los demás depositaban sus esperanzas —se limitaban a haber ayudado a montar el equipo estéreo de un amigo— e insistía una y otra vez que esta experiencia no le hacía capaz de desmontar y volver a montar la radio de VHF.

Los muchachos creían que lo decía a causa de su debilidad física y mental. Su cara tenía una expresión permanente de pena y desesperación, y su cuerpo, que antes había sido ancho y robusto, era ahora como la estilizada figura de un fakir hindú. Los expedicionarios y los primos le aconsejaron que caminara alrededor del avión a fin de entrenarse para el viaje hasta la cola, pero estaba demasiado débil. (No juzgaban oportuno aumentarle la ración de carne.) Cuanto más insistían, más se oponía Roy. Lloraba y suplicaba insistiendo en que él sabía sobre radiotransmisores lo mismo que cualquier otro. De todas formas sería difícil que se resistiera a la autoridad de los demás. Entonces lo sometieron a otro tipo de presión, diciéndole:

—Tienes la obligación de ir —le decía su amigo François—, porque la radio es nuestra única oportunidad. Si hemos de salir a pie Coche, Moncho, Álvaro, tú y yo, nunca lo conseguiremos.

Roy cedió contra su voluntad ante tales argumentos y decidió ir. En cualquier caso, la partida no era inminente, pues había varios tratando de desmontar la antena de «aleta de tiburón» acoplada en el techo del avión que estaba justo encima de la cabina de los pilotos. Debían quitar los remaches utilizando únicamente un destornillador y el trabajo se hacía aún más arduo, ya que a causa del golpe en la caída del avión, el metal se había arrugado y retorcido.

Pese a que llevaron la radio afuera, depositándola en la nieve junto con las otras partes, Canessa se pasaba las horas muertas mirando las diferentes piezas y contestaba con agresividad a quien le preguntara qué faltaba por hacer y por qué no se iban de una vez. Todos estaban impacientes, pero tenían miedo a Canessa. Si no se hubiera tratado de un expedicionario, además de ser el que tenía más ingenio de los tres, no se lo hubieran permitido, pero dado su carácter no deseaban enfrentarse con él. A pesar de todo, retrasar constantemente la salida no parecía muy razonable, y pensaron que estaba posponiendo las pruebas con la radio para alejar el momento en que tendrían que atravesar las montañas andando.

Finalmente, los tres primos Strauch no lo aguantaron más, así que le obligaron a que cogiera la radio y partiera de inmediato. Canessa no encontró ninguna excusa y, a las ocho de la mañana del día siguiente, una reducida columna inició el descenso por la montaña. Primero iba Vizintín, cargado como un mulo, lo que era frecuente en él; después Harley, con las manos en los bolsillos, y finalmente, Canessa y Parrado, con mochilas y bastones, como si fueran dos deportistas de invierno.

Al comenzar el descenso, los trece que quedaban atrás estaban encantados de verlos partir. Se libraban de la incómoda presencia de Canessa y Vizintín, y además en ausencia de los cuatro dormirían más cómodamente. Pero sobre todo, tenían la sensación de que su rescate era posible una vez más.

En cualquier caso, no estaban en situación de sentarse y esperar a que se realizaran sus sueños. Se les estaban agotando las reservas por vez primera desde que decidieron comer carne humana. El problema no estribaba en que no hubiesen suficientes cuerpos, sino en que no lograrían encontrarlos; los que fallecieron en el accidente y quedaron en el exterior, ahora estaban profundamente enterrados en la nieve a causa de la avalancha, y sabían que muy pronto sería preciso recurrir a ellos. Así mismo había que tener en cuenta que los primeros que habían muerto estaban más gruesos y sus hígados contenían más vitaminas, que tan necesarias les eran para sobrevivir.

Así que se dedicaron a buscarlos. Carlitos Páez y Pedro Algorta se encargaron de esta tarea, aunque enseguida se les unió el resto. El método era hincar una vara metálica en la nieve, en el sitio aproximado donde recordaban que podía estar un cuerpo, pero muy a menudo no hallaban nada. Otras veces tenían más suerte, pero a veces con desastrosas consecuencias. Por ejemplo, recordaron que había un cuerpo junto a la entrada del avión, y Algorta pasó muchos días haciendo agujeros de forma sistemática, avanzando poco a poco. Era un trabajo difícil, ya que la nieve estaba dura, y Pedro, al igual que el resto, se encontraba muy debilitado. Cuando la pieza de aluminio que usaban a modo de pala tropezaba con algo duro o descubría lo que parecía una camisa, les parecía que era como encontrar oro. Una vez Pedro cavó más rápido entorno a las piernas y pies de aquel cuerpo, pero repentinamente vio, al descubrirlo, que tenía pintadas las uñas de los pies. Había encontrado el cuerpo de Liliana Methol en lugar del de uno de los muchachos, y por respeto a los sentimientos de Javier habían acordado no comerla.

Otro método consistía en que todos los chicos orinaran en un sitio concreto. Esto era muy práctico si por la mañana podían contenerse el tiempo necesario para llegar a dicho lugar. Pero muchos de ellos se despertaban con tal necesidad que tenían que hacerlo en cuanto salían del avión. Algorta acostumbraba a dormir con las braguetas de los tres pantalones que llevaba abiertas y, a pesar de todo, a veces no le daba tiempo ni a salir del avión. Era una lástima, ya que era más fácil hacer un agujero orinando que cavando.

La mayoría de los muchachos estaban demasiado exhaustos para hacer esta clase de trabajo. Algunos se habían acostumbrado ya a su propia inutilidad, pero otros no se permitían permanecer inactivos, sin contribuir al beneficio del grupo. Carlitos se enfadó un día con Moncho Sabella porque éste no hacía nada, por lo que Moncho, histérico, comenzó a cavar un hoyo con tal frenesí que quienes lo miraban temieron por su vida, pero tal arrebato sólo le provocó que cayese agotado sobre la nieve. Éste fue un claro ejemplo de que el espíritu es fuerte pero la carne es débil. Moncho deseaba estar entre sus heroicos primos y los expedicionarios, pero el cuerpo le traicionaba; por lo que no tenía otra opción que pertenecer al grupo de los espectadores.

Mientras los chicos cavaban en la nieve buscando los cuerpos ocultos, los que estaban cerca de la superficie comenzaron a sufrir los efectos del fuerte sol, que deshacía la delgada capa de nieve que los cubría. Por fin se iniciaba el deshielo —la altura de la nieve que rodeaba al Fairchild bajó considerablemente— y el sol calentaba tanto a mediodía que si dejaban un trozo de carne expuesto a sus rayos, se pudría enseguida. Ahora, aparte de los trabajos de cavar, cortar carne y derretir nieve, tenían el de cubrir los cuerpos con una capa de nieve y después taparlos con plástico o cartón.

Los primos dieron la orden de que quedaba terminantemente prohibido robar carne, conforme se les agotaban las existencias. La medida no fue muy efectiva pues alteraba una arraigada costumbre. Por eso buscaron el modo en que les durasen más las existencias, comiendo las partes de los cuerpos humanos que antes habían despreciado. Por ejemplo, las manos y los pies tenían carne que se podía aprovechar. También intentaron comer las lenguas, pero fueron incapaces de tragarlas, y hubo quien, en cierta ocasión, comió testículos.

Se dedicaron a comer los tuétanos. Una vez

apurada hasta la última partícula de carne, partían el hueso por la mitad y, con un alambre o un cuchillo, extraían el tuétano y se lo repartían. También comían los coágulos de sangre que encontraban alrededor del corazón en casi todos los cuerpos. Su tacto y sabor eran diferentes a los de la carne y la grasa, y en ese momento todos estaban ya asqueados de su invariable dieta. Sus cuerpos no sólo pedían sabores diferentes sino que exigían esos minerales de los que se les había privado por tanto tiempo, principalmente sal. Y plegándose a estas exigencias, los menos escrupulosos entre los supervivientes comenzaron a comerse aquellas partes de los cuerpos que se estaban empezando a descomponer. Esto ya había sucedido con las zonas de los cuerpos expuestas al sol, y había también otras partes adheridas a los esqueletos abandonados alrededor del avión. Todos hicieron lo mismo unos días más tarde.

Extraían el contenido del interior del intestino delgado, lo cortaban en pequeños trozos y se lo comían. Tenía un sabor fuerte y salado. Uno de ellos intentó envolverlo en un hueso y asarlo al fuego. La carne descompuesta que probaron más tarde sabía a queso.

El de los cerebros de los cuerpos que ya habían abandonado fue el siguiente descubrimiento en su búsqueda de nuevos sabores y nuevas fuentes de alimentación. Canessa les había dicho que pese a no tener mucho valor nutritivo, contenían glucosa, lo que les daría energías. Él había sido el primero en hacer un corte en la frente de una cabeza, arrancarle el cuerpo cabelludo y romper el cráneo con un hacha. Se repartían los sesos para comerlos mientras estaban congelados o bien se usaban para hacer cocido. El hígado, intestinos, carne, grasa y riñones, cocidos o crudos, se cortaban en pequeños trozos y se mezclaban con los cerebros. De esta forma sabían mejor y eran más fáciles de comer. La mayor dificultad era la escasez de escudillas porque, antes, la carne la servían en platos, bandejas o trozos de aluminio. Inciarte usaba una vasija para preparar este cocido caldoso. Otros usaban la parte superior de los cráneos —había cuatro escudillas hechas de cráneos— y algunos las hicieron de hueso.

Los sesos no eran comestibles cuando estaban podridos, de modo que juntaron todas las cabezas de los cuerpos que habían consumido y las enterraron juntas en la nieve. La nieve estaba llena de otros restos que habían tirado anteriormente. Encontrarlos tenía ahora mucha importancia, y entre todos los que buscaban se destacó Algorta, que fue nombrado jefe de «buscadores». Cuando estaba cavando hoyos o ayudando a los primos a cortar carne, podía verse su figura agachada, clavando una varilla de acero en la nieve por las cercanías del avión. Era tan parecido a un vagabundo que Carlitos le dio el nombre de Viejo Vizcacha*, pero su empeño tenía éxito, ya que encontró muchos pedazos de grasa, algunos con tiras de carne adheridas.

Todo lo encontrado se colocaba en su sitio del techo del avión. Si las tiras estaban húmedas se secaban al sol, y entonces se formaba una corteza que las hacía más sabrosas. O también se ponían sobre un trozo de metal, se calentaba al recibir los rayos del sol y, en ciertas ocasiones, cuando calentaba mucho, era como si se cocinaran.

* ... vivía como el chuncaco en los bañaos, como el tero, un haragán, un ratero, y más chillón que un barraco!

José Hernández, El gaucho Martín Fierro

Para Algorta era un motivo de satisfacción que no estuvieran allí los expedicionarios, pues de esta forma podía quedarse con todo lo que encontrara y preparase, aunque, de cualquier forma, lo repartía con Fito. Junto a su parcela en el techo del avión, estaba la de Fito, y en medio, en una zona común a los dos, era Algorta quien proporcionaba la carne que su compañero siempre encontraba allí. Se había hecho inseparable de Fito, de la misma forma que Zerbino había llegado a ser «El paje del alemán», según Inciarte. A Inciarte le molestaba extraordinariamente que Zerbino le diera cigarrillos a Eduardo incluso cuando a éste todavía le quedaban algunos, pero Zerbino recordaba los días de la primera expedición, cuando Eduardo le había permitido dormir con los pies hinchados, apoyados en sus hombros.

Al acentuarse la división entre los dos grupos, los trabajadores y los que no trabajaban, los previsores y los que no lo eran, aumentó la importancia del papel de Coche Inciarte. Por su comportamiento e inclinaciones, tenía asegurado su lugar entre los pasivos, pero, por otra parte, era íntimo amigo de Fito Strauch y Daniel Fernández. Además, tenía ese carácter inocente e ingenioso que es imposible odiar. Mientras convencía a Carlitos para que cocinara en un día de viento, o le extrajera grandes cantidades de pus de su pierna infectada, sonreía y contagiaba a los demás. Su estado empeoraba paulatinamente al negarse a comer carne cruda, lo mismo que le sucedía a Turcatti. Coche llegó incluso a delirar, y en su delirio afirmaba que junto al lugar en que él dormía en el avión existía una puerta que conducía a los verdes valles del otro lado de las montañas. Cuando una mañana anunció, como ya hiciera Rafael Echavarren, que iba a morir aquel mismo día, nadie lo tomó en serio. Cuando despertó al día siguiente, todos se rieron de él mientras le preguntaban:

—Bueno, Coche, ¿qué se siente cuando uno está muerto?

Los cigarillos eran, como siempre, el motivo principal de las tensiones surgidas entre ellos. Quienes, como los primos, tenían la fuerza de voluntad suficiente para espaciar el tiempo preciso entre un cigarrillo y el siguiente de modo que su ración les durase los dos días, se encontraban con que, hacia el final del segundo día, cada vez que fumaban eran observados con envidia por una docena de pares de ojos. Los que no eran tan previsores, y Coche Inciarte era uno de los peores, agotaban su ración el primer día y luego trataban de conseguir algún cigarrillo de quienes todavía tenían. Pedro Algorta, que fumaba menos que los demás, caminaba siempre con los ojos bajos por miedo a encontrarse con una mirada de súplica de Coche, y, si conseguía evitarlo por algún tiempo, Coche acababa dirigiéndose a él y diciéndole:

—Pedrito, cuando regresemos a Montevideo, te invitaré a comer ñoquis en casa de mi tía.

Algorta, invariablemente, levantaba la vista para encontrarse con los ojos sonrientes que le dedicaban una mirada larga y suplicante.

Pancho Delgado tampoco sabía controlarse, y entonces se deslizaba al lado de Sabella, por ejemplo, y comenzaba una larga conversación sobre los días trancurridos en el colegio con su hermano, esperando ganarse un cigarrillo durante esta charla. Inciarte lo incitaba a que persuadiese a Fernández de que les adelantara algo de la ración del día siguiente:

—Compréndelo —le decía—, Coche y yo somos muy nerviosos.

Hubo un tiempo en que Delgado fue el responsable de los cigarrillos, lo que era algo así como poner a un alcohólico al frente de un bar. Cierta noche la tormenta fue tan intensa que metía la nieve dentro del avión. Delgado y Zerbino, que dormían junto a la puerta, se fueron hacia la cabina para charlar y fumar unos cigarrillos con Coche y Carlitos. La mayoría estaban despiertos, fumando y escuchando el ruido de las avalanchas, pero, por la mañana, al despertarse cubiertos de nieve, no creyeron que hubieran fumado tantos cigarrillos como aseguraba Pancho. En otra ocasión Fernández e Inciarte discutieron por culpa de los cigarrillos. Fernández, que tenía a su cargo uno de los tres encendedores, no hacía caso de Coche cuando éste le pedía fuego con insistencia, porque pensaba que fumaba demasiado. Esto enfureció a Coche, que durante todo el día no dirigió la palabra a Fernández. Por la noche, como era usual, estaban acostados uno junto al otro, pero cada vez que la cabeza de Fernández se inclinaba sobre el hombro de Inciarte, éste la sacudía. Entonces Fernández le dijo:

—No seas así, Coche.

Y a Coche se le pasó el enfado. Su naturaleza era demasiado generosa para mantenerlo.

El tema de los cigarrillos reforzó los lazos de unión que ya existían entre Coche y Pancho. Ambos andaban a la caza de cigarrillos —Pancho cogiéndole algunos a Numa Turcatti porque pensaba que a éste no le hacían ningún bien, mientras que Coche perseguía a Algorta—, o como ya se dijo, formando un frente común para conseguir un adelanto de Daniel Fernández. Hablaban de su vida en Montevideo o de los fines de semana en el campo con Gastón Costemalle, que era un amigo común. Pancho Delgado, con su natural elocuencia, describía escenas del feliz pasado, y lo hacía de forma tan vívida que Coche Inciarte creía ser transportado desde los confines del húmedo y maloliente interior del avión a las verdes campiñas de los alrededores de su granja. Luego, al terminarse la historia, se enfrentaba de repente con la triste realidad, y entonces se deprimía tanto que permanecía sentado por largo tiempo con la mirada fija, como si fuera un cadáver. Los Strauch y Daniel Fernández trataban de apartar a Coche de Delgado por esta causa. Presentían que estas conversaciones podían minar su moral hasta el punto de que perdiese la voluntad de sobrevivir. Comenzaron a desconfiar también de Delgado. Se produjo un incidente cuando algunos de los muchachos estaban en el exterior y dijeron a los que quedaban en el aparato que enviaran a alguien a recoger sus raciones de comida. Apareció Pancho, y mientras recogía los trozos de carne, le preguntó a Fito si podía quedarse con uno.

—Naturalmente —le dijo Fito.

—¿El mejor?

—Como quieras.

Fito y los otros permanecieron en el techo del avión comiendo sus pedazos de carne, y después de entregar el resto a los otros, Pancho salió y se unió a ellos. Poco después, cuando Fito entró en el avión, Daniel Fernández, que tuvo que cortar en otras más pequeñas las piezas de carne que le dio Pancho, le dijo a Fito:

—Oye, hoy no nos has dado mucho de comer.

—Doce trozos —contestó Fito.

—Querrás decir ocho. He tenido que cortarlos otra vez.

Fito se encogió de hombros y no respondió, porque de haber dicho lo que sospechaba, hubiese obrado en contra de su buen criterio. Era esencial no desatar tensiones entre ellos.

Por otra parte, Carlitos tenía menos escrúpulos.

—Me pregunto por dónde andará el fantasma —y añadió, mirando a Pancho—. ¿Dónde están los otros cuatro trozos?

—¿Qué insinúas? —preguntó Pancho—. ¿Qué quieres decir? ¿No te fías de mí?

Podían haber dicho algo más, pero tanto Fito como Daniel Fernández aconsejaron a Carlitos que olvidara la cuestión.

2

Mientras estos sucesos ocurrían en el avión, los tres expedicionarios y Roy Harley continuaban en la cola. Sólo habían tardado hora y media en recorrer tal distancia, y por el camino encontraron una maleta que había pertenecido a la madre de Parrado. Hallaron algunos dulces dentro y dos botellas de Coca-Cola.

El primer día lo pasaron descansando y mirando el interior de las maletas que habían aparecido al fundirse la nieve desde la última vez que estuvieron allí. Entre otras cosas, Parrado encontró una cámara fotográfica con película y la bolsa con las dos botellas de ron y de licor que su madre le había dado en Mendoza para que las guardara. No estaban rotas y abrieron una, reservándose la otra para la expedición que les esperaba en el caso de que no consiguieran poner la radio en funcionamiento.

A la mañana siguiente, Canessa y Harley se dedicaron a esa tarea. Al principio creyeron que no sería muy difícil, porque las conexiones en la parte trasera del transmisor estaban marcadas con las letras BAT y ANT para señalar dónde se debían conectar los cables de la batería y de la antena. Pero, por desgracia, las conexiones de otros cables no estaban tan claras. Sobre todo, no sabían distinguir las fases, y en varias ocasiones les saltaron chispas a los ojos cuando conectaban uno de los cables.

Sus esperanzas de conseguir el éxito se incrementaron cuando Vizintín encontró en la nieve, junto a la cola del avión, un manual de instrucciones del Fairchild. Buscaron en el índice la página referente a la radio y descubrieron que todo el capítulo treinta y cuatro estaba dedicado a «Comunicaciones», pero cuando trataron de encontrar esta sección se dieron cuenta de que algunas páginas habían sido arrancadas por el viento y precisamente eran las que necesitaban.

No tuvieron otro remedio que volver a probar, exponiéndose a cometer errores. Era un trabajo pesado, y mientras se dedicaban a él, Parrado y Vizintín revisaban las maletas por segunda vez, o encendían fuego para cocinar. Aunque sólo eran cuatro, no se libraron de las tensiones existentes en el avión. Roy Harley se enfadaba porque Parrado no le daba la misma ración que a los otros. Parecía normal que mientras formara parte de una expedición debería comer lo mismo que los expedicionarios. Por otra parte, Parrado insistía en que él era solamente un auxiliar, pues si fracasaba el asunto de la radio no se vería obligado a caminar a través de las montañas. Por lo tanto sólo comería lo necesario para sobrevivir.

Tampoco le permitía fumar. La razón alegada era que sólo tenían un encendedor y que podían necesitarlo para la expedición final. Pero también era cierto que ni Parrado, Canessa o Vizintín fumaban y que todos se sentían molestos por los continuos lamentos y quejas de Roy. Así que le dijeron que sólo podría fumar cuando encendieran fuego. Una vez, cuando Roy se acercó a encender un cigarrillo en el fuego, Parrado, que estaba cocinando, le dijo que no le molestara y que volviese cuando hubiera terminado. Pero el fuego se había apagado cuando Roy regresó. Se enfadó tanto que se apoderó del encendedor que Parrado había dejado encima de un cartón, y encendió un cigarrillo. Cuando los tres expedicionarios se dieron cuenta de lo que había hecho, lo persiguieron como celosos guardianes. Lo insultaron, y le habrían quitado el cigarrillo si Canessa, pensándolo mejor, no los hubiese detenido diciéndoles:

—Dejadlo tranquilo. No hay que olvidar que Roy puede ser quien nos salve a todos haciendo funcionar esta maldita radio.

Al tercer día se dieron cuenta que no se habían traído suficiente carne para mantenerse durante el tiempo que tardaran en reparar la radio. Entonces, Parrado y Vizintín regresaron al avión, dejando a Canessa y Harley en la cola. El ascenso, como la vez anterior, era mil veces más difícil que el descenso. Luego de escalar hasta la cima de la última colina que estaba justo en la vertiente este del avión, Parrado se sintió profundamente desesperado: en vez de encontrar los restos del avión, de momento sólo divisó una extensa llanura cubierta de nieve.

Su primer pensamiento fue que otra avalancha había cubierto por completo el avión, pero observando más detenidamente se dio cuenta de que no había signos de nieve fresca al lado de las montañas que tenía enfrente. Siguió caminando y le produjo un gran alivio encontrar los restos del aparato al otro lado de la siguiente colina.

Los chicos no los esperaban y no tenían carne preparada. Además, se encontraban demasiado débiles para renovar las existencias y buscar la carne que hubieran necesitado los expedicionarios. Por eso tuvieron que ser Parrado y Vizintín los que se dedicaran a esta tarea. Hallaron un cuerpo del que los primos cortaron carne que metieron en calcetines, y, después de pasar dos noches en el avión, regresaron a la cola.

Una vez allí, vieron que Harley y Canessa habían hecho todas las conexiones necesarias entre las baterías y la radio, y de la radio a la antena de aleta de tiburón, pero todavía no habían captado ninguna señal exterior. Creyeron que podía deberse a alguna deficiencia en la antena, por lo que arrancaron cables del circuito eléctrico del avión y los empalmaron. Ataron a la cola del avión un extremo del cable y el otro a una maleta llena de rocas que colocaron en la parte más alta de la montaña, construyendo así una antena de más de veinte metros de largo. Cuando la conectaron a la radio de transistores que se llevaron consigo, sintonizaron muchas emisoras de radio de Chile, Argentina y Uruguay, pero cuando volvieron a conectarla a la radio del Fairchild, no consiguieron oír nada. Conectaron otra vez la antena con la radio de transistores, sintonizaron una emisora que radiaba música alegre, y de nuevo se pusieron a trabajar.

De pronto, oyeron gritar a Parrado; había encontrado en una maleta la fotografía de un niño en una fiesta de cumpleaños. Era una niña pequeña y estaba sentada a una mesa atiborrada de pasteles y galletas. Parrado sostenía la fotografía y devoraba los alimentos con los ojos, pero cuando llegaron los otros tres avisados por el grito, se le unieron a la fiesta.

—Fijaos en este pastel —dijo Canessa gimiendo y frotándose el estómago.

—Y ¿qué me dices de los sándwiches? —dijo Parrado—. Creo que prefiero los sándwiches.

—Las galletas —gimió Vizintín—, me conformo con las galletas.

Los cuatro oyeron las noticias en las que se anunciaba que iba a ser reanudada la búsqueda por un C-47 de las Fuerzas Aéreas Uruguayas en la radio de transistores a la que habían conectado la antena. Cada uno recibió la noticia de distinta forma. Harley, loco de alegría y esperanza; Canessa también parecía entusiasmado; Vizintín no reaccionó y Parrado pareció desilusionado.

—No seáis tan optimistas —dijo—. Que nos estén buscando otra vez no quiere decir que nos encuentren.

En cualquier caso, decidieron que sería una buena idea hacer una gran cruz junto a la cola del avión, y así lo hicieron, utilizando para ello las maletas esparcidas por los alrededores. Por aquel entonces ya estaban casi convencidos de que no conseguirían comunicarse por radio, aunque Canessa seguía intentándolo y se negaba a regresar al avión. Parrado y Vizintín ya tenían en sus mentes la idea de la expedición, pues ya se había decidido que si fallaba la radio los expedicionarios deberían partir inmediatamente montaña arriba, haciendo caso de lo único de lo que estaban seguros: que Chile se encontraba hacia el oeste. Entonces Vizintín arrancó el resto del material que cubría las tuberías de calefacción del Fairchild en la zona oscura de la base del avión donde estaban almacenadas las baterías. Era un material ligero diseñado por una de las industrias tecnológicamente más avanzadas del mundo en esta materia. Si cosía los trozos de manera que formaran una bolsa, conseguiría un excelente saco de dormir y resolvería uno de los problemas más difíciles: evitar el frío durante la noche cuando no contaran con el refugio de la cola o del avión.

Durante el tiempo que permanecieron en la cola, la nieve no cesó de derretirse, excepto la que se encontraba debajo de la cola porque se hallaba a la sombra. Por tanto, la cola reposaba en una especie de tarima de nieve y no sólo era difícil entrar, sino que se movía peligrosamente cuando caminaban por el interior. Durante la última noche este movimiento se acentuó de tal manera que Parrado estaba paralizado por el terror a que se cayera y se deslizara montaña abajo. Los cuatro estaban tendidos y absolutamente quietos, pero el viento la hacía oscilar, y Parrado no conseguía dormir.

—¡Eh! —dijo por fin a los otros—, ¿no sería mejor que saliéramos a dormir fuera?

Vizintín lanzó un gruñido y Canessa repuso:

—Mira, Nando. Si tenemos que morir, moriremos, así que mientras tanto, vamos a tratar de dormir tranquilos.

La cola se encontraba en la misma posición al día siguiente, pero era evidente que ya no ofrecía ninguna seguridad. Como también era obvio que no serían capaces de hacer funcionar la radio, decidieron regresar al avión. Antes de partir cargaron de nuevo con más cigarrillos, y Harley, dejándose llevar por el infortunio y la frustración que había sentido durante todos aquellos días, rompió a puntapiés los componentes de la radio que con tanto trabajo habían conseguido poner en orden.

Era un error desperdiciar así sus energías. La pendiente de cuarenta y cinco grados que habría que subir para regresar al avión, tenía más de kilómetro y medio. Al principio no les costó demasiado, porque la superficie de la nieve estaba dura, pero más tarde, cuando se ablandó y se hundían hasta las caderas, o caminaban con los almohadones atados a los pies, eran necesarios unos esfuerzos casi sobrehumanos que el pobre Roy no tenía de dónde sacar. Pese a que descansaban cada treinta pasos, se rezagó muy pronto, pero Parrado se quedaba junto a él adulándole, animándole y rogándole que continuara. Roy lo intentaba, pero enseguida volvía a caerse en la nieve, desesperado y agotado. Se quejaba más que nunca y las lágrimas corrían por sus mejillas con más profusión. Rogaba que lo dejaran morir allí, pero Parrado no lo abandonaba. Juraba y lo insultaba para hacerle reaccionar. Lo maldecía como nunca antes lo hubiera hecho con nadie.

Los insultos eran una medida extrema, pero dieron resultado. Consiguieron que Roy continuase, pero llegó un momento en que ya no respondía ni a exhortaciones ni a insultos. Parrado se dirigió a él, hablándole con calma y diciéndole:

—Escucha, ya falta poco. ¿No crees que merece la pena hacer un pequeño esfuerzo aunque sólo sea por ver a tus padres otra vez?

Luego, agarrándole de la mano, le ayudó a levantarse. De nuevo subió tambaleándose por la montaña mientras se apoyaba en el brazo de Parrado, y cuando llegaron a una pendiente imposible de superar por Roy, Parrado cargó con él haciendo gala de aquella extraordinaria fuerza que aún parecía poseer, y lo llevó hasta el Fairchild.

Llegaron al avión entre las seis y media y las siete de la tarde. Soplaba un viento frío y nevaba ligeramente. Los trece que estaban allí ya habían entrado y recibieron a los expedicionarios bastante deprimidos y malhumorados.

A Canessa le afectó más el aspecto desastroso que presentaban que su poco amigable acogida. Después de ocho días observó objetivamente lo demacradas que estaban las barbudas caras de sus amigos. También se había dado cuenta del horror de aquella nieve sucia y llena de huesos y cráneos abiertos, y pensó para sí que antes que los rescataran había que limpiar y ocultar lo que estaba a la vista de todos.

3

Hacia el final de la primera semana de diciembre, después de cincuenta y seis días en la montaña, aparecieron dos cóndores en el cielo, describiendo círculos sobre los diecisiete supervivientes. Estos dos enormes pájaros de rapiña, con los cuellos y las cabezas peladas, el collar de plumas blancas y una envergadura de tres metros, eran el primer signo de vida que veían en más de ocho semanas. Los supervivientes temieron que descendieran de inmediato para llevarse la carroña. Les hubiera gustado dispararles con el revólver, pero tenían miedo que el ruido provocara otra avalancha.

A veces los cóndores desaparecían, pero volvían a la mañana siguiente. Vigilaban los movimientos de los seres humanos, pero nunca se lanzaban sobre ellos, y después de algunos días se fueron para siempre. No obstante, aparecieron otros signos de vida. En una ocasión entró una abeja en el avión y volvió a salir inmediatamente después; luego llegaron una o dos moscas, y por último una mariposa voló alrededor del avión.

Ahora hacía calor durante el día, sobre todo al mediodía. Se les quemó la piel y se les agrietaron los labios, que comenzaron a sangrar, por lo que algunos intentaron construir una tienda para protegerse del sol con las varas de metal de las hamacas y una pieza de tela que Liliana Methol había comprado en Mendoza para hacerle vestidos a su hija. También pensaron que sería una buena señal para los aviones que los sobrevolaran, porque esta posibilidad nunca abandonó sus mentes. Cuando Roy y los expedicionarios regresaron de la cola del avión, les dijeron a los trece que habían permanecido allí que habían oído por la radio de transistores que la búsqueda se había iniciado de nuevo.

Los chicos estaban decididos a que esto no tentara a los expedicionarios a abandonar su antiguo proyecto. No tenían puestas muchas esperanzas en el éxito de la radio, así que cuando Harley, Canessa y Vizintín regresaron, no se dejaron llevar por la desesperación, sino al contrario, se mostraron deseosos de que los tres últimos partieran de inmediato otra vez. Pero muy pronto se hizo evidente que mientras la noticia de que el C-47 había iniciado la búsqueda no hizo mella en la voluntad de Parrado, causó ciertos reparos en Canessa, que pensaba en que la ascensión de la montaña suponía arriesgar la vida.

—Es absurdo que salgamos ahora —decía— con ese aparato especialmente equipado que han fletado para encontrarnos. Debemos concederles por lo menos diez días y no salir hasta entonces. Es una locura arriesgar nuestras vidas si no es necesario.

Ante este retraso los demás se pusieron furiosos. No habían soportado a Canessa y sufrido su intolerable temperamento durante tanto tiempo para que ahora les dijera que no iba. Tampoco estaban muy seguros de que los encontrara el C-47, pues oyeron que se había visto obligado a aterrizar en Buenos Aires y que habían tenido que cambiarle los motores en Los Cerrillos. También contaba la escasez de alimentos, pues aunque sabían que había más cuerpos enterrados en la nieve bajo ellos, o no los encontraban, o los que encontraban eran aquellos que habían acordado no comer.

Aparte de esto, existía otro factor a considerar, y era su orgullo por lo que habían conseguido. Habían sobrevivido durante ocho semanas en las más extremas e inhumanas condiciones, y querían demostrar que también eran capaces de escapar por sus propios medios. Les gustaba imaginarse la expresión de la cara del primer pastor o campesino que encontraran cuando le dijeran que eran tres expedicionarios de los supervivientes uruguayos del Fairchild. Todos se recreaban mentalmente con el tono inocente que adoptarían cuando llamaran por teléfono a sus padres en Montevideo.

La de Fito era una impaciencia más realista.

—¿No te das cuenta —le decía a Canessa— que no están buscando supervivientes? Están buscando cadáveres. Y el equipo especial del que hablan es un equipo fotográfico. Toman fotografías aéreas y regresan, luego las revelan y las estudian... Tardarán semanas en encontrarnos y esto si vuelan justo por encima de nosotros.

Dichas razones parecieron convencer a Canessa. A Parrado no necesitaban convencerlo y Vizintín siempre estaba de acuerdo con lo que decidieran los otros dos. Por lo tanto, se pusieron a preparar la expedición final. Los primos cortaron carne no sólo para atender sus necesidades diarias, sino para crear una reserva para el viaje. El resto se dedicó a coser los materiales aislantes a los sacos de dormir. Era difícil. Se les terminó el hilo y tuvieron que recurrir a los cables de los circuitos eléctricos.

A Parrado le hubiera gustado ayudarles en esta tarea, pero no era muy especialmente mañoso. En vista de esto, se dedicó a sacar fotografías con la cámara que encontraron en la cola y a reunir toda la ropa que necesitaba para el viaje. Llenó la mochila que había hecho de unos pantalones, con la brújula del avión, la manta de su madre, cuatro pares de calcetines de repuesto, el pasaporte, cuatrocientos dólares, una botella de agua, una navaja y una barra de labios para sus labios agrietados.

Vizintín metió la máquina de afeitar en la mochila, no porque intentara afeitarse antes de llegar a la civilización, sino porque era un regalo de su padre y no quería abandonarla. También se llevó los mapas del avión, una botella de ron, una de agua, calcetines y el revólver.

La mochila de Canessa estaba llena con las medicinas que pensó que podían necesitar durante el viaje: esparadrapo, un tubo de dentífrico, pastillas contra la diarrea, pomadas, pastillas de cafeína, linimento y unos comprimidos grandes de aplicación desconocida. Llevaba además crema para protegerse la piel, sus documentos —incluido el certificado de vacunación—, la navaja de Methol, una cuchara, un trozo de papel, un trozo de cable y un pelo de elefante como amuleto de la buena suerte.

El día 8 de diciembre era la fiesta de la Inmaculada Concepción. Para honrar a la Virgen y rogarle que intercediera por el éxito de la expedición final, los chicos decidieron rezar los quince misterios completos del rosario. Pero cuando acabaron el quinto sus voces se hicieron cada vez más tenues y uno tras otro se fueron quedando dormidos. Por este motivo, rezaron el resto al día siguiente, 9 de diciembre, que era también el día en que Parrado cumplía veintiún años. Era una jornada triste, porque ya habían ideado hasta el detalle la fiesta que por este motivo organizarían en Montevideo. La comunidad regaló a Parrado uno de los cigarros habanos que habían encontrado en la cola del avión para celebrarlo en la montaña. Parrado se lo fumó, pero le satisfizo más el calor que el aroma que despedía.

Aún el 10 de diciembre, Canessa seguía insistiendo en que la expedición no estaba todavía bien preparada para partir. El saco de dormir no lo habían cosido como él deseaba y aún no había acabado de juntar lo que iban a necesitar. Pero, en vez de dedicarse a esta tarea, Canessa se tumbaba para «reservar sus energías», o insistía en curar los bultos que le habían salido a Roy Harley en las piernas. También discutía con los chicos más jóvenes. Le dijo a François que cuando estaban en la cola Vizintín se había limpiado el trasero con el mejor polo Lacoste de Bobby, lo que hizo que éste se encolerizara. También discutía con su mejor amigo y gran admirador, Álvaro Mangino, pues aquella mañana, mientras defecaba en la cubierta de un asiento en el interior del avión (tenía diarrea por comer carne putrefacta), le dijo a Mangino que apartara la pierna. Mangino le respondió que había tenido calambres durante toda la noche y que no lo haría. Canessa le increpó. Mangino maldijo a Canessa. Canessa perdió el dominio de sí mismo y agarró a Mangino por el pelo. Cuando estaba a punto de pegarle, lo pensó mejor y simplemente lo empujó contra la pared del avión.

—Has dejado de ser ya mi amigo —le dijo Mangino sollozando.

—Lo siento —se disculpó Canessa sentándose y volviendo a recobrar el control sobre sí mismo—. Es que me encuentro muy mal.

Aquel día no le habló nadie. Los primos creían que estaba retrasando la marcha deliberadamente y se habían enfadado con él. Por la noche no le reservaron la plaza especial de expedicionario, por lo que tuvo que dormir junto a la entrada. El único que tenía alguna influencia sobre él era Parrado, y su determinación de salir de allí era tan grande como siempre. Por la mañana, mientras estaban acostados en el avión aguardando la hora de salir, dijo repentinamente:

—Si ese avión vuela por encima de nosotros, quizá no nos vea. Deberíamos hacer una cruz.

Y sin esperar a que ningún otro pusiera en práctica su idea, salió del avión y señaló la zona donde la nieve permanecía limpia y se podía hacer mejor la cruz. Los demás lo siguieron y, en un momento, todos los que podían caminar sin dolor, comenzaron a pisar el suelo por las líneas marcadas para hacer una cruz gigante.

En el centro, donde se cruzaban los dos brazos, colocaron boca abajo el cubo de la basura que Vizintín recogió en la expedición de prueba. También tendieron las chaquetas de vuelo de los pilotos, de color amarillo y verde brillante. Creyendo que el movimiento atraería la atención de los que volaban, organizaron un plan que consistía en correr en círculos tan pronto como divisaran un avión.

Aquella noche, Fito Strauch se acercó a Parrado y le dijo que si Canessa no quería participar en la expedición, iría él.

—No —repuso Parrado—. No te preocupes. He hablado con «Músculos». Irá. Tiene que ir. Está mucho mejor entrenado que tú. Todo lo que tenemos que hacer ahora es terminar el saco de dormir.

A la mañana siguiente los Strauch se levantaron temprano para terminar el saco. Habían decidido que a partir de aquella misma tarde no habría ninguna excusa para retrasar otra vez la salida. Pero ese día iba a suceder algo que invalidaría todas sus precauciones.

Numa Turcatti se encontraba cada vez más débil. Su salud, junto con la de Roy Harley y Coche Inciarte, eran la causa de las mayores preocupaciones de los dos «doctores», Canessa y Zerbino. Aunque Numa, tan sano de espíritu, era apreciado por todos los del avión, su mejor amigo antes del accidente había sido Pancho Delgado, y era Delgado precisamente quien se encargaba de cuidarlo. Le llevaba a diario su ración alimenticia, le derretía nieve para que tuviera agua suficiente, intentaba convencerlo de que no fumara porque Canessa le había dicho que esto lo perjudicaba, y le daba pequeñas dosis de pasta de dientes de un tubo que Canessa había traído de la cola del avión.

Pese a todos estos cuidados Turcatti seguía empeorando, así que Delgado pensó que debería hacer algo más. Decidió conseguir más comida, y se habituó a robar. Pensaba que los primos se lo hubieran negado de habérselo pedido. Un día en que Canessa se encontraba con diarrea y estaba sentado cerca de Numa en el interior del avión, Delgado salió a buscar la comida y regresó con tres platos. Canessa quería ayunar para combatir su diarrea, pero un día que hicieron un cocido y vio a Delgado con él, le pidió que se lo dejara probar. Delgado se lo permitió con toda amabilidad, y una vez lo hubo probado Canessa decidió que, a pesar de todo, se comería su ración.

Canessa salió y le pidió a Eduardo, que estaba sirviendo, que le diera su parte. Eduardo le contestó:

—Pero si ya le he dado tu ración a Pancho.

—Bueno, pues no me la ha dado.

Eduardo perdía los estribos con facilidad, lo que también ocurrió esta vez. Comenzó a insultar a Delgado y, mientras lo hacía, Pancho salió del avión.

—¿Estás hablando de mí?

—Sí. ¿Pensabas que no nos daríamos cuenta de que has escamoteado una ración?

Delgado se ruborizó y dijo:

—No sé cómo puedes pensar esto de mí.

—Entonces, ¿por qué no le has dado su ración a «Músculos»?

—¿Crees que yo me la he quedado?

—Sí.

—Era para Numa. Tú no te habrás dado cuenta, pero está más débil cada día. Si no le damos de comer, se morirá.

Eduardo se quedó anonadado. Le preguntó:

—¿Por qué no nos lo pediste a nosotros?

—Porque creí que no se la daríais.

Los primos no dijeron nada, pero continuaron sospechando de Delgado. Sabían, por ejemplo, que los días que la carne estaba cruda era muy difícil convencer a Numa para que se comiera su ración, así que era casi imposible que ahora se hubiera comido dos. Tampoco les pasó inadvertido que Delgado consumía él mismo los cigarrillos que evitaba que Numa se fumara.

Incluso con una ración suplementaria, el estado de Numa no mejoraba. A medida que aumentaba su debilidad, se desanimaba más, y cuanto más se desanimaba, menos se preocupaba de alimentarse, lo que a su vez lo debilitaba más aún. Le salió una irritación en el coxis debido a que permanecía mucho tiempo acostado, y cuando le pidió a Zerbino que lo examinara, éste se dio cuenta de lo extremadamente delgado que se había quedado. Hasta entonces tenía la cara recubierta de barba y el cuerpo de ropas. Al quitarle la ropa para examinar la irritación, Zerbino notó que prácticamente no había carne entre la piel y los huesos. Numa era como un esqueleto, y Zerbino comunicó después a los otros que sólo le daba unos días de vida.

Como Inciarte y Sabella, Numa deliraba a ratos, pero la noche del 10 de diciembre durmió con tranquilidad. Por la mañana, Delgado salió a tomar el sol. Le habían dicho que Numa se iba a morir, pero su mente se negaba a aceptarlo. Poco después salió Canessa y le dijo que Turcatti se hallaba en estado de coma. Enseguida Delgado regresó al interior del avión a ver a su amigo. Numa estaba allí tendido con los ojos abiertos, pero no parecía darse cuenta de la presencia de Delgado. Respiraba lenta y trabajosamente. Delgado se arrodilló a su lado y comenzó a rezar el rosario. Mientras rezaba, Numa dejó de respirar.

Al mediodía tendían los almohadones en el suelo

del avión otra vez. Se habían acostumbrado, debido al calor, a dormir la siesta. No les gustaba permanecer inactivos, pero, en cualquier caso, era mejor que quemarse. Se sentaban a charlar o se quedaban adormecidos. Luego, hacia las tres de la tarde, salían otra vez. Aquella tarde Javier Methol se había instalado al fondo del avión.

—Ten cuidado —le dijo a Coche cuando éste se levantó y pasó sobre el cuerpo de Numa—. Ten cuidado, no pises a Numa.

—Numa está muerto —respondió Parrado.

Javier no se había enterado de lo sucedido, y ahora, cuando lo supo, su espíritu quedó completamente destrozado. Lloró tanto como cuando murio Liliana, porque había llegado a apreciar al tímido y sencillo Numa Turcatti como si se tratara de su hermano o su hijo.

Con la muerte de Turcatti se consiguió lo que no se había logrado con discusiones y argumentos de todas clases. Canessa se convenció de que no podían esperar más tiempo. Roy Harley, Coche Inciarte y Moncho Sabella estaban muy débiles y de vez en cuando deliraban. Para ellos un día de retraso podía significar la vida o la muerte. Se acordó, por tanto, que la expedición final debería iniciarse al día siguiente, partiendo hacia el oeste, donde se encontraba Chile.

Por la tarde, antes de entrar en el avión por última vez, Parrado llamó aparte a los tres primos Strauch y les dijo que si se quedaban escasos de carne, podían comerse los cuerpos de su madre y su hermana.

—Por supuesto, preferiría que no tuvierais que

hacerlo, pero si está en juego vuestra supervivencia, debéis hacerlo.

Los primos no dijeron nada, pero la expresión de sus caras demostró cuánto les habían conmovido las palabras de Parrado.

4

A las cinco de la mañana siguiente, Canessa, Parrado y Vizintín se prepararon para salir. Primero se vistieron con las ropas que habían recogido del equipaje de los cuarenta y cinco pasajeros y tripulación. Parrado llevaba una camisa Lacoste y un par de leotardos de lana. Encima se había puesto tres pantalones vaqueros, y sobre la camisa, seis jerseys. Llevaba en la cabeza un pasamontañas de lana; después, una capucha unida a las hombreras que había sacado del abrigo de pieles de Susana, y, por último, una cazadora. Bajo las botas de rugby, cuatro pares de calcetines, y después, para evitar la humedad, unas fundas hechas con unas bolsas de plástico de un supermercado. Así mismo llevaba guantes y gafas de sol y, para apoyarse, un tubo de aluminio que se ató a la muñeca.

Vizintín también disponía de un pasamontañas. Llevaba tantos pantalones y jerseys como Parrado, cubiertos por un impermeable, y calzaba un par de botas españolas. Lo mismo que las veces anteriores, llevaba la carga más pesada, incluida la tercera parte de la carne metida en una bolsa de plástico o en un calcetín de rugby. Junto con la carne había trozos de grasa para darles energía, e hígado por las vitaminas.

Contándolo todo, los tres contarían con provisiones para diez días.

Canessa llevaba el saco de dormir. Había buscado prendas de lana para protegerse el cuerpo, pues pensaba que para hacer frente a los elementos, lo mejor eran las materias naturales. Para él, cada prenda significaba, además, un recuerdo especial. Uno de los jerseys que llevaba se lo había regalado una amiga íntima de su madre, otro, su propia madre, y un tercero había sido tejido por su novia, Laura Surraco. Uno de los pantalones había pertenecido a su amigo íntimo Daniel Maspons, y el cinturón se lo dio Parrado, diciéndole:

—Éste es un regalo de Panchito, que era mi mejor amigo. Ahora tú eres mi mejor amigo, así que quédatelo.

Canessa aceptó el regalo que, con los guantes de esquiar de Abal y las botas de Javier Methol, completó su equipaje.

Los primos obsequiaron a los expedicionarios con un desayuno, antes de la partida. Los demás miraban en silencio. No había palabras para expresar lo que sentían en ese preciso momento. Todos sabían que era la última oportunidad que tenían de salvarse. Entonces Parrado tomó de nuevo los zapatitos que había comprado para su sobrino en Mendoza. Se guardó uno en el bolsillo y colgó otro de la red de equipajes del avión.

—Volveré a buscarlo. No os preocupéis.

—Muy bien —le respondieron todos, animados por su optimismo—. Y no os olvidéis de reservarnos habitación en Santiago.

Luego los abrazaron a todos, y entre gritos de ¡hasta luego!, los tres expedicionarios partieron montaña arriba.

Cuando ya llevaban unos cuatrocientos cincuenta metros recorridos, Pancho Delgado salió corriendo del avión.

—Esperad —les dijo gritando mientras les hacía señales con una pequeña imagen que llevaba en la mano—. ¡Os habéis olvidado de la Virgen de Luján!

Canessa se detuvo y se volvió.

—No te preocupes —le respondió—. Si quiere quedarse, déjala que se quede. Nosotros llevamos a Dios en nuestros corazones.

Bordearon la ladera del valle, pero sabían que esto les conducía hacia el noroeste y que llegaría un momento en que tendrían que dirigirse al oeste y comenzar el ascenso directo a la montaña. La dificultad estribaba en que la ladera tenía por todas partes una pendiente y altura uniformes. Canessa y Parrado comenzaron a discutir sobre cuándo deberían empezar la ascensión. Vizintín, como siempre, no tomaba parte en la discusión. Poco después los dos llegaron a un acuerdo. Consultaron con la brújula que sacaron del avión y comenzaron la ascensión hacia el oeste por la ladera. Tenían que hacer grandes esfuerzos, no sólo porque la pendiente era pronunciada, sino porque la nieve se estaba derritiendo y, a pesar de sus improvisados skys de nieve, se hundían en ella hasta las rodillas. La nieve húmeda empapaba los almohadones y, por tanto, los hacía más pesados y difíciles de llevar con las piernas arqueadas pendiente arriba. Pero no se daban por vencidos. Descansaban cada pocos metros, y cuando al mediodía llegaron a unas rocas y se detuvieron a comer, ya habían alcanzado bastante altura. Allá abajo todavía podían ver el Fairchild con algunos de los chicos sentados al sol observando sus progresos.

Después de comer a base de carne y grasa y

tomarse un pequeño descanso, continuaron el camino. Su objetivo era llegar a la cumbre antes del anochecer, porque sería casi imposible dormir en la pendiente de la montaña. Mientras subían, iban imaginando la vista que encontrarían al otro lado de la cima. Esperaban hallar pequeñas colinas en un valle verde, quizá con cabañas de pastores o alguna granja a la vista.

Como ya sabían por sus experiencias anteriores, en la nieve las distancias engañan, y cuando el sol se ocultó todavía no divisaban la cumbre. Llegaron a la conclusión de que habrían de dormir en alguna parte de la ladera, y trataron de encontrar un lugar más o menos nivelado. Pero comprobaron con creciente alarma que no había tal lugar por las cercanías. La montaña era casi vertical. Vizintín escaló el saliente de una roca para evitar dar la vuelta caminando por la nieve, pero se atascó. Estuvo a punto de caer rodando debido al peso de la mochila, y se salvó desatándola y dejándola deslizarse en la nieve. Este suceso lo puso tan nervioso que comenzó a lloriquear diciendo que no podía continuar. Estaba tan agotado que para mover las piernas se veía obligado a levantarlas ayudándose con las manos.

Oscurecía rápidamente y el pánico estaba apoderándose de ellos. Llegaron a otro saliente de roca y Parrado pensó que tal vez existiría una superficie plana encima, por lo que comenzó a escalarlo. De pronto Canessa oyó el grito: «¡Cuidado!», y una gran roca, desprendida por las botas de rugby de Parrado, pasó rodando junto a él, rozándole la cabeza.

—Por el amor de Dios —le gritó Canessa—. ¿Es que quieres matarme?

Después rompió a llorar. Estaba totalmente deprimido y desesperado.

No había un lugar apropiado para dormir encima de aquel saliente, pero un poco más lejos encontraron una roca enorme con una trinchera de nieve formada por el viento. El suelo de la trinchera no era plano, pero la pared de nieve evitaba que se deslizaran montaña abajo, así que montaron allí el campamento y se metieron en el interior del saco de dormir.

La noche estaba completamente despejada y la temperatura había descendido a muchos grados bajo cero, pero el saco de dormir fue un éxito, pues no sentían frío. Comieron un poco más de carne y bebieron un trago de ron cada uno. La vista era magnífica desde donde se encontraban. Ante ellos se extendía un enorme paisaje de montañas cubiertas de nieve, iluminadas por la pálida luz de la luna y las estrellas. Se sentían un tanto extraños tendidos en aquel lugar con Canessa entre los otros dos, medio poseídos por el terror y la desesperación y maravillados al mismo tiempo por la inmensidad de la blanca belleza que se les ofrecía.

Al final se durmieron o dormitaron en una semiinconsciencia. La noche era demasiado fría y el suelo muy duro para que pudieran dormir bien, y la primera luz de la mañana los sorprendió despiertos a los tres. Todavía hacía frío y se quedaron dentro del saco de dormir a la espera de que apareciera el sol y deshelara las botas, que durante la noche se habían quedado pegadas a la roca sobre la cual las habían dejado. Mientras esperaban, bebieron agua de la botella, comieron, y tomaron otro trago de ron.

Miraban cómo cambiaba el paisaje por efecto de la luz, pero la vista de Canessa, que era la más aguda de las tres, estaba fija en una línea a lo largo del valle que se dirigía al este, más allá del Fairchild y de la cola. Era difícil de ver, pues toda la zona se hallaba todavía en penumbra, pero parecía que el suelo allí estaba limpio de nieve y la línea que lo cruzaba podía ser una carretera. No dijo nada a los otros dos porque la idea tenía que ser absurda: Chile estaba en el oeste.

Reanudaron la ascensión cuando el sol asomó por detrás de las montañas del lado opuesto. Parrado iba el primero, seguido por Canessa y por Vizintín. Los tres estaban todavía cansados y tenían las piernas embotadas por el esfuerzo realizado el día anterior, pero encontraron una especie de sendero en la roca, que creyeron que los llevaría hasta la cima.

La montaña aparecía ahora tan inclinada que Vizintín no se atrevía a mirar hacia abajo. Sencillamente seguía a Canessa a una distancia prudencial, lo mismo que Canessa seguía a Parrado. Lo que más les desanimaba era que cada cima que veían enfrente de ellos resultaba falsa, pues cuando la alcanzaban comprobaban que sólo se trataba de un montón de nieve o un saliente de rocas. Al mediodía se detuvieron junto a uno de estos salientes para comer, descansar, y continuar después. A media tarde todavía no habían llegado a la cumbre y aunque presentían que estaban cerca, no quisieron cometer el mismo error que la noche anterior. Por lo tanto, investigaron por los alrededores hasta que encontraron otra trinchera parecida a la del día anterior, al lado de una roca similar, y decidieron quedarse allí.

Al contrario que Vizintín, Canessa no había tenido miedo de mirar hacia abajo, y cada vez que lo hacía, la línea que estaba en la lejanía se destacaba cada vez más y, desde la distancia, al menos, se asemejaba a una carretera. En esta ocasión, ya estaban sentados en el saco a la espera de que se pusiera el sol, les dijo a los otros:

—¿Veis aquella línea de abajo? Creo que es una carretera.

—No veo nada —dijo Nando, que era corto de vista—. Pero no puede ser una carretera, porque estamos mirando en dirección este y Chile está hacia el oeste.

—Ya sé que Chile está al oeste —le respondió Canessa—, pero pese a todo creo que es una carretera. Y, además, no hay nieve. Mira, Tintín, tú puedes verla, ¿no?

La vista de Vizintín no era mejor que la de Parrado. Trató de ver a través de la distancia con sus pequeños ojos.

—Sí, veo una línea —dijo—, pero no me atrevería a asegurar que es una carretera.

—No puede ser una carretera —insistió Parrado.

—Puede ser una mina —apuntó Canessa—. Hay minas de cobre en plena cordillera.

—¿Cómo lo sabes? —preguntó Parrado.

—Lo he leído en alguna parte.

—Puede ser un accidente geológico.

Después de una pausa, Canessa añadió:

—Creo que debemos regresar.

—¿Regresar? —repitió Parrado.

—Sí —dijo Canessa—. Regresar. Esta montaña es demasiado alta. Nunca llegaremos a la cima. A cada paso que damos arriesgamos nuestras vidas. Es una locura continuar.

—¿Y qué haremos si regresamos? —preguntó Parrado.

—Ir hasta esa carretera.

—¿Y qué pasará si la carretera no es una carretera?

—Mi vista es mejor que la vuestra —dijo Canessa—, y yo digo que es una carretera.

—Puede que sea una carretera y puede que no lo

sea, pero de una cosa estamos seguros: hacia el oeste está Chile, y si continuamos en esa dirección llegaremos hasta allí.

—Si continuamos hacia el oeste, seguro que nos romperemos la cabeza.

Parrado suspiró.

—Yo me vuelvo de todas formas —dijo Canessa.

—Y yo continúo —contestó Parrado—. Si llegas hasta la carretera y descubres que no es una carretera, ya será demasiado tarde para volver a intentarlo por esta parte. Ya andan escasos de alimentos allá abajo. No habrá suficiente para otra expedición como ésta, así que perderemos todos; todos nos quedaremos en la cordillera.

Aquella noche se durmieron sin haber tomado una determinación. A cierta hora de la noche un resplandor lejano despertó a Vizintín, que a su vez despertó a Canessa, temiendo que se acercara una tormenta. Pero la noche estaba clara y no hacía viento, y los dos chicos se volvieron a dormir.

La noche no alteró las intenciones de Parrado. Tan pronto como se hizo de día se preparó para continuar la ascensión. Canessa parecía menos resuelto a regresar al Fairchild, así que sugirió que Parrado y Vizintín dejaran allí las mochilas y subieran un poco más para ver si alcanzaban la cumbre. Parrado aceptó sin dudar y salió seguido de Vizintín, pero con su impaciencia por alcanzar la cima de inmediato subía con prisa y Vizintín se quedó rezagado enseguida.

La ascensión llegó a ser excepcionalmente difícil. La pared de nieve era casi vertical y Parrado sólo podía continuar construyendo escalones en los que se agarraba con las manos y apoyaba los pies, escalones que Vizintín también utilizaba. La superficie de la nieve era tan escarpada y el cielo tan azul que por esta razón sabía que estaba cerca de la cima. Lo impulsaba toda la emoción de un montañero que tiene el triunfo al alcance de la mano y la intensa ansiedad que se siente por ver lo que hay al otro lado. Mientras escalaba, pensó: «Me encontraré con un valle, veré un río y hierba verde, y árboles...», y, repentinamente, la ladera que estaba escalando dejó de ser tan escarpada. Apareció una pequeña pendiente y luego una superficie plana de unos cuatro metros antes de descender hacia el otro lado. Había llegado a la cumbre de la montaña.

La alegría de Parrado por haberlo conseguido al fin sólo duró el tiempo que tardó en ponerse de pie. El panorama frente a él no era de verdes valles que descendían hacia el océano Pacífico, sino una interminable extensión de montañas cubiertas de nieve. Desde aquel lugar, sólo veía la continuación de la cordillera, y, por primera vez, Parrado pensó que estaban perdidos. Cayó de rodillas y quiso gritar insultando al cielo por esta injusticia, pero no salió ni un sonido de su boca, y cuando elevó la vista otra vez, jadeando por el esfuerzo que acababa de realizar y por la altitud a que se encontraba, su momentánea desesperación fue reemplazada por cierto júbilo por lo que había realizado. Era cierto que la vista que tenía ante sí estaba plagada de montañas, con una sucesión de picos que se perdían en el lejano horizonte, pero también era verdad que él se encontraba por encima de todos, lo que demostraba que había escalado una de las montañas más altas de los Andes. «He escalado esta montaña —pensó—, por lo que la llamaré Monte Seler, en memoria de mi padre.»

Llevaba consigo la barra de carmín que utilizaba para curarse los labios, y una bolsa de plástico. Escribió en la bolsa «Seler» y la colocó bajo una piedra en la cumbre. Luego se sentó para contemplar el paisaje.

Mientras escudriñaba las montañas que lo rodeaban observó que hacia el oeste, en la parte más lejana a la izquierda del panorama, había dos montañas cuyos picos no estaban cubiertos de nieve.

«La cordillera debe terminar en alguna parte —pensó—, así que quizás esas dos estén en Chile.»

La verdad es que no sabía nada sobre la cordillera, pero esta idea renovó su optimismo, y cuando oyó a Vizintín desde más abajo, le contestó con animoso tono de voz:

—Vuelve y trae a «Músculos». Dile que todo va bien. ¡Dile que venga y lo compruebe por sí mismo!

Y notando que Vizintín lo había oído y que regresaba, Parrado se volvió para admirar otra vez la vista desde la cima del Monte Seler.

Mientras que los otros dos partían hacia la cima, Canessa se sentó al lado de las mochilas viendo cómo su carretera cambiaba de color a medida que cambiaba también la luz. Cuanto más la miraba, más se convencía de que era una carretera, pero, al cabo de dos horas, regresó Vizintín con la noticia de que Parrado había alcanzado la cumbre y quería que se uniera a él.

—¿Estás seguro de que está en la cima?

—Sí, completamente.

—¿Has llegado hasta allí?

—No, pero Nando dice que es maravilloso. Dice que todo irá bien.

De mala gana, Canessa se irguió y comenzó la ascensión de la montaña. Había dejado la mochila con Vizintín, pero a pesar de ello tardó en subir una hora más que Parrado. Siguió los escalones que habían hecho en la nieve, y mientras se acercaba, iba llamando a su amigo. Oyó gritar a Parrado y siguió la dirección de la voz hasta que también él se encontró en la cima. El efecto que le causó a Canessa fue el mismo que había experimentado Parrado. Miraba espantado la interminable cadena de montañas en dirección al oeste.

—Estamos perdidos, absolutamente perdidos. No tenemos ni una maldita posibilidad de atravesar todo esto.

—Pero mira —dijo Parrado—, mira hacia el oeste. ¿No ves a la izquierda dos montañas sin nieve?

—¿Quieres decir aquellas dos gemelas?

—Sí, las gemelas.

—Pero hay kilómetros de distancia hasta allí. Por lo menos tardaremos cincuenta días en llegar.

—¿Cincuenta días? ¿Tú crees? Observa allí —Parrado señaló a una distancia media—. Si bajamos la montaña y caminamos a lo largo de ese valle, llegaremos a esa especie de Y. Uno de los brazos de la Y debe conducir hasta las gemelas.

Canessa siguió las indicaciones de Parrado y vio el valle y la Y.

—Quizá —dijo—. Pero aún así tardaremos cincuenta días en llegar y sólo tenemos comida para diez.

—Lo sé —repuso Parrado—. Pero ¿por qué no enviamos a Tintín de vuelta al avión?

—No estoy seguro de que quiera hacerlo.

—Si se lo pedimos irá y podemos quedarnos con su ración. Si la repartimos con cuidado, nos durará veinte días.

—Y después, ¿qué hacemos?

—Después ya encontraremos algo.

—No sé —contestó Canessa—. Creo que prefiero volver y buscar la carretera.

—Pues vuelve —le dijo Parrado con brusquedad—. Y busca tu carretera, pero yo voy a Chile.

Regresaron montaña abajo y, hacia las cinco de la tarde, llegaron a donde se encontraba Vizintín. Vizintín había derretido nieve, mientras esperaba a los que estaban en la cima, así que pudieron calmar la sed antes de comer algo de carne. Durante la comida, Canessa se dirigió a Vizintín y, como por casualidad, le dijo:

—Oye, Tintín, Nando cree que sería mejor que volvieras al avión. Así tendríamos más comida.

—¿Regresar? —preguntó Vizintín, con la cara iluminada—. Si creéis que es lo mejor, de acuerdo.

Y antes de que a ninguno de los dos le diera tiempo a decir una sola palabra, tomó la mochila para colocársela a la espalda.

—Pero no esta noche —añadió Canessa—. Mañana por la mañana.

—¿Mañana por la mañana? Vale. De acuerdo.

—¿No te importa?

—No. Estoy de acuerdo con vosotros.

—Y cuando vuelvas —dijo Canessa—, explica a los demás que hemos ido en dirección oeste. Y si un avión os ve y os rescata, por favor, no nos olvidéis.

Canessa no durmió aquella noche, pues todavía no estaba seguro si continuaría con Parrado o regresaría con Vizintín. Continuó hablando del asunto con Parrado bajo las estrellas y, mientras ellos no paraban de discutir, Vizintín se quedó dormido. Pero a la mañana siguiente, ya había llegado a una conclusión. Seguiría con Parrado. Por lo tanto, se quedaron con la carne que llevaba Vizintín y con todo lo que les pudiera hacer falta —excepto el revólver, porque lo consideraban un peso muerto— y se prepararon para despedirlo.

—Dime, «Músculos» —dijo Vizintín—. ¿Hay alguna parte de los cuerpos que no se pueda comer?

—Ninguna —contestó Canessa—. Todas tienen algún valor nutritivo.

—¿Incluso los pulmones?

—Incluso los pulmones.

Vizintín asintió con la cabeza. Entonces se dirigió a Canessa otra vez.

—Bueno —dijo—, como vosotros seguís y yo regreso, ¿hay algo que yo tenga que creáis necesitar? No dudéis en pedírmelo, porque todas nuestras vidas dependen de que lleguéis y encontréis ayuda.

—Bien —le respondió Canessa mirando de arriba abajo a Vizintín y repasando todo su equipo—. No me importaría que me dieras ese pasamontañas.

—¿Esto? —preguntó Vizintín cogiendo el pasamontañas de lana blanca que llevaba en la cabeza—. ¿Quieres decir esto?

—Sí, eso.

—Yo... bueno... yo... ¿Crees realmente que lo necesitas?

—Tintín, ¿crees de verdad que te lo pediría si no lo necesitara realmente?

De mala gana, Tintín le dio el pasamontañas que tanto apreciaba.

—Bien, buena suerte —dijo.

—Te deseamos lo mismo —dijo Parrado—. Ten cuidado con el descenso.

—Lo tendré.

—Y no lo olvides —añadió Canessa—. Dile a Fito que hemos ido en dirección oeste. Y si os rescatan, no olvidéis venir por nosotros.

—No os preocupéis —dijo Vizintín.

Abrazó a sus dos compañeros y comenzó a descender por la montaña.

OCTAVA PARTE

1

Los trece chicos que quedaban en el Fairchild observaban la ascensión de los expedicionarios con sus artesanas gafas de sol. Era fácil distinguirlos durante el primer día, pero ya en el segundo se habían convertido en puntos en la nieve. Lo que les producía desánimo era la lentitud con que ascendían. Pensaban que tardarían una mañana, o todo lo más un día, en alcanzar la cima, pero al segundo todavía estaban a la mitad. Por la tarde del segundo día alcanzaron una sombra y les perdieron de vista.

Aproximadamente a la misma hora, apareció un avión por un lado de la montaña. Se dispusieron a hacer señales, pero casi en el mismo momento cambió de rumbo y desapareció por el oeste.

No podían hacer nada más por los expedicionarios, excepto rezar, y existían algunos problemas a los que era necesario hacer frente de inmediato. El principal era la escasez de alimento. Pese a que no habían encontrado todos los cuerpos alrededor del avión, Fito decidió que subiría por la montaña en busca de los que durante el accidente se habían salido del avión. Cada día que pasaba aparecían nuevas formas y manchas en la ladera, y era fundamental, si lo que sobresalía eran cuerpos, subir y cubrirlos con nieve antes de que se pudrieran.

Zerbino, que subió a la montaña y halló los cuerpos hacía más de siete semanas, decidió acompañar a Fito, y los dos salieron por la mañana temprano el día 13 de diciembre.

La superficie de la nieve aún estaba dura y avanzaban con rapidez. Mejor equipados que cuando Zerbino participó en la primera expedición con Maspons y Turcatti, ahora los dos estaban también mejor entrenados. De vez en cuando, conforme ascendían, iban deteniéndose para descansar y miraban hacia el Fairchild y las montañas más allá de donde se encontraba el avión. Cuanto más ascendían, nuevas montañas surgían ante sus ojos —excepcionalmente altas y cubiertas de nieve—, lo que les deprimía enormemente. Creyeron imposible hallarse, como suponían, en las estribaciones de los Andes. Con aquellos montes gigantes, pensaban, era seguro que se encontraban en el mismo centro. ¿Qué oportunidad tenían Canessa, Parrado y Vizintín de llegar hasta Chile a través de aquel inaccesible terreno? Habría kilómetros y kilómetros hasta el próximo lugar habitado, y los tres expedicionarios sólo contaban con comida para diez días.

—Deberíamos enviar otra expedición —dijo Fito—. Y esta vez con más comida que la anterior.

—¿Quién? —preguntó Zerbino.

—Nosotros dos y, quizá, Carlitos o Daniel.

—Puede ser que el avión nos encuentre antes.

Se detuvieron y miraron hacia el Fairchild. Era prácticamente invisible, porque tenía el techo blanco y lo que mejor se distinguía desde lo alto eran los asientos, las ropas y los huesos extendidos a su alrededor sobre la nieve.

—Es mejor que dejemos los huesos allí —dijo Fito—. Es lo único visible.

Luego de escalar durante unas dos horas, llegaron a un lugar donde había señales indicadoras de que estaban en las proximidades de los cuerpos. Vieron una cazadora de algodón ribeteada con lana. Fito la recogió, y, sacudiéndole la nieve, se la colocó sobre el jersey.

Continuaron subiendo, y enseguida, tendido en la nieve, hallaron un cuerpo boca arriba. Fito se quedó en el acto paralizado al reconocer las facciones de otro de sus primos, Daniel Shaw. Inmediatamente comenzó a debatirse entre sensaciones contradictorias. Allí tenía el alimento que buscaban, pero como era el cuerpo de su primo no se atrevió a tocarlo. Se dirigió a Zerbino y le dijo:

—Sigamos a ver si encontramos a los otros.

Continuaron caminando por la nieve, que pronto empezó a ceder bajo sus pies. Cuando llegaron a la zona donde Zerbino creía recordar que estaban los otros cuerpos, no vieron nada, salvo pequeños fragmentos del mismo avión. De todas formas, uno de ellos era lo suficientemente grande como para usarlo de trineo, y Fito, pensando que su responsabilidad hacia los demás no le ofrecía otra alternativa, lo cogió y se dirigió hacia el cuerpo de su primo.

Ataron el cadáver, tieso por el frío, al trineo con cuerdas de nailon procedentes del departamento de equipajes. Fito se sentó en uno de los almohadones que habían llevado para caminar por la nieve y lo enganchó al trineo. Se impulsaron clavando los tacones en la nieve y comenzaron a descender por la ladera de la montaña.

Esta forma improvisada de trasladar el cadáver dio mejor resultado del que esperaban, y mientras bajaban hacia el valle fueron adquiriendo una velocidad que aumentaba rápidamente. Zerbino, que iba sentado detrás, intentaba dirigirlo con los pies, pero carecía de la posibilidad de controlarlo lo suficiente como para dominarlo ni para maniobrar con libertad, pero parecía que una mano oculta los guiaba, porque el trineo no chocó contra ninguna roca y, cuando llegaron a la altura del Fairchild, Fito clavó los pies en la nieve y se pararon lentamente.

Pero habían calculado mal el tiempo que iban a precisar. Ahora estaban en la otra parte del valle, y la nieve era tan blanda y ellos estaban tan cansados que decidieron dejar el cuerpo allí mismo, enterrado en la nieve, y recogerlo al día siguiente. Cuando estaban cavando un hoyo con las manos, vieron las figuras de Eduardo, Fernández, Algorta y Páez que acudían hacia ellos.

—¿Estáis bien? —les preguntó Eduardo a gritos.

No contestaron.

—Os vimos descender por la montaña a tal velocidad que pensamos que os habíais matado.

Tampoco contestaron esta vez.

—¿Habéis encontrado algo?

—Sí —dijo Fito—. A Daniel.

Fernández miró a Fito, pero se calló. Regresaron al Fairchild en silencio, pero a la mañana siguiente volvieron en busca del cuerpo cuando la superficie de la nieve todavía estaba helada. Una vez estuvo en el avión, Fito preguntó si podían dejar a su primo junto a los cuerpos que habían acordado preservar cuanto pudieran, y todos contestaron afirmativamente.

Páez y Algorta, por separado, subieron a la mañana siguiente por la montaña otra vez para intentar encontrar otro cuerpo. Primero hallaron un bolso de mujer, del que aprovecharon la barra de pintura de labios para proteger los suyos del sol. Los dos se pintaron, mirándose al espejo de la polvera.

—¿Sabes lo que pensarán —dijo Carlitos, sonriendo al ver el rostro pintado de Pedro— si nos rescatan esta tarde y nos encuentran con los labios pintados? Que la frustración sexual nos ha hecho maricones de atar.

Continuaron ascendiendo hasta que encontraron un cuerpo. La piel del rostro y de las manos había estado expuesta al sol y se había vuelto negra, además, le faltaban los ojos, bien porque el sol los había quemado o porque los cóndores se los habían comido. Como hacía ya mucho calor y la nieve se estaba derritiendo, cubrieron el cuerpo otra vez y regresaron.

Al día siguiente, Algorta, esta vez acompañado por Fito y Zerbino, subieron a buscarlo. Lo cortaron allí mismo, pues habían pensado que sería más fácil transportarlo de esta forma. Llenaron calcetines de rugby con carne y grasa, y se comieron la ración que se merecían por el esfuerzo realizado. A las nueve y media de la mañana, aunque todavía no habían terminado el trabajo, regresaron al avión, Fito y Zerbino con las mochilas llenas, Algorta con un brazo sobre el hombro y el hacha atada a la cintura.

Cuando llegaron al Fairchild se encontraron con una escena extraordinaria. Los otros supervivientes estaban reunidos en medio de la cruz, de pie, y mirando al cielo. Algunos se abrazaban y otros rezaban en voz alta. En uno de los límites de la cruz, Pancho Delgado, de rodillas, gritaba:

—Gastón, pobre Gastón. ¡Cuánto me gustaría que estuvieras aquí!

Daniel Fernández estaba en el centro de la cruz, con la radio pegada al oído.

—Han encontrado la cruz —dijo—. Acabamos de escuchar por la radio que han encontrado la cruz en un lugar llamado algo así como la montaña Santa Elena.

Los tres que acababan de llegar con la carne se pusieron locos de alegría, porque ¿qué cruz podían haber encontrado que no fuera la suya? Pensaron que la montaña Santa Elena era la que tenían a sus espaldas, y durante el resto de la mañana esperaron el rescate que creían inminente. Fernández, sin separarse un momento de la radio, oyó que una flota de aviones chilenos y argentinos se habían unido en la búsqueda al C-47 uruguayo, y que las autoridades argentinas estaban examinando la cruz, ya que se suponía que se hallaba en su territorio.

Mientras Fernández escuchaba la radio, Methol apareció con una imagen de santa Elena, que había sido de Liliana. Él y los otros chicos rezaron a esta virgen, patrona de las cosas perdidas, y juraron que si alguna vez tenían una hija le pondrían de nombre Elena. Hacia el mediodía de una jornada que estuvo por completo dedicada a la espera de los helicópteros, los oyeron en el otro lado de la montaña. De nuevo se pusieron a dar saltos y a abrazarse, pero su alegría era prematura. No apareció ningún helicóptero en el cielo. El ruido que escuchaban se convirtió después en un estruendo, para cesar luego y dar paso al impresionante silencio de la cordillera. Lo que habían tomado por el sonido de los helicópteros había sido en realidad el de una avalancha.

Por la noche, una vez desengañados, sus reflexiones en el interior del avión fueron más objetivas. ¿Qué avión había volado sobre ellos o sobre la cola, capaz de haber visto una de las cruces que habían hecho? Y si era así, ¿por qué no habían enviado los helicópteros?

En la fría mañana del día siguiente, muy temprano, los mismos tres muchachos volvieron a la montaña para acabar de cortar la carne antes de que el cuerpo se descompusiera. Otra vez se comieron la ración extra a la que suponían que tenían derecho, y cargaron las mochilas con todo, excepto con los huesos de las costillas, la espina dorsal, los pies y el cráneo. Este último lo habían abierto con el hacha, pero como los sesos olían a podrido, los abandonaron y comenzaron a descender.

2

Durante la mañana del día 15 de diciembre, los chicos que estaban sentados en los asientos frente al avión vieron cómo algo se deslizaba montaña abajo a una velocidad extraordinaria. Al principio creyeron que era una roca que se hubiera desprendido al derretirse la nieve, pero a medida que se fue acercando observaron que era un hombre, y cuando se acercó más aún, se dieron cuenta de que era Vizintín. Parecía que se estaba despeñando, pero bajaba sentado en un almohadón, con el descenso controlado, por lo que al llegar a la altura del avión, enterró los pies y se paró.

Los trece muchachos estuvieron sometidos a una serie de terribles emociones al observar que se dirigía hacia ellos por la nieve. Creyeron que uno, o los otros dos expedicionarios se habían matado, o que los tres se habían rendido y Vizintín era el primero en regresar. Otros, más optimistas, supusieron que el avión que había aparecido por un lado de la montaña los había visto.

Cuando Vizintín llegó hasta ellos, explicó lo que había sucedido:

—Nando y «Músculos» han coronado ya la cima —dijo—. Ellos seguirán, pero me pidieron a mí que regresara para que les durase más la comida.

—Pero ¿qué hay al otro lado? —preguntó alguno de ellos, que habían formado un círculo a su alrededor.

—Más montañas..., montañas hasta donde alcanza la vista. En mi opinión, no tienen muchas posibilidades.

Los ánimos volvieron a hundirse. Otro hermoso sueño —el encontrar verdes valles al otro lado— se había desvanecido, devolviéndolos a la brutal realidad. Las explicaciones de Vizintín los deprimieron aún más.

—La ascensión fue un infierno, un verdadero infierno —dijo—. Tardamos tres días en llegar a la cima. Si tienen que subir otra semejante, no creo que lo consigan.

—¿Cuánto tardaste en bajar?

Vizintín se echó a reír.

—Tres cuartos de hora. Para bajar no hay problema. Lo difícil es subir. —Hizo una pausa y prosiguió—: Lo curioso es que hay menos nieve hacia el este —dijo señalando hacia el valle— que hacia el oeste. Y «Músculos» creyó ver una carretera.

—¿Una carretera? ¿Dónde?

—Hacia el este.

Los Strauch sacudieron la cabeza.

—Pero eso es imposible. Chile está hacia el oeste.

—Sí —repitieron todos los jóvenes a la vez—, Chile está hacia el oeste, Chile está hacia el oeste.

A mediodía disputaron acerca de la cantidad de carne que deberían dar a Vizintín.

—Acabo de regresar de una expedición. Necesito recobrar fuerzas..., y no he comido mucho. Les di todos los alimentos a Nando y «Músculos».

Le concedieron un poco más, pero le advirtieron que en lo sucesivo lo tratarían como a los demás. Aquella misma tarde, Vizintín recorrió los alrededores del avión recogiendo todos los pulmones que encontró y amontonándolos en su bandeja. Hasta entonces los habían descartado como alimento (excepto en una ocasión en que Canessa lo repartió como si fuera hígado) y nadie se había preocupado de cubrirlos con nieve, por lo que habían comenzado a pudrirse, se les había formado una dura corteza en la parte exterior a causa del sol. Los otros miraban a Vizintín mientras éste hacía su recolección y depositaba la carga en el lugar que le correspondía en el techo del avión.

—¿Vas a comerte eso? —le preguntó alguien.

—Sí.

—Te pondrás enfermo.

—No, porque «Músculos» me ha dicho que se puede comer.

Lo observaron con recelo mientras cortaba la carne podrida en pedazos y se los comía. Al día siguiente, como vieron que no le habían sentado mal, algunos siguieron su ejemplo. Necesitaban encontrar nuevos sabores, así que no lo hicieron porque tuvieran escasez, pues al derretirse la nieve habían aparecido los cuerpos de los que habían muerto durante o después del primer accidente. Disponían aún de diez cuerpos, cinco de los cuales no comerían a no ser que se vieran en extrema necesidad, según habían prometido. Antes del alud habían consumido uno en su mayoría, pero los seis que quedaban, junto con los dos pilotos que todavía estaban en sus asientos, podían durarles todavía cinco o seis semanas más. Todos los cuerpos estaban perfectamente conservados por la nieve, y como eran los primeros que habían muerto tenían más y mejor carne que los de quienes murieron durante el alud o después.

Estos inesperados frutos que les proporcionaba el deshielo hubieran tentado a un grupo menos disciplinado a aumentar la estricta ración de carne, pero los Strauch ya estaban convencidos de que quizá tuvieran que organizar una segunda expedición y equiparla con más alimentos para un viaje más largo del que habían previsto para Canessa, Parrado y Vizintín. En consecuencia, cavaron dos hoyos en la nieve. En uno metieron los cuerpos de los que debían reservar hasta el último momento y en el otro los que consumían según lo iban necesitando.

Ahora ya no era preciso comer pulmones e intestinos en mal estado de los cuerpos que habían descuartizado las semanas anteriores, pero la mitad de los jóvenes continuaron haciéndolo porque tenían la necesidad de sabores más fuertes. Les había costado un supremo esfuerzo de voluntad comer carne humana, pero los muchachos, una vez superado el reto, volvieron a tener apetito. El instinto de supervivencia era como un tirano que no sólo les exigía comer a sus ex compañeros, sino que llegaron a acostumbrarse a hacerlo.

En este aspecto quizás el caso más paradójico fue el de Pedro Algorta. No descendía de granjeros como la mayoría de los otros, pero fue él, un sensible intelectual socialista, quien encontró la justificación de comer las primeras tiras de carne humana, al comparar este acto con el rito litúrgico de comer el cuerpo y beber la sangre de Cristo durante la Sagrada Comunión. Y también fue él, cuando descubrieron el primer cuerpo del que cortaron carne, quien se sentó ahora en un almohadón armado con un cuchillo y cortó la carne medio podrida que todavía quedaba en los hombros y costillas. Para todos ellos era más difícil todavía comer las partes humanas más facilmente reconocibles, como las manos o los pies, pero lo hacían de todas formas.

El sol calentaba tanto a mediodía que ahora casi podían cocinar en el techo del avión. También se derivaron otras consecuencias del rápido deshielo. El nivel de la nieve había descendido hasta la base del fuselaje, lo cual no sólo hacía difícil alcanzar el techo, sino que temían que el avión se diera la vuelta. Al derretirse la nieve, además, comenzaron a rodar rocas sueltas montaña abajo hasta donde se encontraban. El calor trajo más signos de vida. Algunas golondrinas volaron alrededor del avión y una de ellas se posó en el hombro de uno de los muchachos, que trató de agarrarla, pero falló. La espera, no obstante, continuaba influyendo en su estado nervioso. Sus mentes alternaban la esperanza entre que Canessa y Parrado lograran el éxito, y los planes de una nueva expedición que saldría el dos o el tres de enero.

En esta situación, un día surgió la víctima propiciatoria de todas las tensiones. En el suelo del avión encontraron vacío el tubo de dentífrico que se repartían en pequeñas dosis como postre. Se inició inmediatamente una investigación y las sospechas recayeron en Moncho Sabella y Pancho Delgado, porque eran los únicos que habían estado dentro del avión, pero como no pudieron probar nada, no acusaron a nadie. No obstante, durante la investigación se averiguó que Roy Harley tenía entre sus cosas otro tubo de pasta dentífrica. Cuando le preguntaron de dónde procedía, él contestó que se lo había cambiado a Pancho Delgado por siete cigarrillos.

—Y ¿dónde lo cogiste tú, Pancho? —le preguntaron a Delgado.

—Lo trajo «Músculos» de la cola del avión y me lo dio a mí para que yo se lo diera a Numa, pero cuando Numa murió...

—¿Te quedaste con él?

—Sí.

—¿Por qué no lo entregaste a la comunidad?

—¿Entregarlo? No sé, no se me ocurrió.

Discutieron el asunto, y el jurado, integrado por doce hombres, llegó a la conclusión de que Delgado no tenía derecho a quedarse con el tubo después de la muerte de Numa, y que, por tanto, tampoco tenía derecho a cambiárselo a Roy por los cigarrillos. Por tanto, la pasta sería confiscada y entregada a la comunidad y Delgado tenía que devolver a Roy los cigarrillos.

A Roy lo consideraron inocente porque había permanecido en la cola durante casi todo el tiempo en que Delgado estuvo en posesión del dentífrico y, por tanto, no sabía que era para Numa. Delgado era culpable, pero la creencia general fue que había procedido de buena fe, y como aceptó el veredicto de los jueces y devolvió los cigarrillos a Roy (pero solamente cuatro porque Roy se había comido parte de la pasta), este incidente quedó totalmente zanjado. Las sospechas, sin embargo, persistieron, y la mayor parte de los supervivientes pensaban que era Delgado quien se había comido la pasta del otro tubo. A pesar de que nadie lo acusó de manera directa, denotaban que estaban molestos con él y le dirigían reproches abiertamente.

Aunque todos escamoteaban trozos de carne sin demasiados remilgos —Inciarte cuando cocinaba—, Delgado lo hacía en secreto, y como tenía menos oportunidades que los demás, cada vez se quedaba con más cantidad. Pero Zerbino, fiel a su oficio de detective, pensó tenderle una trampa. Un día, Daniel Fernández estaba cortando carne a cierta distancia del avión. Le pasaba los trozos grandes a Zerbino, quien, si no se los comía, se los pasaba a su vez a Delgado y éste a Eduardo Strauch, quien los cortaba en pedazos más pequeños. Dos piezas pequeñas no llegaron a su destino. Zerbino le pidió enseguida a Fito que vigilara a Delgado y luego le pasó una pieza grande de carne. Delgado, sin advertir que lo estaban vigilando, la escondió en una bandeja que tenía a su lado y le pasó a Eduardo un pedazo más pequeño. Zerbino se acercó a él rápidamente:

—¿Qué pasa aquí? —le preguntó.

—¿Cómo que qué pasa? —contestó Pancho.

—¿Qué tienes en tu bandeja? —insistió Fito.

—¿De qué estás hablando? —respondió Pancho—. ¿Esto? ¿Este trozo de carne? Es un pedazo que le sobró a Daniel esta mañana.

Fito y Zerbino lo miraron enfadados, tratando de dominarse. Luego le volvieron la espalda y fueron a contárselo al «Alemán». Eduardo no pudo contenerse. No se dirigió directamente a Delgado, pero le acusó en voz alta, delante de los otros, de forma que Delgado no pudo evitar oírlo.

—¿Qué significa todo esto? —le preguntó a Eduardo—. ¿Estás hablando de mí?

—Sí —dijo Eduardo—. Ésta es la séptima vez que

desaparece comida, y ahora está ahí en tu bandeja.

Delgado palideció, pero no dijo nada. Fito agarró a su primo por el brazo.

—Déjalo, dejémoslo —dijo.

La furia del «Alemán» cedió, pero la desaprobación de los primos constituía un asunto grave en la pequeña comunidad del Fairchild. Se creó un ambiente de hostilidad contra Delgado. Si faltaba algo, se hacían referencias jocosas hacia él como «el oportunista» o «la mano sagrada». Este sentimiento era compartido incluso por Algorta, que dormía a su lado y recordaba aún cómo Delgado lo había calentado después de la avalancha. Aunque no estaba convencido ni mucho menos de que Delgado fuera el responsable de todos los robos, tuvo que implicarse en aquella atmósfera de antagonismo. Temía que si se ponía de parte de Delgado, los demás lo aislaran del grupo. Methol y Mangino no estaban contra él, pero el único que continuó siendo amigo de Delgado fue Coche Inciarte, porque recordaba que Pancho le había prestado el abrigo cuando tenía frío y le había obligado a comer carne y grasa cuando sentía tanta repugnancia, por lo que hubiera muerto de no haber sido por él. Pero Coche era tan estimado por los primos y por todos los muchachos, que nadie se atrevía a reprocharle su amistad. Esta amistad evitó que Pancho Delgado se sintiera completamente aislado.

Incidentes similares al de Delgado no contribuyeron precisamente a levantar la moral de los chicos. A medida que pasaban los días, sólo recibían malas noticias por la radio. La cruz que se había encontrado en la montaña no era la suya, sino la de unos geofísicos argentinos de Mendoza. La consecuencia fue que los helicópteros del Servicio Aéreo de Rescate se retiraron y sólo continuó la búsqueda el C-47 uruguayo.

Unos días después, una tarde, oyeron el ruido de unos motores. Otra vez, como cuando se enteraron de las noticias de la cruz, se excitaron hasta el paroxismo, gritando y rezando, pero enseguida se desvaneció el ruido provocando desilusión en todos ellos. Los muchachos permanecieron de pie en la nieve con el oído atento, tratando de percibir hasta el más leve rumor. El ruido del avión decreció, después se hizo más audible, luego decreció otra vez hasta que aumentó de nuevo su intensidad. No podían ver el avión, pero dedujeron por el sonido que estaba sobrevolando la zona en líneas paralelas. Inmediatamente prepararon los objetos más brillantes de que disponían y, creyendo que los tripulantes del avión advertirían mejor cualquier cosa en movimiento, se prepararon para que los más sanos corrieran en círculos, mientras que los impedidos, alineados, hicieran señales. Para que todos supieran por dónde tenían que correr o permanecer de pie, marcaron la nieve —con una línea recta, y un círculo un poco más allá— con los huesos que había alrededor del Fairchild. Esperaron hasta la tarde, oyendo cada vez más cerca el zumbido de los motores del avión. Cuando oscureció y cesaron los ruidos, se acostaron muy contentos pensando que al día siguiente se reanudaría la búsqueda donde se había abandonado el día anterior. Aquella noche, como todas, rezaron para que los rescataran, pero también para que los expedicionarios encontraran ayuda antes de que los vieran desde el avión. A la mañana siguiente, como respuesta parcial a sus oraciones, oyeron por radio que al C-47 se le habían estropeado otra vez los motores y estaba detenido en Santiago.

Hacía ya una semana que Canessa y Parrado habían iniciado su viaje y faltaba menos de otra semana para la Navidad. Ahora estaban prácticamente seguros de que pasarían la Navidad en la montaña, y esta certeza volvió a deprimirlos. Pedro Algorta fue el único que pareció encontrar algún consuelo pensando en el cigarro habano que se fumaría para celebrar la ocasión. Esta idea, por el contrario, desanimó en gran medida a los demás. Fito, que había escalado la montaña con Zerbino y visto lo que los rodeaba, dudaba además de que Canessa y Parrado consiguieran atravesar la cordillera. Comentó con Páez, Zerbino y los primos la posibilidad de organizar otra expedición, pero carecían ahora del optimismo y el entusiasmo que tuvieron en la anterior ocasión. Si sus campeones, los expedicionarios, habían fracasado, ¿qué posibilidades de éxito les quedaban a ellos?

Por las mañanas apartaban estos pensamientos pesimistas de sus mentes, gracias a la distracción que les proporcionaba el trabajo de cortar carne. Pero, después de comer, cuando se introducían en el avión para dormir la siesta, se deprimían todavía más. No podían trabajar ni dormir, sólo estar tumbados en el húmedo y maloliente departamento, esperando que refrescara el día. Mangino pensaba en Canessa. Methol leyó por vez primera la carta que Liliana había escrito a sus hijos y lloró desconsoladamente.

Las horas que pasaban afuera, desde las tres o las cuatro de la tarde hasta poco antes de oscurecer, eran las más agradables del día. Se sentaban y realizaban pequeñas tareas, como raspar la poca carne que quedaba en algún hueso, o derretir nieve, y olvidaban momentáneamente dónde se encontraban. Después, cuando el sol comenzaba a ocultarse tras las montañas del oeste, subían un poco por la ladera y se sentaban en los almohadones a fumar el último cigarrillo. Era el único momento en que se sentían casi felices.

Hablaban de cualquier cosa, excepto de sus hogares y familias. Pero la tarde del 20 de diciembre, mientras que los dos Strauch y Daniel Fernández esperaban a que oscureciera como era habitual, no pudieron evitar el recuerdo de las Navidades anteriores en las que tan felices habían sido. La sangre alemana que todavía corría por sus venas hacía particularmente intolerable a los tres la idea de que estas fiestas pudieran ser lo mismo en su ausencia. Y por primera vez en mucho tiempo, las lágrimas corrieron por las mejillas no sólo de Eduardo y Daniel, sino también de Fito.

NOVENA PARTE

1

El 12 de diciembre, al mediodía, el C-47 llegó por fin al aeropuerto de Los Cerrillos de Santiago. Páez Vilaró y sus compañeros fueron a ver al piloto, quien les informó sobre las nuevas dificultades que habían tenido con los motores al sobrevolar los Andes. Según parecía, el intenso frío de las grandes altitudes afectaba los carburadores, y los pilotos hicieron rápidas gestiones para que los reparasen cuanto antes. Los uruguayos, para calmar su impaciencia, intentaron alquilar un helicóptero en el «Helicopservice», donde ya los habían ayudado anteriormente cuando se encontraron en Talca. Pero fue imposible. Se había propagado la noticia de que la búsqueda se realizaría por las montañas más altas de los Andes, lo cual era imposible para estos pequeños helicópteros.

A las seis de la mañana siguiente, el C-47 estaba a punto de realizar el primer vuelo y despegó con Nicolich y Rodríguez Escalada a bordo para volar por encima del paso de Planchón. Mientras tanto, Páez Vilaró salió hacia el sur. Seguían intentando conseguir la ayuda de sus amigos del Radio Club de Talca y del Aero Club de San Fernando. Su objetivo era obtener permiso para aterrizar y repostar el C-47 en los pequeños aeropuertos provinciales. De otro lado, la estrategia consistía en despertar otra vez el interés por el destino del Fairchild.

Al día siguiente, el 14 de diciembre, Canessa y Harley partieron para Curicó, para entrevistarse con el minero llamado Camilo Figueroa. Desde que éste informó que había visto el avión en llamas caer y desaparecer detrás de la montaña, poco después de la desaparición del Fairchild, diríase que se lo había tragado la tierra. Contactaron con su hermano, aunque no les pudo indicar dónde estaba Camilo. También les presentaron al íntimo amigo del minero, Diego Rivera, que tenía la misma profesión y era el secretario de una pequeña cooperativa de mineros a la que pertenecía Figueroa. Rivera y su esposa se encontraban en el valle de Teno el día 13 de octubre, y habían oído los motores del Fairchild, pero no lo habían visto debido a que la nieve caía entonces con gran intensidad. Confirmaron que Figueroa se hallaba cerca del punto donde se había estrellado el aparato. Lo había visto volar desde Planchón hacia Santiago y después desaparecer detrás de los montes Gamboa y Colorado.

Estos datos alentaron a Canessa y Harley, ya que confirmaban la tesis más fundamentada de que el avión debería encontrarse en algún lugar cerca del volcán Tinguiririca. Sin pérdida de tiempo, fueron a casa de uno de los amigos radioaficionados, que los puso en contacto con Santiago. Hablaron con Nicolich, que había estado de nuevo en el C-47, e iban a darle la información obtenida de Rivera, cuando les interrumpió con la noticia de que se había avistado una cruz en la nieve en la ladera de la montaña Santa Elena.

El descubrimiento de la cruz, en la ladera de una de las montañas más altas de los Andes, obra indudable de personas, causó un efecto demoledor en los tres hombres de uno de los países situados en la parte más meridional de Sudamérica. Una vez más los periódicos dedicaron sus portadas a los artículos sobre el destino del Fairchild uruguayo, y de nuevo los padres de los muchachos que estaban en Montevideo e iban perdiendo la esperanza, volvieron a recobrarla. Las Fuerzas Aéreas de Chile y Argentina reanudaron la búsqueda de los supervivientes. Ahora no sólo se efectuaron salidas desde Santiago, sino también desde Mendoza, porque la cruz había sido vista cerca de la frontera en territorio argentino.

Pero para Páez Vilaró, Canessa, Harley y Nicolich, los que estaban en Chile, estos vuelos no eran suficientes. La cruz había sido vista y querían llegar hasta ella de inmediato. Necesitaban un helicóptero que pudiera volar a esa altitud, pero el Servicio Aéreo de Rescate chileno se negó a utilizar los helicópteros hasta que se confirmase la existencia de personas vivas.

Canessa y Harley no se conformaron con esta decisión y, pensando en llevarse una fotografía de la cruz en el bolsillo, solicitaron una entrevista con el presidente de Chile, Salvador Allende. Les dijeron que Allende no podía recibirlos —descansaba después de un viaje a la Unión Soviética—, pero un ayudante prometió a los uruguayos que al día siguiente pondrían a su disposición el propio helicóptero presidencial.

Pero no fue así, ya que el helicóptero presidencial se averió antes de acudir en su ayuda. Este nuevo contratiempo condujo a los padres a la desesperación. Después de tanto tiempo, habían encontrado un indicio real de que sus hijos estaban vivos y, precisamente ahora no había forma de ir a rescatarlos. Páez Vilaró, Canessa y Nicolich salieron de inmediato en el C-47 para volar de nuevo sobre la cruz y comprobar si había algún rastro del avión en las cercanías. Pero cuando volaban sobre los Andes, se estropeó otra vez uno de los motores del C-47. Los cuatro observaron cómo la hélice del avión se iba parando lentamente —el avión daba bandazos, se enderezaba después y finalmente giró para regresar a Santiago— y parecía como si un espíritu maligno estuviera empeñado en contravenir sus planes en el último momento de la búsqueda.

La misma mañana del día 16 de diciembre, el ministro chileno del Interior confirmó que la cruz era una señal de socorro. No obstante, incluso entre los cinco uruguayos, había quien albergaba sus dudas sobre la cruz, porque ésta estaba trazada con geométrica perfección. En Montevideo, la noticia de la cruz reanimó a algunas de las madres que no habían perdido la esperanza, pero otras tuvieron una reacción más precavida, pues temían volver a ilusionarse con la idea de que sus hijos vivían y ser de nuevo desengañadas. Se sentían algo confusas porque los cinco hombres de Santiago no estaban de acuerdo con ellas. Se amontonaban en torno a la radio de Rafael Ponce de León escuchando las noticias y hablando con Páez Vilaró, Harley, Nicolich, Rodríguez Escalada y, finalmente, con Canessa. Cuando este último les habló por la radio, la señora Nogueira, que confiaba mucho en su juicio, cogió el micrófono y le preguntó su opinión.

—Cuando me enteré de lo de la cruz —dijo Canessa—, quise lanzarme en paracaídas, pero al ver la fotografía me di cuenta de que era demasiado perfecta para haber sido hecha por nuestros hijos.

Tras escuchar esto, la señora Nogueira no hizo comentario alguno, pero cuando regresó a casa le dijo a su esposo:

—No es la cruz de los chicos.

La señora Delgado, sin embargo, que se había hecho a la idea de la pérdida de Pancho desde cuatro o cinco días después del accidente, creía otra vez que podía hallarse con vida. Pero sus esperanzas duraron bien poco. Aquella misma tarde, la del día 16 de diciembre, se anunció desde Argentina que la cruz había sido reconocida como el trabajo de una expedición de geofísicos de Mendoza. Éstos habían enterrado en la nieve doce conos en forma de X. Al fotografiarlos desde el aire a intervalos regulares, los científicos podían saber a qué velocidad se fundía la nieve en las montañas y calcular así la cantidad de agua que recibirían los áridos valles argentinos.

2

El efecto de esta noticia fue devastador. La señora Delgado se puso enferma, los aviones regresaron de nuevo a sus bases, y la patrulla del Regimiento Colchagua, que fuera enviada a reconocer la cruz por el comandante de San Fernando, coronel Morell, recibió órdenes de regresar. Sin embargo, a pesar de la desilusión de las personas de ambos países, los cinco uruguayos que estaban en Chile no regresaron a Montevideo. Se prometieron a sí mismos proseguir la búsqueda, cosa que hicieron. El día 17 de diciembre, Canessa y Harley volvieron a Curicó para llevar a Santiago al minero Diego Rivera. Éste dio allí una explicación más detallada de dónde había visto caer el avión en las montañas, y una vez más confirmó la hipótesis de que deberían buscar en la zona del volcán Tinguiririca. Todavía no había aparecido el otro minero, Camilo Figueroa, que se encontraba más cerca del lugar del accidente.

Al día siguiente, el 18 de diciembre, Páez Vilaró alquiló un avión para sobrevolar el Tinguiririca, y en esta ocasión se hizo acompañar por el minero Rivera y por Claudio Lucero, comandante del Cuerpo de Socorro Andino, integrado por voluntarios en su totalidad. En su segunda salida sobrevolaron un lago cubierto de nieve que se encontraba al oeste del Tinguiririca, y de repente Lucero observó que en el lago había huellas de pies humanos. El avión viró para dar una segunda pasada sobre el lago, sobrevolando ahora más bajo para que Páez Vilaró también pudiera ver las marcas.

—¿Qué crees que son? —le preguntó a Lucero.

—Seguro que son huellas de pies humanos.

—¿Los chicos?

—Imposible. Serán de algún pastor.

—Pero ¿qué puede hacer un pastor caminando en medio de la nieve?

Lucero se encogió de hombros.

Tras la desilusión por el asunto de la cruz de la montaña Santa Elena, Páez Vilaró no se creyó que aquellas huellas fuesen las de los muchachos. Se le cruzó la sospecha de que aquello podía ser el rastro del minero Figueroa, que iría camino del Fairchild para robar lo que encontrara en los cuarenta y cinco cadáveres de los uruguayos. Cuando aterrizaron en San Fernando comunicó estos temores a Rodríguez Escalada, añadiendo:

—Rulo, si vienes conmigo, llegaremos allí antes que los ladrones.

Mientras tanto, el doctor Canessa hablaba de las huellas con Lucero.

—¿Está seguro de que no son las de los chicos? —preguntó.

Lucero dirigió una mirada triste de conmiseración a Canessa.

—Doctor —dijo—, hace ya más de dos meses...

Desilusionado por el escepticismo de Lucero, Páez Vilaró fue a ver al coronel Morell, del que se había hecho muy amigo. El coronel estuvo de acuerdo en mandar una patrulla para que investigara por aquella zona, y por la tarde se fue al valle en un helicóptero del ejército para examinar por sí mismo el lugar. No distinguió las huellas que habían visto Lucero y Páez Vilaró, pero aún se sentía optimista a su regreso.

—Escucha, Carlitos —le dijo a Páez Vilaró—, vete a casa a pasar las Navidades, y mientras estás fuera, haremos lo siguiente: mantendremos una patrulla en la zona para ver si encuentran algo, y dentro de dos o tres días enviaremos a un grupo del Cuerpo de Socorro Andino para ver si pueden hacer algo. Si no conseguimos nada, regresas después de las Navidades y comenzamos otra vez.

Páez Vilaró estuvo de acuerdo, al igual que el resto del grupo. Canessa, Harley y Nicolich se dispusieron a regresar a Montevideo al día siguiente en el C-47, mientras que Páez Vilaró y Rodríguez Escalada reservaban plazas para un día después en un vuelo regular.

DÉCIMA PARTE

1

Tras la marcha de Vizintín, Canessa y Parrado optaron por pasar el resto del día descansando cerca de la cumbre de la montaña. Estaban agotados por los tres días de ascensión, y eran conscientes de que necesitaban todas sus energías para llegar hasta la cima e iniciar después el descenso por el otro lado. También tenían la esperanza de que volviera a pasar en la misma dirección y los viese el avión que había pasado tan cerca de ellos el día anterior. Pero la paz de los cielos no fue perturbada. Comieron carne, derritieron nieve, bebieron el agua, y pensaron en lo que aún les esperaba, Canessa tratando de ahuyentar su pesimismo con frases como Qui ne risque rien, n'a rien, o «El agua que baja por el otro lado de esta montaña de alguna forma tiene que llegar al mar».

A las nueve de la mañana del sábado día 16 de diciembre, Canessa y Parrado iniciaron otra vez la ascensión a la cima, con Parrado abriendo el camino. Las mochilas pesaban más todavía después de la marcha de Vizintín. El ascenso fue especialmente difícil. A aquella altitud el aire tenía menos oxígeno; el ritmo de los latidos del corazón aumentó, y se vieron obligados a descansar cada tres pasos, pegándose a la pared de nieve para no precipitarse al vacío.

Tardaron tres horas en coronar la cumbre. Descansaron un poco y buscaron el mejor camino para descender. Había mucha menos nieve y el valle a donde se dirigían estaba casi limpio, pero el camino para bajar presentaba las mismas características por todas partes, así que eligieron uno al azar y partieron, con Parrado una vez más a la cabeza. La marcha era muy costosa, porque la ladera de la montaña no era escarpada, sino muy inclinada, y a veces no había roca sólida, sino pizarra. Sujetos el uno al otro por una cuerda larga de nailon de las que se utilizan para atar paquetes, bajaron deslizándose sentados o apoyados sobre sus espaldas, causando pequeños aludes de piedras grises montaña abajo. Notaban débiles y temblorosas las piernas ya que ambos sabían que un simple traspiés los haría rodar por la pendiente, o podían romperse un tobillo, lo que en sus circunstancias sería tan mortal como aquéllo. Canessa estableció un continuo diálogo con Dios imitando el que había visto en la película El violinista en el tejado, de la que recordaba cómo Tevye le hablaba a Dios como a un amigo. Ahora empleaba el mismo tono con el Creador:

—Puedes ponérmelo difícil, Dios, pero no imposible —rezaba.

Después de unos centenares de metros de descenso, llegaron a un lugar ensombrecido por otra montaña de los picos, cuya ladera se encontraba cubierta de una espesa capa de nieve. La pendiente era muy pronunciada, pero la superficie de la nieve estaba sólida y suave, así que Parrado decidió bajar sentado en un almohadón, como si se deslizase por un tobogán. Desató la cuerda de nailon, se sentó en uno de los dos almohadones y, con la barra de aluminio entre las piernas para utilizarla como freno, se deslizó por la montaña. Bajaba a gran velocidad, y cuando trató de clavar la barra en la nieve, no logró resultado alguno. Cada vez iba más deprisa, alcanzando una velocidad de más cien kilómetros por hora, según su apreciación. Hincó los talones en la nieve, pero no consiguió frenarse y temió verse lanzado de cabeza y romperse el cuello o una pierna.

De pronto se encontró ante una pared de nieve que se interponía en su camino. Pensó que su aventura acabaría allí si había roca detrás de ella. Un momento después se estrelló contra la pared. Estaba completamente consciente y bien. La pared era sólo de nieve.

Un poco más tarde llegó Canessa gritando:

—Nando, Nando, ¿te encuentras bien?

Una figura alta apareció estremeciéndose de entre la nieve.

—Sí, estoy bien —le contestó—. Sigamos.

Continuaron bajando, pero ahora con más precaución.

A las cuatro de la tarde llegaron a una gran roca plana en forma de plataforma, y, pese a que desconocían dónde se encontraban, decidieron quedarse allí y secarse las ropas antes de que se ocultara el sol. Calcularon que habían descendido las dos terceras partes de la montaña. Se quitaron los calcetines y los secaron al sol, y cuando éste se ocultó se metieron en el saco y durmieron en la roca. Estaban muy incómodos aunque no hacía mucho frío aquella noche.

Se despertaron con las primeras luces del amanecer, pero permanecieron en el saco de dormir hasta que cayeron sobre ellos los rayos de sol. Desayunaron carne cruda y un sorbo de ron y se dispusieron para la marcha. Era el sexto día de viaje, y a mediodía llegaron a la base de la montaña. Estaban en el lugar previsto, el valle que les conducía a la Y. La nieve que lo cubría estaba a esa hora blanda y suelta, así que tuvieron que utilizar los almohadones, aunque la inclinación sólo oscilaba entre los diez y los doce grados. Comieron antes de reanudar la marcha, y después, con los esfuerzos que se veían obligados a hacer para caminar con los almohadones húmedos, y a pesar de sentirse extremadamente sofocados, prefirieron continuar sudando bajo los cuatro jerseys y los cuatro pantalones que gastar tiempo y energías en quitárselos.

La cinta que sujetaba la mochila de Canessa se rompió poco después de reanudar la marcha, por lo que tuvieron que detenerse para arreglarla. Le gustó encontrar una excusa para sentarse, porque se sentía falto de fuerzas. Cada vez que el intrépido Parrado miraba hacia atrás, se encontraba a Canessa sentado en la nieve. Le pedía a gritos que continuara y, lentamente, Canessa se levantaba y seguía su rastro. Iba rezando mientras caminaba. Con cada paso recitaba una palabra del padrenuestro. El pensamiento de Parrado, sin embargo, estaba más lejos de su Padre celestial que de su padre en la tierra. Sabía lo que estaría sufriendo su padre porque conocía la necesidad que tenía de su hijo. Caminaba por la nieve para salvar a ese hombre al que tanto amaba, más que para salvarse a sí mismo.

Parrado se adelantaba a Canessa con el pensamiento puesto en su padre. Cuando se acordaba de su compañero se volvía y lo encontraba unos cientos de metros más atrás. Entonces lo esperaba, y cuando Canessa llegaba le dejaba reposar durante cuatro o cinco minutos. En una de estas paradas, a su derecha vieron un pequeño arroyo que descendía por un lado de la montaña. Era la primera agua fresca que veían desde que Vizintín había probado el chorrito que surgió de una roca durante su primera expedición. Desde aquel lugar podían ver musgo, hierba y juncos a ambos lados del arroyo. Era el primer signo de vegetación que veían en sesenta y cinco días, y Canessa, pese a estar tan cansado, subió hasta el arroyo, buscó hierbas y juncos, y se los comió. Después cogió algunos más y se los guardó en el bolsillo. Bebieron agua del arroyo y continuaron la marcha.

A últimas horas de la tarde, Canessa y Parrado comenzaron a discutir sobre cuándo y dónde deberían quedarse a dormir.

—No hay ningún lugar apropiado para dormir aquí —decía Parrado—. No hay rocas, nada. Sigamos.

—Tenemos que hacer una parada —replicaba Canessa—. Estoy acabado y necesito descansar. Tú también te matarás si no aflojas la marcha.

Parrado se debatía entre sus ansias de continuar y la necesidad de preservar energías, como le aconsejaba el estudiante de medicina que tenía por compañero de viaje. También era obvio que si Parrado podía soportar aquel ritmo, a Canessa le era imposible. De forma que decidió hacer un alto y quedarse allí el resto del día, por lo que montaron el campamento en la nieve.

El sol ya se había ocultado entre las montañas y empezaba a hacer frío, así que se introdujeron en el saco de dormir y se calentaron con un trago de ron. Luego se tumbaron mirando hacia el valle que debía llevarlos a la libertad e intentando adivinar lo que les depararía el día siguiente.

Desde su posición podían ver un poco más allá del final del valle que formaba la Y por la que habían estado caminando. De pronto ambos descubrieron que mientras para ellos el sol se había ocultado alrededor de las seis de la tarde, todavía brillaba en la montaña del otro lado de la Y. Observaban el fenómeno con expectación y entusiasmo, pues como el sol se ponía por el oeste, significaba que ya no había más montañas en su camino si continuaba iluminando la ladera de la montaña hasta ya avanzada la tarde.

Hasta las nueve de la noche el sol siguió brillando en la roca roja salpicada de nieve. Canessa y Parrado durmieron aquella noche con la firme convicción de que uno de los brazos de la Y conducía a campo abierto hacia el oeste.

A la mañana siguiente, tras su habitual desayuno, comenzaron a caminar con optimismo, y otra vez era Parrado quien abría la marcha, aguijoneado por la curiosidad de saber qué había al final del valle. Canessa no podía seguirlo.

Después del descanso nocturno había recobrado un poco de fuerza, pero no la suficiente. Cuando Parrado se detuvo y lo animó para que se diera prisa, le contestó a gritos que se sentía cansado en exceso y no podía continuar.

—Piensa en otra cosa —le dijo Parrado—. No pienses que estás caminando.

Canessa empezó a imaginarse que caminaba por

las calles de Montevideo, mirando escaparates, y cuando Parrado le dio prisa de nuevo, Canessa le contestó:

—No puedo ir deprisa. Quiero ver todos los escaparates.

Más tarde se distrajo llamando a gritos por su nombre a una muchacha que Parrado en cierta ocasión le dijo que le gustaba: «¡Makechu, Makechu...!»

Aquel nombre se perdió entre la nieve que los rodeaba, pero Parrado lo había oído y se paró sonriendo para esperar a su amigo.

Continuaron caminando y, lentamente, lo único que rompía el silencio, el sonido de los almohadones sobre la nieve, fue ahogado por un estruendo que aumentaba a medida que se aproximaba el final del valle. El pánico se apoderó de ambos. ¿Qué pasaría si un torrente bloqueaba el camino? La impaciencia de Parrado por ver lo que había al final del valle se hizo insoportable. Sus pasos, que antes eran rápidos, ahora eran todavía más veloces, y las huellas que dejaba en la nieve más espaciadas.

—¡Te vas a matar! —le gritaba Canessa siguiéndolo, aunque él sentía más miedo que curiosidad por lo que iban a encontrar.

—¡Oh, Dios! —rezaba una vez más—. ¡Pruébanos hasta el límite de nuestras fuerzas, pero, por favor, permítenos continuar! ¡Por favor, que haya un paso al lado del río!

Parrado caminaba con más rapidez aún. También rezaba, pero sobre todo estaba picado por la curiosidad. Iba unos doscientos metros delante de Canessa, y, de pronto, se encontró al final del valle.

2

La vista que apareció ante sus ojos era paradisíaca. No había nieve. Justo en el lugar donde ésta terminaba, surgía un torrente de agua gris que discurría por una garganta con una fuerza tremenda, chocando contra rocas y piedras y perdiéndose en dirección oeste. Y lo más hermoso todavía era que mirase donde mirase había zonas verdes, musgo, hierba, juncos, matorrales de aulagas y flores amarillas y púrpuras.

Mientras Parrado permanecía allí con la cara surcada por lágrimas de alegría, Canessa apareció detrás de él, y lanzó exclamaciones de júbilo ante el maravilloso panorama de aquel bendito valle. Enseguida se alejaron de la nieve y se detuvieron en las rocas al lado del río. Allí, entre pájaros y lagartos, rezaron en voz alta a Dios con todo el fervor de sus jóvenes corazones, agradeciéndole haberlos sacado del frío y del estéril corazón de los Andes.

Descansaron al sol durante más de una hora, y, como si estuvieran realmente en el jardín del paraíso, los pájaros, que hacía tiempo que no veían, se posaban en las rocas de su alrededor, sin asustarse de la sorprendente presencia de aquellos barbudos y demacrados seres humanos, con los cuerpos cubiertos por varias prendas de ropa sucia, las espaldas abultadas por las mochilas, y los rostros llenos de grietas y quemados por el sol.

Ahora tenían la seguridad de haberse salvado, pero aún debían tener precaución. Canessa se guardó una piedra para dársela a Laura cuando regresaran, y ambos decidieron prescindir de un almohadón y reservarse el otro para dormir. Luego iniciaron el descenso por el lado derecho del torrente. La marcha no era fácil pese a la ausencia de nieve. Habrían de caminar sobre rocas y saltar por salientes del tamaño de sillones. A mediodía se detuvieron para comer. Luego continuaron su caminata y hasta una hora después, Canessa no advirtió que había perdido las gafas de sol. Recordó enseguida que se las había quitado y dejado encima de una roca mientras comían, y aunque no deseaba volver, temía que sin las gafas se le quemaran y enrojecieran los ojos lo mismo que le había sucedido a sus labios. Entonces, mientras Parrado se tumbó a esperarle, Canessa regresó sobre sus pasos en dirección al sitio en el que habían comido. Llegó en menos de una hora, y aunque reconocía el lugar, no recordaba en cuál de aquellos cientos de rocas se había dejado las gafas. Comenzó a buscarlas, rezando mientras lo hacía, pues no las encontraba por ningún sitio. Aparecieron lágrimas de desesperación en sus ojos. Estaba cansado y desesperado, hasta que por fin encontró las gafas en una roca alta, cuya cima había estado oculta a su vista.

Dos horas después de dejar a Parrado, Canessa se reunió con él, y ambos reanudaron el viaje de inmediato. Un poco más adelante tuvieron que detenerse a causa de un saliente de roca que se elevaba de forma casi perpendicular y caía verticalmente dentro del torrente. Desde donde estaban podían observar que el suelo estaba más nivelado al otro lado del río. En vez de escalar el obstáculo que se les presentó, prefirieron vadear el río, pero tampoco esta tarea era fácil. Tenía unos ocho metros de ancho, y la corriente bajaba con tanta fuerza que arrastraba grandes piedras. Pero en medio de la corriente vieron una roca lo suficientemente grande como para soportar la fuerza del agua y lo bastante alta para sobresalir por encima de la misma. Pensaron que podían cruzar saltando desde su orilla hasta la roca y desde ésta hasta el lado opuesto.

Canessa fue el primero. Se quitó toda la ropa para conservarla seca y se ató a la cintura una cuerda de nailon a la que unió otras dos. Después de que Parrado sujetara el otro extremo de la cuerda por si se caía en la corriente, saltó a la roca y de la roca a la otra orilla. Cuando Parrado vio que su compañero se encontraba a salvo, ató el saco de dormir con la cuerda y lo tiró con todas sus fuerzas al otro lado. Allí lo desató Canessa, y le devolvió la cuerda para poder cruzar mediante el mismo sistema las ropas, zapatos, bastones y mochilas. Necesitó hacer un gran esfuerzo para arrojar las mochilas a tanta distancia. La segunda no llegó hasta el otro lado, se había quedado corta, y se estrelló contra las rocas, junto al río. Canessa bajó hasta la orilla para recogerla, se empapó con el agua que salpicaba y, cuando la abrió, vio que la botella de ron se había roto.

Parrado se reunió con él, pero como tenían mojada casi toda la ropa, no siguieron avanzando mucho. Un poco más lejos escogieron una roca que sobresalía y acamparon allí para pasar la noche. Aún lucía el sol, por lo que extendieron la ropa para que se secara. Después se sentaron en los almohadones y comieron algo de carne, mientras gran número de lagartos los observaban con curiosidad.

Hasta la fecha, aquella noche fue la más cálida. Durmieron bien y continuaron al día siguiente, la octava jornada de su viaje a través de los Andes. A la luz de la mañana la vista que tenían ante ellos era de una belleza sorprendente, incluso para ojos menos hambrientos que los suyos de los frutos de la naturaleza. Aunque todavía estaban a la sombra de las grandes montañas que dejaban atrás, el sol iluminaba la lejanía del estrecho valle, mezclando el verde de los juncos y plantas de cactus con el plateado y dorado del rocío y la luz. Ahora veían árboles en la lejanía y, a media mañana, Canessa creyó ver un rebaño de vacas apacentándose en una ladera.

—¡Veo vacas! —le gritó a Parrado.

—¿Vacas? —repitió Parrado forzando la vista, pero sin ver nada a causa de su miopía—. ¿Estás seguro de que son vacas?

—Bueno, creo que son vacas.

—Quizá sean ciervos..., o tapires.

Lo que tenían delante de sí aparentaba ser un espejismo, por lo que no quisieron exagerar sus esperanzas respecto a aquellos lejanos animales. A pesar de que sus cuerpos, sobre todo el de Canessa, estaban sufriendo por el esfuerzo al que los habían sometido, conservaban el espíritu alegre y optimista. El horizonte era verde, pero el terreno por donde avanzaban no era mejor que cualquiera de los que antes atravesaron. Cargados con las mochilas, aún habían de saltar por encima de rocas y pedruscos, desde un saliente de roca hasta el otro, o caminar sobre las molestas piedras esparcidas en la orilla del río.

Más adelante encontraron un evidente signo de civilización: una lata vacía de sopa. Estaba algo oxidada, pero pudieron leer el nombre de la marca —Maggi— en la etiqueta. Canessa la recogió.

—Mira, Nando —dijo—. Esto significa que por aquí ha pasado gente.

Parrado se mostró cauto.

—Puede haberse caído de un avión.

—Pero ¿cómo es posible que se haya caído de un avión? Los aviones no tienen ventanas.

No había manera de saber el tiempo que la lata había estado allí, pero el simple hecho de encontrarla les renovó las esperanzas y, a medida que continuaron descendiendo, hallaron otros signos de vida. Primero vieron dos liebres saltando por encima de las piedras en la otra orilla del río, luego estiércol.

—Son excrementos de vaca —dijo Canessa—. Ya te dije que lo que había visto eran vacas.

—¿Cómo lo sabes? —preguntó Parrado—. Puede ser de cualquier animal.

—Si supieras tanto de vacas como de automóviles —dijo Canessa—, no dudarías de que son excrementos de vaca.

Parrado se encogió de hombros y siguieron caminando. Más tarde se sentaron junto al río para descansar y comer un poco de carne. Al sacar los calcetines de rugby advirtieron que la carne se conservaba en la montaña, pero aquí empezaba a sufrir las consecuencias de una temperatura más alta. Después de comer una ración de dos trozos, guardaron el resto y continuaron el descenso por el valle. El río se hizo más ancho, alimentado por los arroyuelos que bajaban de las laderas de las montañas de los alrededores.

Encontraron la herradura de un caballo en la parte donde el río se hacía más ancho. Estaba tan oxidada como la lata de sopa, así que tampoco lograron averiguar el tiempo que llevaba allí, pero era evidente que esto no podía haberse caído de un avión y, en cambio, era una muestra palpable de que estaban alcanzando una zona habitada de los Andes. Otros signos siguieron a éste. Cuando rodearon una de las muchas estribaciones que llegaban hasta el valle, se encontraron, a una distancia de cien metros, las vacas que Canessa había visto antes aquella misma mañana.

Parrado, a pesar de ello, fue cauto otra vez.

—¿Estás seguro de que no son vacas salvajes?

—le preguntó a Canessa, observándolas mientras ellas también lo miraban a él.

—¿Vacas salvajes? No hay vacas salvajes en los Andes. Te aseguro, Nando, que en alguna parte cerca de aquí encontraremos al dueño de las vacas o a alguien que las esté cuidando.

Señaló en dirección a unos árboles como para demostrar lo que afirmaba.

—No me digas que los tapires o las vacas salvajes talan árboles.

Parrado ya no dudaba de que las marcas de los árboles estuviesen hechas por un hacha, y un poco más adelante hallaron un corral para el ganado, construido con ramas y juncos, lo que inmediatamente reconocieron como un excelente combustible. Así que pensaron pasar allí la noche y celebrar su inminente salvación con un festín a base de la carne que todavía les quedaba.

—Después de todo —dijo Canessa—, se está pudriendo, y no me cabe duda de que por la mañana encontraremos a algún pastor o granjero. Nando, te prometo que mañana por la noche dormiremos en una cama.

Se quitaron las mochilas, sacaron la carne y encendieron fuego. Después asaron diez trozos cada uno y comieron hasta saciarse. Luego se metieron en el saco de dormir a esperar que se pusiera el sol. Su rescate les parecía ahora tan cercano que se atrevieron a comentar aquellas cosas que antes hubiera sido muy doloroso ni siquiera pensar. Así, Canessa le habló a Parrado de Laura Surraco y de las comidas del domingo en su casa, mientras Parrado le habló a Canessa de las chicas que había conocido antes del accidente y le explicó cuánto le envidiaba por tener novia.

El fuego se apagó. El sol se puso. Y con estos agradables pensamientos en sus mentes, y el estómago lleno, los dos chicos se quedaron dormidos.

3

A la mañana siguiente, cuando se despertaron, las vacas habían desaparecido. Esto no los alarmó. Se desprendieron de cuanto pensaron que no iban a necesitar más: el martillo, el saco de dormir, unos zapatos de repuesto y alguna ropa. Continuaron el camino con las mochilas aligeradas, esperando encontrar la casa de algún aldeano detrás de cada saliente. Pero el valle no experimentó transformación alguna a lo largo de la mañana. La verdad es que no encontraron más señales como la lata y la herradura, que tanto les habían levantado el ánimo el día anterior, y Parrado empezó a recriminar a Canessa por su optimismo.

—De forma que eres tú el que sabe tanto del campo, ¿verdad? Y yo sólo soy un pobre tipo que sólo sabe de automóviles y motos. Bueno, pues al menos yo no estaba tan seguro de encontrarme una casa a la vuelta de la esquina..., y ahora nos hemos quedado sin la mitad de la carne y hemos tirado el saco de dormir.

—De todos modos, la carne se estaba estropeando —dijo Canessa de mal humor, pues empezaba a sentir los primeros síntomas de diarrea.

Además, estaba completamente agotado. Le dolía todo el cuerpo y a cada paso crecía su sufrimiento. Tenía que hacer acopio de toda su fuerza de voluntad para poner una pierna delante de la otra, y al pararse o quedarse atrás, los juramentos e insultos de Parrado le hacían caminar otra vez.

Bien entrada la mañana alcanzaron un saliente de roca bastante difícil de sortear, y tenían que elegir entre seguir la ruta peligrosa junto al río, o una más larga y segura subiendo el promontorio. Parrado, que iba delante de Canessa, optó por la ruta más prudente y comenzó a escalar la roca, pero Canessa se sentía demasiado agotado para realizar ese esfuerzo, y cuando llegó hasta aquel sitio decidió seguir la ruta inferior y más pendiente que bajaba por el río.

Estaba sólo a medio camino, saltando de saliente en saliente, o pasando por bordes de roca, cuando la tormenta que le había amenazado estalló en su vientre. Su estómago se agitó con el desagradable malestar de la diarrea aguda. El ataque fue tan agudo y repentino que Canessa se vio obligado a buscar una roca plana, bajarse los tres pares de pantalones y agacharse en un intento de encontrar alivio. En circunstancias normales esto no le hubiera llevado mucho tiempo, pero una irregularidad había sido precedida por otra opuesta. La explosiva secreción se le detuvo en el recto, obstaculizada por los productos duros como rocas de su anterior estreñimiento, y sólo sacándose éstos con los dedos pudo Canessa descargar lo que tantos dolores de vientre le estaba causando.

Simultáneamente, Parrado había llegado al otro lado, y comenzó a inquietarse e impacientarse porque su compañero no aparecía.

Empezó a llamarlo a gritos y oyó lejanas respuestas. Maldijo a Canessa y siguió haciéndolo hasta que la delgada figura de éste apareció por un lado del recodo del río.

—¿Dónde demonios estabas? —preguntó Parrado.

—Tengo diarrea y me encuentro muy mal.

—Bueno, escucha. Hay una especie de sendero que sigue a lo largo de la orilla del río. Si lo seguimos, seguro que nos llevará a alguna parte.

—No puedo continuar —le respondió Canessa, y se dejó caer en el suelo.

—Tienes que continuar. ¿Ves aquel cerro? —dijo, señalando hacia la parte baja del valle—. Pues tenemos que llegar allí esta noche.

—No puedo —contestó Canessa—. Estoy demasiado cansado. Me es imposible seguir caminando.

—No seas estúpido. No pensarás abandonar ahora que ya estamos llegando.

—Ya te he dicho que tengo diarrea.

Parrado se puso rojo de indignación e impaciencia.

—Siempre estás enfermo. Mira, yo te llevaré la mochila, así no tendrás más excusas.

Y sin vacilar un momento, cargó con la mochila de Canessa y partió con las dos a sus espaldas.

—Y si quieres algo de comer —le gritó a Canessa— será mejor que me sigas, porque ahora soy yo el que tiene toda la carne.

Canessa lo siguió tambaleándose, renqueando y muy furioso también, pero no porque Parrado se burlase de su enfermedad, sino porque era consciente de su propia debilidad.

Caminar por el sendero era fácil, y de vez en cuando se sentían animados al ver excrementos de caballo. Los síntomas de la diarrea se pasaron y los dos caminaban a buen ritmo. Conforme avanzaba la tarde se iban acercando cada vez más al cerro. Desde que no había nieve las distancias eran más fáciles de calcular. A última hora de la tarde llegaron a la base, y la promesa de descansar en la cima dio fuerzas a Canessa para subir hasta ella.

Un corral con paredes de piedra y una puerta de entrada fue lo primero que vieron. Había un palo clavado en el centro del suelo, como los utilizados para atar caballos. El suelo del cercado había sido hollado recientemente por caballos, y los muchachos sintieron renacer su optimismo, aunque el estado físico de Canessa había empeorado tanto que un poco más de esperanza no podía mejorarlo. Se tambaleaba al caminar y necesitaba apoyarse en el brazo de Parrado, y cuando llegaron a una pequeña arboleda ambos acordaron pasar allí la noche. Los dos sabían que Canessa necesitaba descansar más tiempo.

Mientras Parrado fue a buscar leña para encender fuego, y comprobar de paso si había por los alrededores algo que pareciera una vivienda, Canessa permaneció tumbado de espaldas bajo los árboles. El suelo estaba cubierto de hierba fresca, las montañas se alzaban detrás de ellos y el rumor del río se oía desde unos centenares de metros más allá de donde caía en cascada. Pese a que estaba agotado, con todos los miembros doloridos, a Canessa no le pasó inadvertida la belleza del lugar. Miraba lánguidamente los matorrales y las flores salvajes y se acordó del caballo y el perro que tenía en el campo en Uruguay.

Irguió la cabeza y vio que se dirigía hacia él la alta figura de Parrado encorvada por la pesadumbre. Canessa se incorporó apoyándose en el codo y le preguntó:

—¿Qué tal está la situación?

—No muy bien —dijo Parrado sacudiendo la cabeza—. Hay otro río que se junta con éste. Cruza justamente nuestro camino y no sé cómo podremos cruzar ninguno de los dos.

Canessa se tumbó de nuevo y Parrado se sentó a su lado.

—Pero he visto dos caballos y dos vacas —dijo.

—¿En esta parte del río?

—Sí, en este lado. —Vaciló un momento, para añadir enseguida—: ¿Tú sabes cómo se puede matar una vaca?

—¿Matar una vaca?

—La carne está podrida. Necesitamos más alimentos.

—No sé cómo se puede matar una vaca.

—Bueno, tengo una idea —dijo Parrado, inclinándose hacia delante como si le impulsara el entusiasmo—. Sé que duermen bajo los árboles. Mañana, mientras estén pastando, me subiré a uno de los árboles con una piedra, y cuando vuelvan por la noche, le lanzo la piedra a la cabeza de una de las vacas.

—Así nunca conseguirás matar una vaca —replicó Canessa riéndose.

—¿Por qué no?

—Nunca conseguirás subir a un árbol con una piedra lo suficientemente grande..., y de todas formas, puede que no duerman en el mismo sitio.

Parrado se quedó pensativo y silencioso. De pronto, su rostro se iluminó por otra idea.

—Ya sé. Podemos juntar ramas y hacer lanzas.

Canessa sacudió la cabeza.

—¿Y golpeándolas en la cabeza?

—No. Nunca lo conseguirás.

—Entonces, ¿qué sugieres?

Canessa se encogió de hombros.

—Ven y míralas tú mismo. Están tumbadas ahí cerca. —Parrado volvió a dudar—. Aunque también están los caballos. ¿Crees que nos atacarán?

—Seguro que no.

—¿Qué piensas entonces?

—Bueno, ante todo, pienso que si matamos una vaca su dueño no querrá ayudarnos.

—En esto tienes razón.

—Sería más fácil ordeñar una vaca.

—Pero para eso tienes que atraparla.

—Ya lo sé. —Canessa se puso a meditar esta cuestión—. Ya lo sé; podemos enlazar una ternera con las cuerdas de nailon y atarla a un árbol. Entonces, cuando venga la madre, la agarramos.

—¿Y no se escapará?

—Si la atamos con una cuerda de nailon no lo hará.

—Pero ¿dónde pondremos la leche?

—No lo sé.

—Tenemos que conseguir carne.

—Entonces no hay más remedio que matar una vaca, pero antes tendremos que cortarle los tendones de las patas para que no se pueda escapar.

—¿Y qué ocurrirá entonces con el dueño?

—Sólo podemos hacerlo si no hay nadie por aquí cerca.

—Muy bien.

Parrado se puso de pie.

—Pero, por amor de Dios, vamos a esperar hasta mañana —dijo Canessa—. Yo no puedo hacer nada esta noche.

Parrado lo miró y se dio cuenta que lo que decía era verdad.

—De acuerdo. Encenderemos fuego por si acaso —dijo—. Así, si hay alguien por los alrededores, nos podrán ver más fácilmente.

Parrado se alejó de Canessa en busca de ramas y arbustos secos. El sol, al ponerse, alargaba las sombras de los árboles y de las rocas, que parecían moverse. De pronto, surgió entre las sombras una figura lo suficientemente grande para ser un hombre a caballo. Canessa intentó ponerse de pie, pero a pesar de su excitación las piernas se negaron a moverse, así que llamó a Parrado a gritos:

—¡Nando! ¡Nando! ¡Mira, hay un hombre, un hombre a caballo! ¡Creo que he visto un hombre a caballo!

Parrado miró en la dirección que señalaba Canessa, pero era tan corto de vista que no podía ver nada.

—¿Dónde? —le gritó—. Yo no lo veo.

—¡Ven pronto! ¡Corre! ¡Está al otro lado del río! —le decía Canessa vociferando con su voz chillona.

Y mientras Parrado echaba a correr hacia el río, él se arrastró por la hierba hacia el jinete que se encontraba unos trescientos metros más allá. De vez en cuando, se detenía para observar si Parrado se equivocaba de dirección.

—No, Nando, hacia la derecha, hacia la derecha —le decía.

Y siguiendo sus indicaciones, Parrado cambiaba de dirección y continuaba corriendo a ciegas, porque todavía no conseguía ver nada en la otra orilla.

Con los gritos y los gestos, las vacas se levantaron y ahora se colocaron entre Parrado y el río. Lo miraban resoplando, y el valiente Nando, que no lo era tanto, dio un rodeo para evitarlas. De esta forma, él y Canessa llegaron a la orilla de la garganta al mismo tiempo.

—¿Dónde? ¿Dónde está el jinete? —preguntó Parrado.

Cuando Canessa miró por encima del rugiente torrente hacia el sitio donde viera al jinete, lo único que encontró fue una alta roca con su sombra alargada.

—Estoy seguro de que era un hombre —dijo—. Juro que lo he visto. Un hombre a caballo.

Parrado movió la cabeza en sentido de negación.

—Ahora no hay nadie ahí.

—Ya lo veo —repuso Canessa dejándose caer en el suelo y hundiendo la cabeza entre las manos con gran pesadumbre.

—Vamos —dijo Parrado agarrando a su compañero por el brazo—. Hay que encender fuego antes de que se haga de noche.

Habían dado ya la vuelta para regresar al campamento, cuando de pronto escucharon, entre el sonido del torrente, un grito humano. Se giraron y allí, en la otra orilla, vieron no uno, sino tres hombres a caballo. Los observaban mientras conducían tres vacas a lo largo de un sendero estrecho que había entre el río y la montaña.

Los muchachos comenzaron a hacer señas de inmediato y a gritarles, y creyeron que los jinetes los habían visto, pero con el estruendo no les llegaban sus voces. La verdad era que los jinetes mostraron poco interés, y parecía que se iban a marchar ignorando a los dos uruguayos.

Parrado y Canessa exageraron los gestos y gritaron con más fuerza, diciendo que eran supervivientes de un avión que se había estrellado en los Andes. «¡Socorro!», vociferaban. «¡Socorro!» Y mientras Canessa lo hacía con voz más aguda pensando que se oiría más lejos, Parrado se hincó de rodillas y juntó las manos en un gesto de súplica.

Los jinetes dudaban. Uno de ellos cabalgó hasta la orilla y les gritó unas palabras, de las que sólo fue inteligible «mañana». Luego los tres desaparecieron conduciendo a las vacas que iban por delante de ellos.

Canessa y Parrado regresaron a su campamento. Parrado también estaba agotado y Canessa no podía caminar sin ayuda. De todas maneras la única palabra que entendieron fue suficiente para darles enormes esperanzas. Por fin habían logrado comunicarse con otros hombres.

Decidieron montar guardia a pesar del cansancio, relevándose cada dos horas y manteniendo el fuego encendido. Y aunque extenuados, les resultaba difícil conciliar el sueño. Estaban demasiado excitados. Al amanecer Parrado cayó rendido y se durmió algo más de las dos horas que habían acordado. Canessa se lo permitió, porque sabía que él no podía caminar y al día siguiente Parrado necesitaría todas las fuerzas que aún pudieran quedarle.

4

El décimo día de su viaje a través de los Andes apareció el sol. A las seis de la mañana, una vez despiertos y mirando hacia el otro lado del río, vieron el humo de una hoguera y, a su lado, un hombre de pie. Cercanos a él había otros dos hombres, ambos a caballo. En cuanto los vio, Parrado corrió hasta la orilla. Ahora estaba lo bastante cerca del hombre como para entender sus gestos que le indicaban que descendiese hasta el mismo borde de la garganta. El campesino y él quedaron separados solamente por los treinta metros del río. Aunque ahora estaban más cerca, el ruido del torrente era más fuerte que antes y no había manera de entenderse, pero el campesino, que llevaba un sombrero de paja en la cabeza, y tenía la cara redonda y aspecto astuto, había venido preparado.

Escribió algo en un pedazo de papel, lo envolvió en una piedra y lo lanzó a la otra parte del río.

Parrado se tambaleó por las rocas, recogió la nota, desenvolvió y leyó:

> He enviado a un hombre que llegará ahí dentro de un rato. Dígame lo que desea.

Parrado se hurgó los bolsillos, pero no tenía nada para escribir, excepto un trozo de barra de labios. Entonces le hizo gestos al hombre de la otra orilla dándole a entender que no tenía con qué escribir, y el aldeano ató su bolígrafo a una piedra con un pañuelo blanco y azul y lo lanzó a la otra orilla.

Tras recogerlo, Parrado se sentó y, enfebrecidamente, escribió el siguiente mensaje:

> Vengo de un avión que cayó en las montañas. Soy uruguayo. Hace diez días que estamos caminando. Tengo un amigo herido arriba. En el avión quedan catorce personas heridas. Tenemos que salir rápido de aquí y no sabemos cómo. No tenemos comida. Estamos débiles. ¿Cuándo vendrán a buscarnos? Por favor. No podemos ni caminar. ¿Dónde estamos?

Añadió a esto un SOS escrito con la barra de labios y envolvió una piedra con el papel y todo ello con el pañuelo. Entonces lo lanzó al otro lado del río, donde lo recogió el campesino.

Parrado observaba y rezaba mientras el campesino desdoblaba el papel y leía el mensaje. Por fin levantó la vista e indicó que había entendido. Después sacó del bolsillo un pedazo de pan, lo lanzó a la otra orilla, saludó otra vez y se volvió para subir por la orilla de la garganta. Parrado hizo lo mismo. Alcanzó el cerro y regresó junto a Canessa, con el pan en la mano, un signo tangible de que por fin había establecido contacto con el mundo exterior.

—Mira —le dijo a Canessa cuando llegó a su lado—. Mira lo que tengo.

Canessa volvió el rostro ovalado hacia su amigo y fijó sus ojos cansados en el pan.

—Estamos salvados —dijo.

—Sí —reafirmó Parrado—. Estamos salvados.

Se sentó y partió el pan en dos trozos.

—Toma —le dijo—. Vamos a desayunar.

—No —le contestó Canessa—. Cómetelo tú. Yo he sido un inútil y no me lo merezco.

—Vamos —contestó Parrado—. Quizá no te lo merezcas, pero lo necesitas.

Le alcanzó el pan y esta vez Canessa lo aceptó. Los dos se sentaron y se lo comieron. Nunca en toda su existencia les había sabido mejor el pan.

Dos o tres horas más tarde, hacia las nueve de la mañana, vieron otro jinete que venía cabalgando hacia ellos, pero esta vez por la misma orilla donde ellos se encontraban. Parrado se levantó en el acto y salió a recibirlo.

Saludó a Parrado con gran reticencia, debido sin duda a la extraordinaria impresión que le causaría aquel alto, barbudo y harapiento muchacho vestido con varias prendas de ropa sucia. El hombre lo siguió hasta donde estaba Canessa acostado y, reflejando una gran paciencia a través de su rostro curtido, escuchó el relato entrecortado de los dos. Cuando le permitieron hablar se presentó a sí mismo como Armando Serda. Le habían hablado de los dos uruguayos, pero creía que se encontraban más arriba

LA ÚLTIMA EXPEDICIÓN

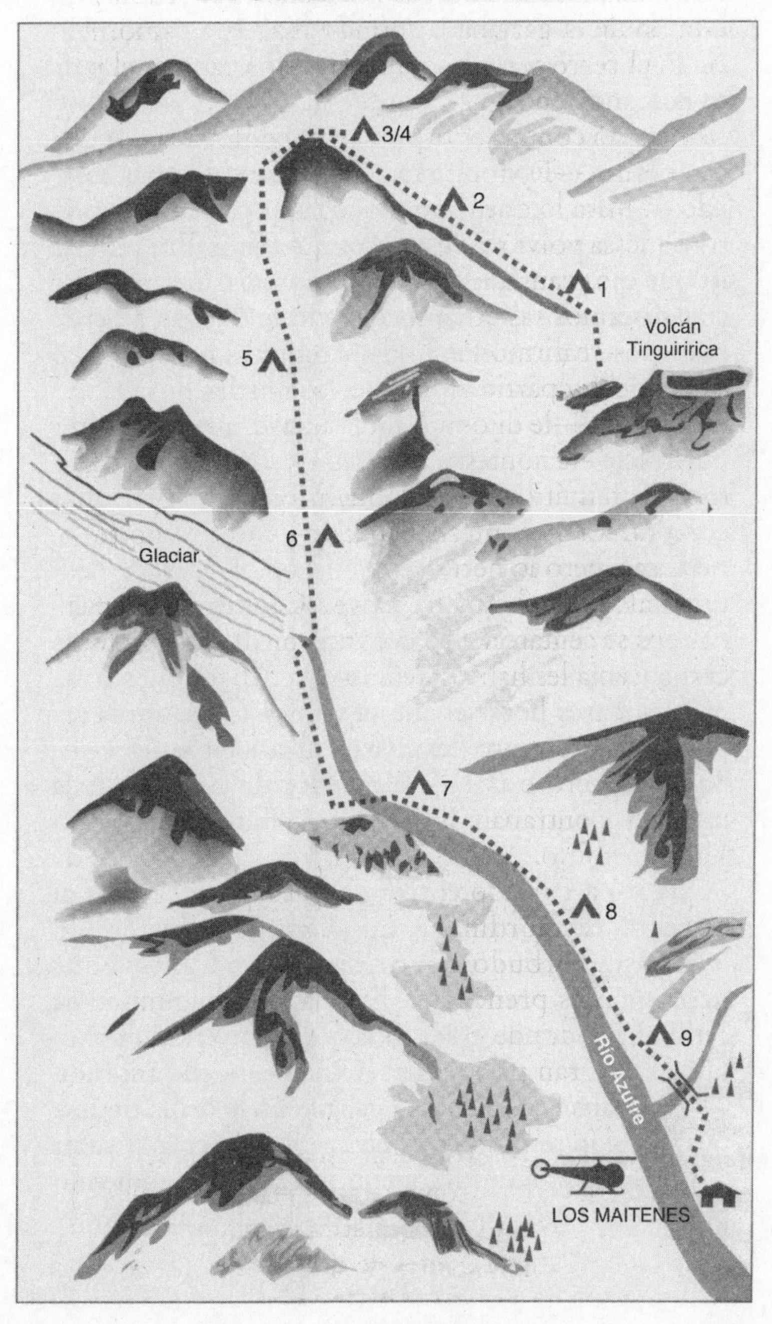

y tenía intención de llegar hasta ellos por la tarde. El hombre que los había visto había salido a caballo hacia Puente Negro para informar a los carabineros de su descubrimiento.

Parrado y Canessa pudieron comprobar que el campesino era pobre, tan pobre que sus ropas estaban en peores condiciones que las suyas, pero supieron que, a pesar de su pobreza, ese hombre tendría lo que ellos en este momento apreciarían más que cualquier tesoro. Así fue: cuando le dijeron a Serda que se estaban muriendo de hambre, el hombre sacó queso del bolsillo y se lo dio a los muchachos.

El queso les produjo tal felicidad que no les importó que el chileno se marchara río arriba para controlar a las vacas que estaban paciendo, abrir unas compuertas y regar el campo.

Canessa y Parrado se comieron el queso y descansaron mientras tanto. Después, antes de que Serda regresara, enterraron bajo una piedra los restos de carne humana que todavía les quedaban, pues nada más probar el pan y el queso, volvieron a sentir la repugnancia que experimentaron al principio. El campesino acabó su trabajo alrededor de las once de la mañana y regresó con los muchachos. Canessa no podía caminar, así que lo montaron en el caballo de Serda y partieron los tres valle abajo. Al llegar al afluente del río Azufre, que Parrado había creído que no se podía cruzar, Serda pidió a Canessa que desmontara, y mientras se llevaba el caballo montaña arriba hacia un vado les indicó que cruzaran por un puente que Parrado no había visto la noche anterior.

Esperaron a Serda y su caballo en la orilla opuesta y, cuando se reunieron otra vez, volvieron a subir a Canessa a la montura y continuaron descendiendo por el valle. Allí, en una pradera, llegaron a la primera vivienda que veían desde el accidente. Era una casa sencilla que cada primavera había de ser reconstruida, con paredes de madera y caña y techo de ramas de árboles, pero ningún palacio les hubiese parecido más elegante. Canessa desmontó y se quedó junto a Parrado, mareado por el olor de las rosas silvestres que crecían en el modesto pórtico. Su anfitrión los condujo hasta un patio, los invitó a sentarse a una mesa y les presentó a otro campesino, Enrique González. Este hombre les dio más queso y leche, mientras Armando Serda preparaba algo en la cocina.

Un rato después les sirvió un plato de alubias a cada uno, que tuvo que volver a llenar cuatro veces, en la medida en que se las iban comiendo. Ambos chicos comieron como nunca antes lo habían hecho, sin pensar ni un momento el efecto que podía causar en sus estómagos.

Cuando terminaron las alubias dieron cuenta de los macarrones con trozos de carne, y después, del pan con miel.

Al principio, los dos chilenos se habían apartado cohibidos al otro extremo de la habitación, pero Parrado y Canessa les pidieron que se sentaran con ellos. Así lo hicieron los campesinos, observando cómo los chicos se hartaban con la comida que les habían ofrecido. Después, cuando ninguno de los dos pudo comer más, los condujeron a una cabaña de madera que se encontraba al otro lado. Había sido construida para que descansara el dueño cuando iba a visitar sus tierras, y contaba con dos cómodas camas en las que Parrado y Canessa fueron invitados a dormir la siesta. Con repetidas muestras de gratitud para los dos tímidos anfitriones, así lo hicieron. No habían dormido casi nada la noche anterior y habían caminado diez días por algunas de las montañas más altas del mundo.

Era el mediodía del jueves día 21 de diciembre y hacía setenta días que el Fairchild se había estrellado en los Andes.

UNDÉCIMA PARTE

1

A las dos de la tarde del miércoles día 20 de diciembre, despegó de Santiago en dirección a Montevideo el C-47 de las Fuerzas Aéreas Uruguayas. Cuando sobrevolaban Curicó informaron a los pilotos que hacía mal tiempo, así que regresaron a Santiago. Los tres pasajeros, Canessa, Harley y Nicolich, esperaron en el aeropuerto hasta las cinco, y a esa hora les informaron de que el tiempo había mejorado y que el aparato podía salir. El avión despegó, voló hacia el sur de Curicó, después se dirigió al este, hacia Planchón, pero cuando estaban llegando a Malargüe en la Argentina, oyeron el ya familiar sonido que indicaba fallos en uno de los motores.

Los pilotos no tenían otra alternativa que hacer un aterrizaje forzoso en el aeropuerto de San Rafael, unos trescientos kilómetros al sur de Mendoza. Los pasajeros pasaron la noche en esta pequeña ciudad argentina. A la mañana siguiente les comunicaron los pilotos que el avión no se podía reparar sin recambios procedentes de Montevideo. Dada la situación, los tres hombres se sintieron inclinados a procurarse otro medio de transporte, pero dudaron al pensar en los dos pilotos uruguayos que estaban a cargo del C-47. Ambos habían sido amigos de Ferradas y Lagurara y, aunque habían perdido toda esperanza de encontrarlos vivos, creían que descubriendo la causa del accidente, al menos salvarían su honor. Estaban desesperados por los continuos fallos del C-47, y Harley y Nicolich decidieron quedarse hasta que reparasen el avión para darles ánimos. Canessa, que había prometido estar en casa para Navidad, se enteró de que por la tarde salía un autobús de San Rafael con destino a Buenos Aires.

Durante la espera, los tres hombres decidieron ponerse en comunicación con sus esposas a través de la red de radio de Rafael Ponce de León. Una vez más contactaron con el radioaficionado que, a dondequiera que fuesen, siempre habían encontrado a su disposición. Tuvieron alguna dificultad en sintonizar la onda, porque había interferencias de otros radioaficionados de Chile, y entre los silbidos y ruidos de la radio, los cuatro hombres oyeron parte de una conversación entre otros dos radioaficionados.

«...Increíble, pero han encontrado el avión...»

Nada más oír esto perdieron el contacto.

Los tres uruguayos se miraron unos a otros.

—No puede ser... —empezó a decir uno de ellos.

Los otros lo negaron moviendo la cabeza. Habían despertado sus esperanzas muy a menudo para borrarlas poco después por cualquier insignificancia como ésta.

Un poco después se pusieron en contacto con Rafael. Le contaron lo que había pasado, que el avión había tenido que efectuar un aterrizaje forzoso y que saldrían para casa en cuanto pudieran. Ponce de León les dijo que informaría a sus familias.

Los tres hombres pasearon por las cálidas y secas calles de San Rafael hasta que se hizo la hora de que Canessa tomara el autobús. A las ocho, el doctor abrazó a sus dos amigos y partió para Buenos Aires.

2

Páez Vilaró y Rodríguez se trasladaron aquella misma tarde desde Santiago al aeropuerto de Pudahuel, para tomar el avión a Montevideo. Cuando llegaron se pusieron a la cola para pasar la aduana, pero la gente avanzaba y Páez Vilaró no se movía de su sitio, permitiendo que pasaran delante los que estaban detrás de él.

—¿No vienes? —le preguntó Rodríguez.

—Estoy esperando algo —respondió Páez Vilaró.

—Perderás el avión —dijo Rodríguez.

—Sigue tú —repuso Páez Vilaró—. No tardaré mucho.

Rodríguez pasó el control de pasaportes y el de aduanas mientras que Páez Vilaró continuaba en el final de la cola. Después de que pasara el último pasajero y dieran el aviso final para el vuelo, llegó un hombre corriendo.

—Aquí está —le dijo a Páez Vilaró, pasándole a escondidas un cachorro de caniche que había prometido a sus hijas para Navidad.

Como sabía que no estaba permitido llevar un perro a bordo, Páez Vilaró escondió el cachorro debajo del abrigo y facturó el equipaje. Después, con la tarjeta de embarque, pasó el control de pasaportes y la aduana. Nadie pareció notar la extraña postura de su brazo izquierdo, y Páez Vilaró ya se estaba felicitando por su éxito como contrabandista cuando hicieron una llamada por los altavoces del aeropuerto.

—Habla la policía internacional, habla la policía internacional. Detengan a Carlos Páez Vilaró, detengan a Carlos Páez Vilaró.

Su cara se descompuso. Alguien le habría visto meter el cachorro bajo el abrigo. Se dirigió a un policía que había cerca de él y se presentó:

—Yo soy Carlos Páez Vilaró.

Maldiciendo su mala suerte, fue conducido a través de la ancha sala del aeropuerto, pero cuando llegó a la oficina de la policía, no se encontró con unas esposas, sino con un teléfono.

—¿Qué ocurre? —preguntó.

El oficial se encogió de hombros.

—No lo sé. Una llamada urgente para usted.

Tratando todavía de esconder el cachorro, se puso al teléfono.

—Al habla Páez Vilaró —dijo.

—¿Carlitos? ¿Eres tú?

Era el coronel Morell.

—Sí, soy yo —le contestó algo irritado—. Te agradezco mucho que me llames para despedirte, pero el avión está esperando a que yo embarque... Te veré después de Navidades.

—Muy bien —dijo Morell—. Siento que te retrases por mi culpa. Pensaba que ya que has estado buscando a los muchachos durante tanto tiempo, quizá te gustaría venir a verlos.

Páez Vilaró no pudo responder. El cachorro cayó al suelo.

—También creía que podías echarle un vistazo a

esta nota —continuó Morell—. Puede ser falsa, pero no lo creo. Dice: «Vengo de un avión que cayó en las montañas. Soy uruguayo.»

Cegado por las lágrimas, Páez Vilaró salió corriendo de la oficina de la policía en dirección a la pista. Los motores del avión ya estaban en marcha. Sólo esperaban que él subiera por la escala para despegar.

—¡Rulo, Rulo! —gritaba Páez Vilaró—. ¡Los han encontrado! ¡Me quedo!

Rodríguez llegó a su lado en un momento y los dos uruguayos, llorando, cayeron uno en brazos del otro, exclamando:

—¡Están vivos, están vivos!

Regresaron juntos por la aduana y el control de pasaportes, gritando y llorando y causando gran sorpresa entre los oficiales y el resto de pasajeros.

—¿Qué ocurre? —preguntó un policía a otro, no sabiendo si intervenir ante este comportamiento tan insólito.

—Déjalos —le contestó el otro—. Es el lunático que busca a su hijo que se estrelló con el avión en la cordillera.

Cuando Páez Vilaró y Rodríguez llegaron a la parada de taxis se dieron cuenta de que no tenían dinero chileno.

—¿Podría llevarnos a San Fernando? —preguntaron al primer taxista de la fila.

—No sé —contestó el taxista—. Está muy lejos.

—Han encontrado a mi hijo. Se estrelló en un avión en los Andes.

—¡Ah, sí! —dijo el conductor reconociendo a Páez Vilaró—. Usted es el chiflado, ¿no? Muy bien. Entren.

—No tenemos dinero.

—No importa.

Y los dos hombres se subieron al taxi.

Tres horas más tarde llegaron a San Fernando y se dirigieron directamente a los cuarteles del Regimiento Colchagua. Allí, mientras el conductor se encargaba del cachorro, no sólo se encontraron con el coronel Morell, sino con todos los chilenos que les habían estado ayudando en la búsqueda: los radioaficionados que habían difundido la noticia, los pilotos del Aero Club de San Fernando, los guías, los andinistas locales y los propios soldados que tantas veces habían participado en el rescate sin ningún resultado.

Morell, cuando pudo apartar a Páez Vilaró de la multitud de entusiastas que lo felicitaban, lo llevó al cuartel de los carabineros y le enseñó la nota que habían enviado desde Puente Negro.

—¿Qué opinas? —preguntó Morell—. ¿Es auténtica?

—No lo sé —dijo—. Puede ser falsa.

Luego la miró otra vez y creyó reconocer en los trazos las específicas características del Colegio Stella Maris.

—Pero no estoy seguro —añadió rápidamente—. También puede haber sido escrita por uno de los chicos.

Regresó con Morell al cuartel del regimiento. Se había formado un comando de acción integrado por Morell, como comandante en jefe, y los comandantes de San Fernando, el de la guarnición y el de carabineros. Morell incorporó a Páez Vilaró a este equipo diciéndole:

—Has investigado durante tanto tiempo, que no te puedes quedar aquí sentado sin hacer nada.

3

A media noche, en San Rafael, Harley y Nicolich se pusieron de nuevo en contacto con Ponce de León en Montevideo. Éste les comunicó de inmediato que la policía de San Fernando había recibido una nota que se suponía era de un superviviente del avión uruguayo.

Harley y Nicolich quisieron regresar a Chile en el acto, pero a aquellas horas de la noche no sabían cómo podían hacerlo. Esperaron con ansiedad durante media hora, en casa del radioaficionado, quien, al conocer la noticia, había salido a ver si podía conseguir algún medio de transporte. Regresó en ese intervalo de tiempo con el coche del comandante.

Sin preocuparse por recoger el equipaje que estaba en el C-47, en el aeropuerto de San Rafael, los dos hombres partieron para Mendoza, a donde llegaron a las cuatro de la mañana, y se fueron directamente al aeropuerto militar. No tenían dinero, pero cuando explicaron lo que sucedía, los oficiales de las Fuerzas Aéreas Argentinas les prometieron dos plazas en el primer vuelo a Chile.

Esperaron sentados el resto de la noche, calentándose con los capotes que los dos pilotos uruguayos les habían proporcionado antes de salir de San Rafael. A las ocho de la mañana aterrizó un avión con una carga de carne congelada con destino a Santiago. Media hora más tarde despegó con Harley y Nicolich a bordo.

4

El doctor Canessa llegó a Buenos Aires aquella misma mañana. Había pasado toda la noche en el autobús, y antes de continuar el viaje hasta Montevideo, pensó en ir a casa de un amigo, lavarse y quizá descansar un poco. Salió de la estación de autobuses, alquiló un taxi, se sentó en el asiento de atrás y se desplazó por la ciudad hacia casa de su amigo.

La radio del taxi estaba transmitiendo música hasta que el conductor bajó el volumen y, dirigiéndose al doctor Canessa, le preguntó:

—¿Sabe que han encontrado el avión?

—¿Qué avión?

—El avión uruguayo. El Fairchild.

Antes de que el taxista dijera otra palabra, se encontró al pasajero a su lado manipulando la radio.

—¿Está usted seguro? —preguntó Canessa.

—Por supuesto que estoy seguro.

—¿Hay algún superviviente?

—Dos muchachos.

—¿Han dicho los nombres?

—Creo que Sí, pero no puedo recordarlos.

En ese momento Canessa levantó la mano indicando al conductor que se callara. Por la radio estaban dando la noticia de que dos supervivientes del Fairchild uruguayo que se había estrellado en los Andes el día 13 de octubre habían sido encontrados en un lugar llamado Los Maitenes, junto al río Azufre, en la provincia de Colchagua. Sus nombres eran Fernando Parrado y Roberto Canessa. Al oír esta última palabra, al doctor Canessa se le saltaron las lágrimas y, con un grito de felicidad, se abrazó al taxista que conducía el coche por Buenos Aires.

DUODÉCIMA PARTE

1

Canessa y Parrado, los dos expedicionarios, se despertaron de su siesta a las siete de la tarde. Salieron de la cabaña de madera al valle iluminado por la tenue luz de la tarde y respiraron el aroma cálido de las flores y la vegetación. Las camas donde habían dormido y el olor del aire eran para sus incrédulas y asombradas mentes la prueba de que ya no estaban atrapados en los Andes. Atravesaron la senda cubierta de hierba para dirigirse de inmediato a la cabaña de los aldeanos y hablar con sus anfitriones. Los dos chicos habían charlado largo tiempo entre ellos, por lo que ahora deseaban comunicarse con otras personas. Tampoco se olvidaban de la comida, porque las alubias, el queso, los macarrones, la leche, el pan y la miel ya los habían digerido durante la siesta y sus estómagos estaban dispuestos a aceptar más.

Enrique y Armando los esperaban con su tímida simpatía, y comprendieron enseguida lo que deseaban los dos uruguayos. Aunque sus provisiones estaban ya casi agotadas, les ofrecieron más leche y queso, y después, dulce de leche y café instantáneo.

Canessa y Parrado preguntaron a los dos campesinos sobre el hombre que había ido a avisar a la policía mientras devoraban la merienda. Les dijeron que su nombre era Sergio Catalán Martínez. Era un labrador de las colinas, y él había sido el primero en ver a los dos chicos en la otra orilla del río el día anterior. Creyó que eran turistas en una excursión de caza, que Canessa era la mujer de Parrado, y los bastones rifles para disparar contra los ciervos.

—Pero ¿están seguros de que ha ido a avisar a la policía?

—Sí, a los carabineros.

—¿A qué distancia está el puesto más próximo?

Enrique y Armando se miraron desconcertados.

—En Puente Negro.

—¿A qué distancia está de aquí?

Los campesinos se miraron otra vez.

—¿Treinta kilómetros? ¿Ochenta kilómetros?

—A un día de camino, me parece —respondió uno de ellos.

—Menos de un día —le corrigió el otro.

—¿Caminando? —preguntó Parrado.

—Cabalgando.

—¿Fue a caballo?

—Sí, a caballo.

—¿A qué distancia está la ciudad más próxima?

—¿San Fernando?

—Sí, San Fernando.

—A dos días, diría yo —dijo Armando.

—Sí, a dos días —reiteró Enrique.

—¿A caballo?

—Sí, a caballo.

Los muchachos no estaban impacientes por ellos mismos. Una vez se llenaron los estómagos, sus pensamientos no se apartaban de los catorce amigos que aún se encontraban atrapados en el Fairchild. No sólo pensaban en su moral, sino en Roy, Coche y Moncho, cuya salud era tan precaria diez días antes. Cada hora que pasaba podía suponer para ellos la vida o la muerte.

De pronto, oyeron un grito que procedía de un lugar más abajo en el valle. Los dos chicos se pusieron rápidamente en pie. Parrado se dirigió a la entrada y Canessa lo siguió cojeando. Vieron dirigirse hacia ellos a un carabinero gordo, con un rollo de cuerda al hombro, que resoplaba y movía los brazos. Detrás de él venía otro. Cuando llegaron a la cabaña, éste, todavía excitado por el ejercicio, preguntó a los dos uruguayos:

—Muy bien, muchachos, ¿dónde está el avión?

Canessa se adelantó hasta la cerca.

—Mire —dijo señalando el valle—. ¿Ve aquella abertura de allí?

—Sí —respondió el carabinero.

—Bueno, pues tiene que caminar por esa dirección unos noventa o cien kilómetros, y torcer luego hasta que llegue a la base de una montaña. Encontrará el avión al otro lado.

El carabinero se sentó.

—¿Viene alguien más? —preguntó Parrado con ansiedad.

—Sí —contestó el carabinero—. Hay una patrulla de camino.

Poco después aparecieron por el valle diez carabineros a caballo, con sombreros puntiagudos, capotes y rollos de cuerda colgando de las sillas. Detrás, también a caballo, iba Sergio Catalán, el hombre que recibió la nota de Parrado.

Canessa y Parrado abrazaron a los carabineros y después a Catalán. Éste sonreía y hablaba poco.

—Gracias a Dios —murmuraba sonriendo siempre y desviando la vista a un lado y a otro para disimular la timidez. Cuando le mostraron aún más expresivamente su gratitud, levantó las manos para detenerlos diciendo—: No me deis las gracias. Lo que hice era mi obligación como chileno e hijo de Dios.

El capitán de los carabineros pidió a Parrado y Canessa más detalles sobre el lugar donde estaba situado el avión. Les preguntó si se podía llegar a pie, pero cuando oyó el relato de su viaje a través de los Andes se dio cuenta de que sería imposible. Por lo tanto mandó regresar a dos de sus hombres a Puente Negro para que pidieran un helicóptero a Santiago.

Los hombres partieron con otros dos como guías. En ese momento ya estaba oscureciendo y Canessa y Parrado comprendieron que aquel día ya no se podía hacer nada más. Se permitieron olvidarse por un rato de los catorce que quedaban en las montañas y se dedicaron a hablar con los carabineros, relatándoles la increíble historia de lo que había sucedido en el Fairchild, omitiendo uno o dos detalles.

Fue precisamente lo que se callaron lo que les impulsó a mirar con cierta curiosidad los paquetes y faltriqueras de los carabineros. Los carabineros se dieron cuenta enseguida del significado de estas miradas y sacaron todo lo que llevaban. Los dos muchachos comenzaron el tercer festín del día, que consistió esta vez en huevos, pan y zumo de naranja, hasta acabar con todas las reservas de los carabineros como antes habían hecho con las de los campesinos Enrique y Armando. Después de la comida estuvieron charlando con los carabineros, quienes les escucharon con placer. Por último, a las tres de la mañana, el capitán sugirió que se fueran todos a dormir para estar dispuestos a esperar los helicópteros, que llegarían poco después del amanecer.

Cuando Canessa y Parrado se levantaron al día siguiente y salieron de la cabaña, comprobaron desalentados que estaban en medio de un banco de niebla. En la otra cabaña encontraron a Catalán, Enrique, Armando y el capitán mirando con idéntica desilusión la espesa niebla.

—¿Podrán aterrizar con este tiempo?

—Me parece que no —contestó el capitán—. Además, no nos encontrarán.

—Esperemos —dijo Catalán—. Es la niebla de la mañana. No durará todo el día.

Los dos chicos se sentaron a tomar el desayuno que les habían preparado Enrique y Armando. La desilusión de un nuevo retraso en el rescate de sus amigos no disminuyó su apetito y disfrutaron de otro banquete a base de pan duro y café instantáneo. Cuando estaban terminando el desayuno, oyeron un ruido extraño en la lejanía. No era el de un motor, así que no podían ser los helicópteros. Era como el rumor de animales en un zoológico. A medida que se acercaba y se hacía audible, pudieron adivinar que se trataba de los gritos y conversaciones de una multitud de personas.

Imaginando que los habitantes de algún pueblo cercano, por alguna razón desconocida, se dirigían a donde ellos estaban, los muchachos, campesinos y carabineros salieron de la cabaña y miraron al valle en dirección a Puente Negro y se quedaron atónitos frente a lo que vieron. Se les acercaban desde el sendero una columna de hombres vestidos de paisano, que gesticulaban y se tambaleaban encorvados por el peso de maletines y cámaras de todas clases. Del tropel que se acercaba, surgían voces que preguntaban a gritos: «¿Los Maitenes? ¿Y los supervivientes? ¿Dónde están los supervivientes?», hasta que el primero en llegar a las cabañas, por la longitud del pelo, las caras delgadas y las barbas, advirtió quiénes eran los hombres que buscaban.

—El Mercurio de Santiago —dijo uno con un bloc y lápiz en las manos.

—La BBC de Londres —dijo otro, metiendo con una mano un micrófono bajo sus narices, mientras que con la otra ponía en marcha un magnetófono portátil.

En un instante se encontraron rodeados de cincuenta periodistas que se apretujaban empujándose unos a otros.

Canessa y Parrado estaban asombrados ante esta cantidad de reporteros. En las montañas, junto al resto de los chicos, se habían imaginado que sus experiencias sólo interesarían a dos o tres periodistas de Montevideo. Debido a la limitada experiencia de sus cortas vidas, no habían previsto el apetito de sensacionalismo que había llevado a esta multitud, en taxis y coches particulares, por la estrecha carretera de Santiago y luego los había hecho caminar durante dos horas y media cargados con cámaras de televisión y cine por un estrecho y peligroso camino de herradura.

Canessa y Parrado respondieron contentos a sus preguntas, pero omitieron otra vez un par de detalles, concretamente los referentes a lo que habían comido para sobrevivir. En plena conferencia de prensa los llamó el capitán de los carabineros. La niebla se había dispersado un poco, pero todavía no había rastro de los helicópteros, así que el capitán decidió enviar a Canessa y Parrado a Puente Negro a caballo. Montaron detrás de dos de sus hombres, y entre el zumbido de cámaras de cine y los gritos de los periodistas partieron valle abajo, pero antes de que se hubiesen alejado demasiado oyeron el ruido de los motores de los helicópteros que acudían a su encuentro. Los caballos se asustaron y piafaron cuando tuvieron más cerca el ensordecedor estruendo. Les dieron la vuelta y llegaron a Los Maitenes al mismo tiempo que los tres helicópteros de las Fuerzas Aéreas Chilenas salían de la niebla y aterrizaban en la otra orilla del río.

2

Cuando el coronel Morell informó al Servicio Aéreo de Rescate de Los Cerrillos, en Santiago, que dos de los supervivientes del Fairchild habían sido encontrados en Los Maitenes, la noticia fue acogida con escepticismo.

Enviaron a San Fernando una petición de confirmación de la noticia, pero mientras tanto, el Servicio Aéreo de Rescate lo comunicó a los oficiales de las Fuerzas Aéreas, los comandantes Carlos García y Jorge Massa, que dirigieron al principio la búsqueda del aparato uruguayo. Estaba ya avanzada la tarde del jueves día 21 de diciembre cuando García, el comandante del grupo de acción n.º 10, recibió la noticia, y también él la acogió con escepticismo, pensando que seguramente Catalán los había confundido con dos de los escaladores que estaban buscando el Fairchild.

En cualquier caso era demasiado tarde para intentar hacer algo aquel día. García dio la orden de que los helicópteros de su grupo estuvieran preparados a las seis de la mañana del día siguiente y se fue a dormir. Sus subordinados recibieron a media noche la noticia de que los dos de Los Maitenes eran probablemente del Fairchild. Cuando García fue informado a la mañana siguiente se quedó anonadado.

García decidió pilotar él mismo el primer helicóptero, dada la situación. El segundo se lo asignó a Massa, y el tercero, como auxiliar, al teniente Ávila. También decidió llevar a dos mecánicos en vez de copilotos, y a un enfermero de las Fuerzas Aéreas como asistente sanitario y tres miembros del Cuerpo de Socorro Andino incluido su comandante, Claudio Lucero.

El tiempo en Los Cerrillos era muy adverso. Estaba nevando y la visibilidad sólo alcanzaba los cien metros, con una capa de espesa niebla a unos treinta metros por encima del suelo. A las siete no se había recibido ninguna indicación de que el tiempo mejorase, así que los tres helicópteros despegaron en dirección a San Fernando a las siete y diez minutos, volando bajo la niebla a ras de suelo.

Aterrizaron en San Fernando junto a las barracas del Regimiento Colchagua, donde los recibieron el coronel Morell y Carlos Páez Vilaró.

—¡Cómo! ¿Usted otra vez? —dijo García cuando vio a Páez Vilaró—. No me diga que todavía continúa con este asunto del Fairchild.

Podía burlarse cuanto quisiera. Ahora ya se había confirmado que algunos de los que se habían dado por muertos hacía dos meses estaban vivos. El labrador, Sergio Catalán, había dicho que hablaban de forma rara, cuestión que podía atribuirse al acento uruguayo, y los nombres de los muchachos que se hallaban en Los Maitenes eran Fernando Parrado y Roberto Canessa y ambos formaban parte del pasaje del avión.

El comité de acción trazó un plan de rescate. Los helicópteros continuarían hasta Los Maitenes, lugar que designarían como Campo Alfa. Llevarían consigo al coronel Morell, un médico y el asistente sanitario.

—Y tú, Carlitos —dijo el coronel Morell—, te mereces ir.

—No —contestó Páez Vilaró—. No quiero ocupar una plaza que puede hacer falta. Esperaré aquí.

Luego se dirigió a uno de los del Cuerpo de Socorro Andino y le dijo con gran emoción:

—Pero si mi hijo Carlos Miguel está entre los supervivientes le agradecería mucho que le entregara esta carta. Y tú, Morell, ponte mis botas de montaña. Las puedes necesitar y así será como si caminases con mis pies.

Los helicópteros despegaron otra vez. Llegaron hasta el río Tinguiririca y siguieron su curso adentrándose en las montañas. Llevaban mapas de vuelo, pero en una primera pasada por el valle no divisaron el punto donde el río Azufre se separa del Tinguiririca, por lo que tuvieron que regresar para encontrarlo. Estaban informados de que los carabineros los esperaban a unos tres kilómetros de esta confluencia, pero la visibilidad era tan mala que García y Massa apenas podían ver. Se vieron obligados a elegir entre volar a ciegas o aterrizar, y como se hallaban en un valle angosto, optaron por lo último. Por tanto, descendieron en el lado izquierdo del río.

En cuanto cesó el ruido de los motores, oyeron gritos procedentes de la otra orilla. Se acercaron al río donde, una vez más, un oficial de los carabineros les lanzó un mensaje envuelto en un pañuelo informándoles que estaban en el lugar preciso, así que regresaron a los helicópteros y sobrevolaron el río hasta la otra orilla.

Enseguida quedó confirmado que las dos demacradas y barbudas personas eran de verdad supervivientes del Fairchild. Uno de ellos, Canessa, todavía se hallaba paralizado por el agotamiento, y el doctor y sus ayudantes se pusieron en acción con rapidez, auscultándolo y dándole masajes en las piernas. El otro, Parrado, rehusó las atenciones médicas, y dio prisa a García y Massa para que despegaran y partieran de inmediato hacia el Fairchild. García le dijo que era imposible a causa de la niebla. De todas formas le pidió información sobre el lugar donde se hallaba el avión, y Parrado describió su ruta a través de las montañas.

—¿Sabe a qué altitud puede encontrarse el avión? —preguntó García.

—No lo sé realmente —contestó Parrado—. Pero debe de estar muy alto, porque no había árboles ni vegetación de ningún tipo.

—¿Qué comieron?

—Comimos queso y cosas parecidas.

—¿Puede recordar si el altímetro del avión señalaba alguna altitud?

—Sí —dijo Canessa—. Marcaba dos mil quinientos metros.

—¿Dos mil quinientos metros? Muy bien, no tendremos dificultades. ¿Piensan que lo encontraremos con facilidad?

Canessa y Parrado se miraron.

—No será fácil —respondió Parrado—. Está entre la nieve.

Se hallaba ante un dilema. Tenía miedo de volar y al mismo tiempo deseaba subir al helicóptero. Esta lucha interior duró unos segundos, hasta que recordó la promesa que había hecho a los compañeros de volver a por el otro zapato rojo, así que le dijo a García:

—Si me lo permite iré con usted y le enseñaré el camino.

Esperaron a que se levantara la niebla. Entre tanto, algunos de los periodistas regresaron a Santiago para escribir la historia. Transcurridas tres horas desde su llegada, García decidió que la visibilidad era suficiente para que despegaran dos de los tres helicópteros. Llevaron consigo a los dos mecánicos, el asistente sanitario y los tres miembros del Cuerpo de Socorro Andino, Claudio Lucero, Osvaldo Villegas y Sergio Díaz. Parrado iba detrás de Díaz, con un casco en la cabeza y un micrófono en la mano.

Era aproximadamente la una de la tarde, la peor hora del día para volar en los Andes. Éste era el motivo por el que García y Massa no pensaban evacuar a los muchachos aquel día, pero querían localizar el lugar donde se encontraban. Parrado se reveló como un guía excelente. Miraba a través de los cristales del helicóptero y reconocía todos los lugares por los que habían caminado y, cuando llegaron a la Y, le dijo a García que torciera a la derecha y siguiera por la ruta donde se estrechaba el valle cubierto de nieve que se adentraba en las montañas.

El vuelo estaba resultando difícil, pero García observó en el altímetro que ya estaban a dos mil quinientos metros y confiaba en poder controlar el aparato a aquella altura. No obstante, no vio frente a él los restos del Fairchild, sino la escarpada ladera de una enorme montaña.

—¿Ahora hacia dónde? —le preguntó a Parrado desde el teléfono interior.

—Hacia arriba —contestó Parrado señalando al frente.

—¿Dónde?

—Todo derecho.

—Pero no pudisteis bajar por ahí.

—Sí, lo hicimos. Está en el otro lado.

García se imaginó que Parrado no lo había oído.

—No es posible que hayan podido bajar por esa montaña —repitió.

—Sí, lo hicimos —repitió Parrado.

—¿Cómo?

—Deslizándonos, saltando...

García miró adelante, luego hacia arriba. Le parecía increíble lo que afirmaba Parrado, pero no le quedaba otra alternativa que aceptarlo. Comenzó a ascender. Massa iba detrás de él en el segundo helicóptero. A medida que ascendían, el aire se hacía más ligero y había más torbellinos. Los motores rugían por el esfuerzo y el helicóptero comenzó a sacudirse y vibrar. La cumbre estaba aún más alta. El altímetro marcaba 3.500 metros, luego 4.000, 4.300, y hasta 4.500, momento en que alcanzaron la cima. Allí se encontraron con un fuerte viento que los rechazó y los hizo descender. García lo intentó otra vez, pero fue rechazado de nuevo. Parrado gritaba de miedo, y Díaz, que era quien estaba sentado a su lado, le dijo a García por el teléfono:

—Comandante, le ha entrado pánico.

García estaba demasiado preocupado por mantener el control del helicóptero para prestarle atención. Comprobó que la cima era un poco más baja hacia la derecha, así que la rodeó por la derecha en la siguiente acometida, y, aún sacudiéndose y vibrando debido a las fuertes corrientes de aire, pasaron al otro lado. Parrado se despistó al seguir una ruta distinta. No lograba orientarse y nadie podía distinguir el Fairchild. El helicóptero volaba en círculos y Parrado intentaba desesperadamente encontrar alguna señal conocida que le permitiera saber dónde se entontraban. De repente vio a través del valle un pico que reconoció, y enseguida supo dónde se hallaban.

—Tiene que estar ahí abajo —le dijo a García.

—No veo nada —respondió García.

—Baje —le pidió Parrado.

El helicóptero empezó a descender y en tanto lo hacía, la forma de las montañas y la configuración de las rocas resultaban más familiares para Parrado quien, finalmente, divisó a lo lejos, allá abajo, las diminutas manchas que él sabía eran los restos del Fairchild.

—¡Están ahí! —le gritó a García.

—¿Dónde, dónde? No puedo verlos.

—¡Allí —exclamó Parrado—, allí!

García, mientras luchaba con los controles del helicóptero, que saltaba y se zarandeaba, consiguió distinguir lo que buscaba.

—¡De acuerdo, puedo verlos! —dijo él—. Ahora no me hable, no me hable. Veamos por dónde podemos bajar.

DECIMOTERCERA PARTE

1

La noche del miércoles día 20 de diciembre, el estado de ánimo de los catorce que quedaban en el Fairchild alcanzó su punto más bajo. Ya hacía nueve días que se habían marchado los expedicionarios, siete desde que regresara Vizintín de la cumbre de la montaña. Todos sabían la cantidad de comida que se habían llevado. Y, en consecuencia, todos sabían también que se les estaba acabando el tiempo. Les asustaba la perspectiva de tener que organizar una segunda expedición, así como la de pasar las Navidades en los Andes.

Aquella noche, después de dirigir el habitual rezo del rosario, Carlitos Páez dedicó una oración a su tío, que había fallecido en un accidente de aviación hacía algunos años. Al día siguiente, el veintiuno, se cumpliría el aniversario del accidente y sabía que su abuela también le rezaría a su hijo para pedirle algún favor en aquel día especial.

A la mañana siguiente, en las noticias de la radio, no mencionaron el rescate. Por el contrario, al oír que el C-47 de las Fuerzas Aéreas Uruguayas había partido de Chile el día anterior, se dedicaron a sus tareas cotidianas con el mismo pesimismo que antes. A mediodía comieron la acostumbrada ración de carne y se retiraron al avión para descansar y protegerse del sol.

Cuando Carlitos salió del avión, ya avanzada la tarde, tuvo el presentimiento de que habían encontrado a Parrado y Canessa. Avanzó unos pasos por la nieve y dio la vuelta para ir a la parte delantera del avión, donde se encontró a Fito agachado en el «retrete». Se inclinó para ponerse a la altura de Fito y le dijo en voz baja:

—Escucha, Fito, no se lo digas a los otros, pero tengo el presentimiento de que Nando y «Músculos» han llegado a alguna parte.

Fito abandonó su intento de defecar, se subió los pantalones y caminó con Carlitos durante un trecho montaña arriba.

Aunque no era supersticioso, se alegró de que esta premonición disipara su melancolía.

—¿Crees de verdad que han encontrado a alguien?

—Sí —respondió Carlitos con su áspera voz—. Pero no se lo digas a los demás porque no quiero que se lleven un desengaño si no es cierto.

Los cartorce muchachos se dedicaron otra vez a sus tareas, mientras el sol se iba ocultando. Los que aún tenían cigarrillos (las existencias se estaban agotando), encendieron el último del día. El sol se puso. El aire helaba. Daniel Fernández y Pancho Delgado prepararon el dormitorio y el resto formó una fila de a dos para entrar en el avión y pasar su septuagésima noche en la montaña.

Rezaron el rosario y Carlitos hizo una mención especial de su tío, pero no dijo nada acerca de su presentimiento. Sin embargo, en cuanto se terminó el rosario, Daniel Fernández dijo de repente:

—Caballeros, tengo el vivo presentimiento de que los dos expedicionarios lo han conseguido. Nos rescatarán mañana o pasado mañana.

—Yo también lo tengo —dijo Carlitos—. Lo sentí esta tarde. Nando y «Músculos» lo han conseguido.

El segundo presentimiento parecía confirmar el primero, y la mayoría durmieron aquella noche llenos de esperanza y optimismo.

A la mañana siguiente, como de costumbre, Daniel Fernández y Eduardo Strauch salieron a las siete y media para sintonizar Montevideo y escuchar las noticias. Lo primero que oyeron fue que dos hombres que aseguraban ser supervivientes del Fairchild uruguayo habían sido encontrados en un valle remoto de los Andes. Eduardo estaba a punto de saltar y comunicar la noticia a los demás, cuando Fernández lo retuvo agarrándolo de un brazo.

—Espera —le dijo—. Puede ser un error. Tenemos que estar seguros. No podemos decepcionarlos otra vez.

Había sido él quien les diera esperanzas cuando descubrieron la cruz y no quería hacerlo de nuevo. Los dos volvieron a prestar atención a la radio, sintonizaron otras emisoras y, simultáneamente, en todas las emisoras anunciaron el descubrimiento, transmitido por las estaciones de Argentina y Brasil y por los radioaficionados de Chile, Argentina y Uruguay.

Eduardo podía gritar ahora tan fuerte como quisiera y todos los muchachos que estaban en la nieve se apretujaron en torno a la radio para escuchar con sus propios oídos el extraordinario y magnífico parloteo de los radioaficionados. Las palabras, una vez mencionadas, pasaron de un país a otro hasta que todas las ondas del continente transmitieron la sensacional noticia de que habían sido hallados dos supervivientes del avión uruguayo que se estrelló en los Andes hacía diez semanas, y que otros catorce todavía se esperaban en el lugar del accidente y ya estaba organizado el rescate.

Había llegado por fin el momento que los muchachos habían imaginado durante tanto tiempo. Agitaron los brazos en el aire saludando y diciendo que estaban salvados a las impertérritas montañas que los rodeaban, mientras daban gracias a Dios también en voz alta y desde el fondo de sus corazones por la feliz noticia de su salvación. Luego fueron a buscar los cigarrillos. Ya no pasarían las Navidades en los Andes; los helicópteros llegarían en una o dos horas, y se los llevarían. Abrieron la caja de «Romeo y Julieta» y cada uno cogió un habano, lo encendió, y se elevaron las delgadas columnas de humo, como un lujo, en el aire seco de la montaña. Los que todavía tenían cigarrillos, los compartieron con quienes se los pidieron y los encendieron también.

Mientras fumaban se calmó su excitación.

—Tendríamos que arreglarnos un poco —dijo Eduardo—. Mira tu pelo, Carlitos. Tienes que peinarte.

—¿Y qué hacemos con todo esto? —dijo Fernández señalando los restos y partes de los cuerpos humanos que había alrededor del avión—. ¿No creéis que debemos enterrarlo?

Fito dio una patada en la superficie de la nieve. Todavía estaba congelada. Después miró las caras demacradas de los chicos que lo rodeaban.

—No conseguiremos cavar un hoyo mientras la nieve esté tan dura como ahora.

—De todas formas, ¿por qué debemos preocuparnos? —dijo Algorta.

—¿Y qué pasará si hacen fotografías? —preguntó Fernández.

—Les romperemos las cámaras —respondió Carlitos.

—De todas formas —dijo Eduardo—, no tenemos por qué ocultar lo que hemos hecho.

Algorta no entendía lo que intentaban explicar, y los demás se olvidaron de los cuerpos. Zerbino y Sabella comentaron qué harían cuando llegaran sus rescatadores.

—Ya sé lo que haremos —dijo Moncho—. Cuando oigamos los helicópteros nos meteremos en el avión y esperaremos allí. Después, cuando vengan a buscarnos, les diremos: «Buenas, ¿qué desean?».

—Y cuando me ofrezcan un cigarrillo chileno —añadió Zerbino riéndose—, le diré: «No, gracias, prefiero de los míos». —Y alzó un paquete de cigarrillos uruguayos—. Me reservaré un paquete de «La Paz» para poder hacerlo.

Presintiendo que el rescate era inminente, los chicos se prepararon para incorporarse otra vez al mundo. Páez se peinó como le indicó Eduardo e incluso se puso un poco de brillantina que encontró en el equipaje. Sabella y Zerbino se pusieron camisas y corbatas. Todos buscaron ropa menos sucia que la que llevaban puesta. Para la mayoría esto significó cambiarles el orden y ponerse la de dentro fuera y la de fuera adentro. También se lavaron los dientes con la última pasta que quedaba, poniéndola en abundancia en los cepillos y enjuagándose la boca con nieve.

Ellos estaban ya dispuestos, pero los helicópteros no llegaban. La radio seguía informando sobre el rescate. En una emisora de Chile rezaron incluso una oración en acción de gracias que los conmovió a todos, pero a mediodía todavía no había indicio alguno del rescate, y los muchachos, indecisos, no sabían si volver o no a sus tareas. A aquellas horas casi todos estaban hambrientos, pero habían tirado la carne, preparada el día anterior, al enterarse de la noticia. Zerbino y Daniel Fernández se pusieron a buscarla. Roy Harley, que había pensado en la posibilidad de usar un verdadero retrete, no pudo aguantarse por más tiempo y fue a defecar en la parte delantera del avión mientras que los otros bromearon diciéndole que su huesudo trasero se parecía a la rabadilla sin plumas de una gallina.

Como empezaba a hacer calor, algunos se refugiaron en el avión. Mientras estaban allí tumbados, impacientes pero extraordinariamente felices ante la cercanía de su rescate, Eduardo Strauch les dijo:

—Pensad lo terrible que sería si se produjera un alud ahora, antes de que lleguen a rescatarnos.

—No puede ser —contestó Fernández—. No puede ser, ahora que hemos llegado hasta este momento.

De pronto escucharon un grito que decía:

—¡Cuidado! ¡Una avalancha!

Oyeron un ruido y vieron que se aproximaba una masa blanca. Durante un instante se quedaron paralizados por el terror, pero cuando la «nieve» se asentó comprobaron que era la espuma de uno de los extintores del avión, y detrás no estaba la cara de la muerte, sino la gatuna sonrisa de Fito Strauch.

Hasta la una de la tarde no oyeron los motores de los helicópteros, y después los vieron volar sobre las cimas de las montañas, ligeramente al nordeste de donde se encontraban. El ruido era completamente distinto del que se habían imaginado, lo que probaba que no estaban presenciando un espejismo. Los de afuera empezaron a hacer señales y a gritar, y los que se hallaban en el avión, salieron.

Con gran desaliento, notaron que los helicópteros no se orientaban hacia ellos. Volaban en otra dirección, luego volvían, describían círculos y les sobrevolaban aparentemente sin encontrarlos. Esto sucedió tres veces antes de que el helicóptero que marchaba en cabeza, sacudiéndose y estremeciéndose en el aire, descendiera describiendo círculos sobre ellos. Distinguieron a Nando que les hacía gestos, señalándose la boca y luego enseñando cuatro dedos de una mano. También pudieron ver que los del otro helicóptero les filmaban y fotografiaban. Parecía que el piloto no pudiera aterrizar. El viento era tan fuerte que cada vez que descendía corría el peligro de estrellarse contra la pared rocosa de la montaña más próxima. Lanzaron una señal de humo desde el helicóptero, pero el aire se lo llevó en todas direcciones, así que no se pudo establecer de dónde soplaba el viento. Pero un cuarto de hora más tarde, el primero de los helicópteros se acercó al suelo hasta que uno de los soportes tocó la nieve. Tiraron dos paquetes por la puerta, y un segundo después les siguieron dos hombres.

El primero de ellos era el andinista Sergio Díaz y el segundo el asistente sanitario. En cuanto Díaz se vio libre del peligro de la hélice, avanzó hacia los muchachos con los brazos abiertos, que se lanzaron sobre él, levantando y estrechando al corpulento profesor universitario y empujándolo por la nieve. No todos lo saludaron tan efusivamente. Algunos estaban desconcertados ante la invasión de estos extraños. Pedro Algorta, al ver que Fito abrazaba a Díaz, le preguntó si lo conocía de antes.

Temían también que el ruido de los motores ocasionara otra avalancha. Los dos chicos que estaban más cerca del primer helicóptero se agacharon bajo las hélices y trataron de subir a bordo. No era fácil conseguirlo. García no se atrevía a aterrizar en la nieve, en primer lugar a causa de la pendiente, pero además, porque sabía que la nieve no soportaría el peso del helicóptero. Lo sostenía en posición horizontal temiendo en todo momento que las palas de la hélice chocaran con la ladera de la montaña, incapaz de situarlo en un ángulo que permitiera a los muchachos subir más fácilmente. El primero en intentarlo fue Fernández. Se estiró y fue agarrado por Parrado, quien lo ayudó a entrar. El segundo fue Mangino, que había ido cojeando por la nieve y se las ingenió para subir a bordo.

Con estos dos pasajeros, Parrado, Morell y el mecánico, García consideró que la carga estaba completa y se elevó de nuevo para detenerse en el aire mientras que Massa, imitando la misma maniobra, dejaba a Lucero y Villegas, dos andinistas más, junto con su equipo. Mientras los dos helicópteros cambiaban de posición, Díaz preguntó por Páez una vez se hubo librado de los abrazos de los chicos. Carlitos se identificó y Díaz le dio dos cartas de su padre.

—Una es para ti y la otra para todo el grupo.

Carlitos las abrió y leyó primero la que estaba dirigida a todos.

«Animaos y tened confianza —decía—. Os mando unos helicópteros como regalo de Navidad.»

La segunda era para él:

«Como verás, siempre estuve pendiente de ti. Te espero con más confianza en Dios que nunca. Mamá está en camino con dirección a Chile. Tu viejo.»

Se guardó las cartas en el bolsillo y fue a ver si el

segundo helicóptero estaba en posición. Se dirigió a él y subió a bordo en unión de Algorta y Eduardo. Detrás de él, Inciarte, a quien ayudó Díaz. Con estos cuatro, Massa completó su pasaje y se elevó en el aire dejando a Delgado, Sabella, François, Vizintín, Methol, Zerbino, Harley y Fito Strauch junto a los tres andinistas y el asistente sanitario.

El ascenso por la ladera este de la montaña no fue menos terrible que el realizado por el otro lado. La verdad es que fue tan terrible que los nuevos pasajeros se arrepintieron de haber dejado la relativa seguridad de su «hogar» en el Fairchild. Cuando el helicóptero comenzó a vibrar debido al esfuerzo de los motores, Fernández se dirigió a Parrado para preguntarle si aquello era normal.

—¡Oh, sí! —le contestó el aludido, pero Fernández pudo observar en su rostro que estaba tan asustado como él.

Mangino preguntó al soldado que se sentaba a su lado si el helicóptero se podía elevar en estas condiciones. El mecánico lo tranquilizó, pero en la expresión de su cara se podía ver que no se creía sus propias palabras.

Mangino se puso a rezar como nunca lo había hecho en su vida.

El problema a que se enfrentaban García y Massa era que el aire, a aquella altitud, resultaba demasiado ligero para que los helicópteros pudieran elevarse más, utilizando sólo la fuerza de los motores.

Intentaron utilizar los aparatos como planeadores, maniobra que consistía en buscar una corriente de aire caliente que los levantara unos metros, ascender así un poco hasta que encontraran otra corriente, y así sucesivamente. Era una técnica que exigía una habilidad extraordinaria, pero estuvieron a la altura de las circunstancias ya que por fin pasaron la cumbre y aceleraron por el valle hacia la Y y Los Maitenes.

Sólo tardaron quince minutos en llegar al Campo Alfa, donde los seis nuevos rescatados de entre los supervivientes saltaron al suelo verde en un éxtasis de alegría y alivio. Estaban asombrados ante el colorido del terreno que los rodeaba, embriagados con el olor de las hierbas y las flores. Se abrazaban unos a otros como si estuvieran ebrios, y rodaban por el suelo jugando. Eduardo se había tendido en un lecho de hierba, como si fuera más suave que la colcha de más fina seda. Giró la cabeza y se topó con una margarita frente a sus narices. La arrancó, la olió y se la pasó a Carlitos, que estaba a su lado. Éste la cogió y se disponía a olerla también cuando, pensándolo mejor, se la metió en la boca y se la comió.

Canessa y Algorta también se abrazaban y rodaban por el suelo. Debido al entusiasmo y la emoción, Algorta agarró por el pelo a Canessa. «Otra vez este estúpido idiota —pensó Canessa— fastidiando lo mismo que allá arriba.»

Una vez transcurrida la primera hora de entusiasmo, cuando los muchachos se dieron cuenta de que sobrevivían no sólo después de los setenta y un días en los Andes, sino también tras el terrible viaje en helicóptero, sus mentes se abrieron al pensamiento de la comida, y los seis se precipitaron sobre el café, el chocolate y el queso que les habían preparado. Los examinó el equipo médico y se descubrió que todos sufrían de desnutrición y falta de vitaminas, pero ninguno se hallaba en estado crítico.

Los ocho supervivientes recuperados de la montaña podían por lo tanto quedarse a esperar en Los Maitenes mientras los helicópteros recogían a los demás. Pero García le dijo al coronel Morell que como ninguno de los que permanecían arriba se hallaba en peligro de muerte, no consideraba muy conveniente volver aquella tarde debido a que las condiciones atmosféricas eran excepcionalmente adversas. Morell aceptó posponer el segundo rescate hasta el día siguiente, y aquella misma tarde los ocho primeros rescatados fueron trasladados a San Fernando.

2

Informaron por radio al cuartel de San Fernando esta decisión al tiempo que transmitieron la lista completa de los dieciséis supervivientes. El operador que la recibió se la pasó al miembro del equipo que estaba encargado de estos menesteres: Carlos Páez Vilaró. Páez Vilaró no la aceptó. Sabía ya que sólo dieciséis de los cuarenta pasajeros que viajaron en el Fairchild habían sobrevivido. Ignoraba si su hijo Carlitos era uno de los dieciséis, y cuando llegó el momento de enfrentarse a la verdad, el terror a conocerla fue excesivo. Sin decir una sola palabra, le pasó la hoja de papel a la secretaria del coronel Morell.

La corta lista fue rápidamente mecanografiada, y muy pronto, por segunda vez, los dieciséis nombres se hallaron de nuevo frente a Páez Vilaró, quien tapó la lista con otro papel. Nada más hacerlo sonó el teléfono; llamaban de radio Carve en Montevideo.

—¿Tienen alguna noticia? —preguntaron.

—Sí —respondió Páez Vilaró—. Tenemos la lista de los supervivientes, pero no se la podemos dar sin autorización del comandante en jefe. Está con los helicópteros.

El comandante de San Fernando, al oírlo, dijo a Páez Vilaró que le daba su autorización para leerla y, aún con el teléfono en la mano, el pintor descubrió lentamente el primer nombre, de la misma forma que un uruguayo mira las cartas cuando está jugando al truco.

—Roberto Canessa —dijo y, después repitió—: Roberto Canessa.

Bajó un centímetro más la hoja de papel.

—Fernando Parrado —dijo esta vez, y repitió—: Fernando Parrado. —Bajó el papel un poco más y continuó—: José Luis Inciarte... José Luis Inciarte. Daniel Fernández... Daniel Fernández. —Después—: Carlos Páez... Carlos Páez.

Las lágrimas acudieron a sus ojos y durante unos instantes no pudo leer más.

Los nombres que pronunciaba eran retransmitidos por la emisora y podían oírse en todas las casas uruguayas que la hubieran sintonizado. Entre los que escuchaban se encontraba la señora Nogueira. Había estado esperando noticias en el jardín de los Ponce de León, pero el ambiente le pareció demasiado tenso e histérico. Se encontraba ahora en la cocina de su casa, y su mente y su cuerpo se quedaron paralizados como si toda la esperanza y el terror pasados en los dos últimos meses se hubiesen concentrado en ese momento.

—Carlos Páez —dijo de nuevo lentamente Páez Vilaró.

Y continuó con el resto de los nombres: Mangino, Strauch, Strauch, Harley, Vizintín, Zerbino, Delgado, Algorta, François, Methol y Sabella.

No había más nombres. Sus esperanzas, que habían nacido, desaparecido y vuelto a nacer tantas veces, desaparecieron ahora para siempre. «Es estupendo —pensó— que el pequeño Sabella haya sobrevivido.» No conocía a su familia, pero había hablado con su madre por teléfono. En aquella ocasión estaba muy triste, pero ahora debía sentirse muy feliz. Harley y Nicolich, los padres de los dos chicos que habían viajado en un avión de carga desde Mendoza a Santiago, llegaron a San Fernando cuando se ultimaban allí los preparativos para recibir a los helicópteros que transportarían a los ocho primeros supervivientes. Los dos hombres aún no sabían los nombres de los supervivientes. Se abrieron paso entre la multitud de excitados chilenos que esperaban a la entrada de las barracas y se reunieron con Páez Vilaró que se encontraba en compañía de César Charlone, el encargado de negocios uruguayo, frente a los trescientos soldados del Regimiento Colchagua formados militarmente.

De pronto surgió un alboroto de entre el gentío. Muchos de los asistentes que habían ayudado a Páez Vilaró con aviones, a pie, radios y plegarias en su quijotesca búsqueda, vieron acercarse por el aire los tres helicópteros de las Fuerzas Aéreas Chilenas. La visión de tres cruces en el cielo o de una corte de ángeles, no podía ser más conmovedora o milagrosa en aquellos momentos que la de estas máquinas que aparecían en el aire, se paraban, describían círculos y, por último, se detenían en la pista de aterrizaje.

Abrieron las puertas antes de pararse los motores y Páez Vilaró padre vio el rostro de Páez hijo. Se adelantó lanzando un grito y se habría metido entre las palas de la hélice si no lo hubiera detenido Charlone. Tuvo que esperarse, por tanto, hasta que Carlitos saltó al suelo y corrió hacia él. Después saltó Parrado, que también corrió hacia Páez Vilaró, quien, liberado de su aprehensor, se dirigió a los chicos y abrazó a ambos al mismo tiempo.

No hubo necesidad de palabras. Las semanas de enloquecida búsqueda fueron recompensadas para el padre con los anhelantes cuerpos que abrazaba. Lloró, y también las lágrimas corrían por las mejillas de los trescientos soldados del Regimiento Colchagua. Para el hijo, estar entre los brazos del padre, era como hallarse ya en casa. Lo único que enturbiaba su felicidad era el rostro expectante y asustado de Nicolich, que estaba detrás de su padre.

Bajó la mirada. Se daba cuenta de que su alegría era como un brazo armado que descargase un golpe mortal en la cabeza del padre de su mejor amigo, y, cuando volvió a levantar la vista, vio que Nicolich estaba hablando con Daniel Fernández. La expresión de ambos rostros denotaba con exactitud cuál era el tema de su conversación.

El coronel Morell había avisado a las seis de la mañana al hospital San Juan de Dios de San Fernando para que se preparasen a recibir a los supervivientes del Fairchild uruguayo. El director del hospital, el doctor Baquedano, formó de inmediato un equipo integrado por sus mejores colaboradores, los doctores Ausin, Valenzuela y Melej, que se dispusieron a recibirlos. Pero ignoraban las condiciones en que se hallaban los supervivientes. Lo único que sabían era que habían estado atrapados en el corazón de los Andes durante más de setenta días con muy pocos alimentos o ninguno.

El primer paso consistió en procurarles buen alojamiento. El hospital era un edificio antiguo y pequeño que ocupaba una manzana, con patios inferiores y galerías cubiertas alrededor de cada bloque. Pero había un ala reservada para pacientes privados, y decidieron evacuarla para instalar allí a los supervivientes. Mientras hacían esto, los tres doctores localizaron por teléfono a otro médico llamado también Valenzuela, jefe de la Unidad de Cuidados Intensivos en el Hospital Central de Santiago. Le explicaron el tratamiento que habían planeado para cuando llegaran los pacientes y él les confirmó que el tratamiento era correcto.

La ambulancia con los ocho primeros supervivientes llegó a las tres y media. Los chicos fueron conducidos a través del patio entre el edificio principal y la capilla de ladrillos y después los transportaron en camillas a todos, excepto a Parrado, que insistió en ir andando, abriéndose camino entre la multitud de enfermeras y visitantes que los esperaban. Cuando llegó a la entrada del ala privada, le impidió el paso el policía que estaba allí de guardia.

—Lo siento mucho —dijo—, pero no puede entrar. Esto es sólo para los supervivientes.

—Yo soy un superviviente —dijo Parrado.

El policía miró al joven alto que tenía frente a él, y la barba y el largo pelo sin peinar lo persuadió de que lo que afirmaba Parrado era cierto. Las enfermeras también estaban asombradas y trataron de que el expedicionario se metiera en cama, pero él se negó a acostarse y a que lo examinaran los médicos en tanto no le permitieran darse un baño. Las enfermeras se enfadaron y fueron a consultar con los doctores, quienes se encogieron de hombros y respondieron que era preferible que se hiciera lo que él pedía. Esta fue la primera constatación de que los pacientes no iban a comportarse tal y como ellos se habían imaginado.

Prepararon el baño a Parrado. Pidió champú, y una enfermera fue a buscar su propio bote. Parrado se quitó por fin la ropa maloliente y sumergió su cuerpo en el agua. Se lavó a conciencia y se quedó después en el agua caliente durante una hora y media. Luego del baño se duchó para hacer desaparecer los restos de agua sucia y se puso la túnica blanca que le habían proporcionado. Se encontraba estupendamente y dispuesto a tolerar a los tres perplejos doctores que lo examinaran. No encontraron nada.

Naturalmente, Parrado, como les ocurriera a los otros siete, había perdido mucho peso. Pesaba unos veintitrés kilos menos que en condiciones normales. Los que menos habían adelgazado eran Fernández, Páez, Algorta y Mangino, unos trece o catorce kilos cada uno. Canessa perdió dieciséis, Eduardo Strauch veinte e Inciarte treinta y seis. Esta enorme diferencia demostraba no sólo lo delgados que se habían quedado, sino lo mucho que habían pesado antes; porque mientras Fernández, Algorta, Mangino y Eduardo Strauch tenían un peso que oscilaba entre los sesenta y siete y los setenta y seis kilos, Parrado e Inciarte pesaban alrededor de los noventa. Los médicos se sorprendieron sobre todo de que Páez, que no era muy alto, pesara sesenta y ocho kilos y medio cuando ingresó en el hospital de San Juan de Dios de San Fernando.

Algunos tenían algún problema de salud del que quejarse, y los médicos hicieron todo lo posible para remediarlo. Mangino tenía una pierna rota; la de Inciarte estaba aún muy infectada y Algorta padecía un dolor en la región del hígado. Mangino también tenía algo de fiebre, la presión un poco alta y el pulso irregular. Más tarde, a la vista de los análisis, descubrieron en todos deficiencia de grasas, proteínas y vitaminas. También tenían los labios quemados y agrietados, conjuntivitis y distintas infecciones en la piel.

Los doctores que los reconocieron descubrieron enseguida que los chicos se habían alimentado con algo más que nieve derretida durante las últimas diez semanas, y, mientras examinaban la pierna de Inciarte, uno de ellos le preguntó:

—¿Qué ha sido lo último que ha comido?

—Carne humana —contestó Coche.

El médico continuó con su tarea sin hacer comentario alguno ni demostrar sorpresa.

Fernández y Mangino también hablaron con los doctores lo que habían comido en la montaña, y tampoco esta vez los médicos hicieron ningún comentario, pero dieron órdenes estrictas de que no se dejara entrar en el hospital a ningún periodista. No se les ocurrió alterar las instrucciones que habían dado sobre la alimentación de los supervivientes. A Mangino, Inciarte y Eduardo Strauch, que eran los que peor se encontraban, los alimentaron por vía intravenosa y a los demás les dieron líquidos y pequeñas porciones de gelatina que habían preparado especialmente para ellos, y los dejaron descansar.

Pasó algún tiempo antes de que los chicos se dieran cuenta de que esto era todo lo que comerían por el momento. Hasta que entraron en el hospital, el único alimento sólido que vieron fue el trozo de queso que Canessa se había llevado de Los Maitenes como recuerdo, lo tenía encima de la mesita de noche. Los colocaron en habitaciones independientes, pero los más fuertes visitaban a los otros y entre todos llegaron enseguida a la conclusión de que tenían que pedir a las enfermeras algo más sustancioso para comer. Ellas contestaron que los doctores Melej, Ausin y Valenzuela habían dado instrucciones estrictas a ese respecto y, por tanto, no podían darles más alimentos.

Ante tal negativa, los chicos, impulsados por su necesidad, optaron por métodos menos rudos. Carlitos Páez discurrió con las enfermeras que, de alguna manera, él se había convertido en una celebridad y les prometió toda clase de autógrafos especiales y algunos recuerdos si le conseguían algo más de comer. Pero las encantadoras enfermeras chilenas no se dejaban sobornar con tanta facilidad. En consecuencia, los chicos elevaron una queja contra los doctores Melej, Ausin y Valenzuela acusándoles de que los querían matar de hambre.

Los médicos regresaron al ala y escucharon la petición. Les explicaron los peligros a que se exponían si tomaban alimentos sólidos después de tan largo período de hambre.

—Pero, doctor —dijo Canessa—, yo comí alubias y macarrones ayer y ahora me encuentro perfectamente.

Los médicos se rindieron. Ordenaron a las enfermeras que sirvieran un menú completo a cada uno de los ocho supervivientes.

Ya había quedado establecido que ninguno de los ocho pacientes se hallaba en estado crítico, así que la atención de los doctores pasó ahora a su estado mental. Habían notado desde el principio dos síntomas muy evidentes: primero, la necesidad de hablar, y segundo, el miedo a quedarse solos. Coche Inciarte, que había sido el primero en entrar en el hospital, se aferró a la mano del doctor Ausin y no la soltó hasta que lo metieron en la cama. Después hablaba con todos los que entraban en su habitación. Los demás mostraron la misma tendencia, sobre todo Carlitos Páez.

Este comportamiento no era en absoluto extraordinario entre hombres jóvenes que habían pasado diez semanas perdidos en los Andes, pero los médicos, cuando supieron que se habían alimentado de carne humana, pensaron que podían ser los primeros síntomas de un comportamiento psicótico más grave. Por este motivo los doctores prohibieron que nadie hablara con ellos, ni siquiera las madres de Carlitos y Canessa, que ya habían llegado de Montevideo.

Sólo se hizo una excepción con un hombre que se encontraba entre la multitud agolpada en la entrada del hospital: el padre Andrés Rojas, cura párroco de la iglesia de San Fernando Rey. Como todos los habitantes de San Fernando, había oído comentar el «Milagro de la Navidad» (como se denominó en ese momento el descubrimiento de los supervivientes), y aquella tarde vio cómo sobrevolaban la ciudad los helicópteros procedentes de Los Maitenes. Había sentido un repentino impulso de ir al hospital y ofrecer su ayuda, pero se refrenó por temor a interferir con las autoridades del hospital. No obstante, un poco más tarde, recordó algunos asuntos pendientes que le dieron la excusa que necesitaba para ir hasta allí.

Era un hombre de veintiséis años de edad, y había sido ordenado el año anterior. Parecía aún más joven por su aspecto aniñado y era de estatura baja, cabello negro y piel oscura. Cuando llegó al hospital no se hubiera diferenciado de la multitud, pues no usaba sotana, sino pantalones grises y una camisa también gris de cuello abierto, pero los doctores Ausin y Melej lo reconocieron y le invitaron a visitar a los supervivientes.

Lo condujeron al ala privada y allí pasó a la primera habitación, al comienzo del pasillo, en donde se encontraba Coche Inciarte. Fue una buena elección, pues nada más entrar e identificarse, salió un torrente de palabras de la boca de Coche. Habló al padre Andrés sobre la montaña, no en el lenguaje frío de un observador imparcial, sino con palabras místicas y elevadas, acorde con la experiencia que él había vivido.

—Fue algo que nadie ha podido imaginar. Yo iba a misa todos los domingos y la comunión era para mí una especie de rutina, pero allá arriba, viendo tantos milagros, estando tan cerca de Dios, casi tocándolo, he aprendido algo más. Ahora rezo a Dios pidiéndole que me dé fuerzas y que me impida volver a ser como antes. He aprendido que la vida es amor y el amor es darte a tu vecino. El alma es lo mejor que tiene el hombre. No hay nada mejor que entregarse a otro ser humano...

El padre Andrés, mientras escuchaba, comprendió la naturaleza exacta del don a que Coche Inciarte se refería: el regalo de la carne que les hicieron sus compañeros muertos. En cuanto se dio cuenta de esto, el joven sacerdote lo reconfortó diciéndole que no había pecado alguno en lo que había hecho.

—Volveré esta tarde con la Comunión —añadió.

—Entonces me gustaría confesarme, padre —dijo Coche.

—Ya te has confesado durante esta conversación —le respondió el sacerdote.

Cuando fue a ver a Mangino el padre Andrés se encontró con un fenómeno idéntico, un ansioso deseo de relatar lo que había hecho, dicho en una confusión de remordimiento y autojustificación. Una vez más el sacerdote reconfortó al muchacho. No había pecado en lo hecho, podía comulgar aquella tarde sin confesarse y, si deseaba hacerlo, tendría que ser por otros pecados.

De todas formas hubo unas preguntas de Inciarte a las que él no pudo contestar: ¿Por qué razón él había quedado con vida mientras los otros habían muerto? ¿Con qué propósito había hecho Dios esta selección? ¿Qué conclusiones se podían sacar de ello?

—Ninguna —razonó el padre Andrés—. Hay ocasiones en que la inteligencia humana no puede comprender la voluntad de Dios. Hay cosas que debemos aceptar como misterios con toda humildad.

El permiso que dieron los médicos al padre Andrés para visitar a los supervivientes supuso un buen tratamiento. La decisión de comer los cuerpos de sus amigos había sido una prueba muy dura para muchos de los chicos que estaban en la montaña. Todos eran católicos y estaban expuestos al juicio de su Iglesia por lo que hicieron. Como la Iglesia católica dice que la antropofagia in extremis se autoriza, este joven sacerdote se vio capacitado para perdonarlos y asegurarles que no habían hecho nada malo. Este juicio, respaldado por toda la autoridad de la Iglesia, devolvió la tranquilidad de conciencia por lo menos a los que albergaban alguna duda. Había uno o dos que no tuvieron necesidad de consuelo —o no lo admitieron— y por lo tanto poco podían explicar al padre Andrés. Algorta, por ejemplo, no estaba de humor para hablar con nadie, y menos con este joven clérigo en cuyo rostro había una expresión de santidad.

4

El momento de la reunión no podía posponerse durante mucho más tiempo. Los padres y los parientes de los supervivientes no se daban cuenta de lo delicado que era para los médicos permitir que los vieran, y aunque la mayoría hizo gala de una estoica paciencia esperando encontrarse con los hijos que habían vencido a la muerte, otros se mostraban cada vez más impacientes.

A Graciela Berger, la hermana casada de Parrado, la tuvo que parar un policía a la puerta del ala privada.

—¡Yo quiero ver a mi hermano! —le dijo desesperada a gritos.

Oyó la voz de Nando que, desde dentro, también le decía a gritos:

—¡Graciela, estoy aquí!

Y entonces, la decidida joven uruguaya empujó al policía y entró en la habitación de Nando. Rompió a llorar en cuanto lo hizo. La emoción de ver a Nando de nuevo, junto al asombro que le produjo su aspecto, pudo más que el dominio de sí misma.

Detrás de ella venía su marido, Juan, y detrás de éste la encorvada y llorosa figura de Seler Parrado. Este pobre hombre, que había perdido todo interés por la vida cuando su mujer, su hijo y su hija desaparecieron en los Andes, había recobrado las esperanzas cuando leyó una lista falsa en que figuraban los tres como supervivientes. Poco antes de partir para ir a verlos se enteró de la verdad; sólo Nando vivía. Estaba, por tanto, confundido por sentimientos de alegría y tristeza a la vez, pero cuando vio a Nando y lo abrazó, el primer sentimiento se sobrepuso al segundo y las lágrimas que corrieron por sus mejillas fueron de alegría.

Un poco más adelante, en otra habitación individual, Canessa escuchaba las voces de los parientes conforme iban entrando. De pronto, al levantar la vista, vio en la puerta la cara de su novia, Laura Surraco. Su primera reacción fue de sorpresa. Siempre había creído, cuando se encontraba en las montañas, que volvería a verla en Montevideo. Su presencia allí, en Chile, debía de obedecer a alguna equivocación, y cuando ella se precipitó hacia él llorando, se apartó.

A Laura Surraco la seguía Mecha Canessa. Se adelantó y le dijo con serenidad:

—Felices Navidades, Roberto.

Un momento después comenzaría a llorar también al ver la angulosa cara de un viejo a través de la barba de su hijo. Cuando el doctor Canessa entró en la habitación, también lloraba, y este torrente de emociones hizo que Roberto llorara con tanto sentimiento que sus padres temieron por su vida y quisieron marcharse. Pero él se negó rotundamente, y cuando se calmaron un poco se puso a hablarles del accidente y de su salvación, incluyendo que habían tenido que comer carne humana para sobrevivir. De los tres que escucharon esta información, sólo el padre se asombró, pero consiguió dominarse lo suficiente como para sobreponerse a sus sentimientos. Las dos mujeres se sentían tan felices de tener a Roberto allí que casi no se daban cuenta de lo que les decía. Por otra parte, el doctor comprendió enseguida los horrores que su hijo acababa de pasar y las pruebas a que se vería sometido de ahora en adelante.

El encuentro de Eduardo Strauch con sus padres y su tía Rosina, discurrió de forma parecida. Sara Strauch intentó por todos los medios conservar la calma, pero, como es natural, estaba muy nerviosa, y el momento del encuentro con Eduardo fue demasiado para su autocontrol. De la alegría de verlo vivo, pasaba al asombro de hallarlo en tales condiciones físicas y a la exaltación espiritual por la respuesta obtenida gracias a sus oraciones a la Virgen de Garabandal. Debatiéndose entre tantos sentimientos simultáneos, no pudo evitar en su rostro la expresión de horror cuando Eduardo les dijo a qué extremos habían tenido que llegar para sobrevivir y convertir el milagro en realidad.

De la misma manera, Madelón Rodríguez hizo un involuntario gesto de espanto cuando Carlitos le dijo lo que había tenido que comer para seguir con vida. Como muchas madres que tuvieron fe en encontrar a sus hijos, no había pensado con detalle en los pormenores que posibilitaron el milagro; imaginó que tendrían madera para calentarse y que habría conejos corriendo sobre la hojarasca de los pinos y peces nadando en los ríos. Ni ella ni los padres y parientes de todos los muchachos habían supuesto que tuvieran que comer los cuerpos de los compañeros muertos. Era inevitable, por tanto, que al enterarse de lo sucedido se quedaran asombrados, y los chicos, a pesar del estado en que los había dejado su odisea, comprendieron con suficiente juicio e inteligencia que las reacciones humanas fueran así entre los que no habían estado en los Andes.

La excepción la constituía Algorta. Estaba acostado en la cama de su habitación privada, sin deseos de hablar con nadie, y había rechazado al piadoso sacerdote. Lo visitaron su padre y una mujer que pudo reconocer como la madre de la chica a quien quería visitar en Santiago. Le preguntó por su hija y, a la mañana siguiente, se presentó ella a verlo. De repente, él sintió por la chica el mismo afecto que le tenía antes del accidente. El único fallo de la reunión fue la expresión de horror que apareció en el rostro de la madre cuando Algorta les dijo qué habían comido para sobrevivir. Su sobresalto lo sobresaltó. ¿Cómo podía estar tan sorprendida de que se comieran a los muertos cuando era algo tan obvio y normal?

Coche Inciarte, que era el más vulnerable a las expresiones de censura por parte de los visitantes, evitaba tales reacciones hablando de su experiencia en términos muy elevados.

—Carlos —le dijo a su tío, el primero de los doce parientes que llegaron a Chile—, Carlos, estoy lleno de Dios.

Su tío le respondió en los mismos términos:

—Cristo quiso que volvieras de los Andes, Coche, y ahora Él está contigo.

DECIMOCUARTA PARTE

1

Los ocho supervivientes que tuvieron que quedarse en la montaña contemplaron el ascenso de los dos helicópteros hasta que desaparecieron detrás de la cima. Después Zerbino se dirigió a Lucero, uno de los tres andinistas, y lo invitó a visitar su «hogar», los restos del Fairchild, mientras aguardaban el regreso de los helicópteros. Cuando iban de camino hacia la entrada, Lucero miró los restos de cuerpos humanos que había esparcidos por la nieve y preguntó:

—¿Se han comido los cóndores los cuerpos?

—No —respondió Zerbino, que había seguido la dirección de su mirada—. Hemos sido nosotros.

Lucero no dijo nada ni demostró sorpresa, pero cuando llegaron al avión y vio el techo cubierto de tiras de grasa, dudó un momento. Después dio un paso hacia delante y entró. Zerbino lo hizo detrás de él y le explicó cómo habían vivido y dormido en el reducido lugar durante tanto tiempo y cómo la avalancha había matado a ocho de los que sobrevivieron al accidente. Lucero escuchó con gran simpatía e interés, pero no conseguía sobreponerse al olor que despedía el interior del aparato. Por desgracia, su anfitrión parecía comportarse como si allí no existiera tal olor. El andinista era demasiado educado para mencionarlo, pero regresó al exterior en cuanto pudo.

Los otros visitantes examinaron mientras tanto al resto de los supervivientes, atendiendo primero a su salud y después a las necesidades de sus estómagos. Primero con sandwiches de carne, lonchas de carne de vaca entre rebanadas de pan sin levadura. Después, zumo de naranja, zumo de limón, sopa que calentaron en la estufa, y, por último, un pastel de frutas que había llevado Díaz porque al día siguiente era su cumpleaños. Fue un festín. Los muchachos comieron y bebieron con sumo placer, cogiendo la mantequilla con los dedos.

Preparándose para el regreso de los helicópteros, los andinistas intentaron construir una pista para que pudieran aterrizar en la nieve. Demolieron la barrera de la entrada del avión, se hicieron con la gruesa lámina de plástico que había servido para separar el departamento de pasajeros del de equipajes y la colocaron en la nieve en la posición más horizontal que pudieron conseguir. También usaron piezas de cartón para construir la pista para los helicópteros, que ya se habían marchado hacía tiempo.

Más tarde se pusieron a hacer fotografías de los alrededores. Al verlos, los chicos se enfadaron y les preguntaron si era necesario. Los andinistas los tranquilizaron explicándoles que estaban obligados a hacerlo, que sólo era información para el Ejército chileno, y que ninguna de las fotografías se publicaría.

Los chicos parecieron quedar satisfechos y en cualquier caso les resultaba difícil enfadarse con sus salvadores, sobre todo cuando se comportaban de una forma tan amable como aquellos cuatro chilenos. Uno de ellos le ofreció a Zerbino un cigarrillo.

—No, gracias —dijo Zerbino—. Prefiero los míos.

Y sin una sonrisa siquiera para no denunciar que había estado ensayando con anterioridad esta frase, encendió uno de sus últimos cigarrillos uruguayos.

Hacia las cuatro de la tarde se hizo evidente que los helicópteros no volverían aquel día. La elevada moral de los ocho supervivientes desapareció en un momento dejando paso al triste pensamiento de soportar otra noche en la montaña. Los andinistas, en cuanto notaron este cambio, hicieron todo lo posible para levantarles los ánimos. Encendieron la estufa y prepararon más sopa, primero de gallina, luego de cebolla y, por último, sopa escandinava. Una vez acabaron, Methol les preguntó si por casualidad habían llevado mate.

—¿Mate? Por supuesto que tenemos mate. ¿Cómo se puede imaginar que cuatro chilenos vayan por el mundo sin mate?

Hicieron mate y después café. Pero ya entonces el sol se había puesto y comenzaba a hacer frío. Este bajón en la temperatura era una rutina a la que ya estaban acostumbrados los chicos. Los andinistas estaban preparados también, pues se habían llevado brillantes impermeables para protegerse del frío. El único que padeció las consecuencias fue Bravo, el asistente sanitario, porque había bajado del helicóptero en mangas de camisa y con unos simples mocasines, de forma que los andinistas hubieron de proporcionarle algunas ropas.

Los cuatro chilenos estaban ahora sentados en el interior del avión, cantando canciones para conservar la moral de los chicos, pero a medida que el sol se ocultaba más y más tras la montaña el frío se hacía más intenso, y llegó la hora de intentar dormir. Los ocho supervivientes invitaron a los visitantes con toda naturalidad a que se quedaran a dormir en el avión, pero los chilenos se mostraron reacios y montaron una tienda de campaña en la nieve a cierta distancia del aparato. Los ocho muchachos se sintieron ofendidos cuando rechazaron su hospitalidad, aunque algunos ya habían supuesto que el interior del avión no olía lo mismo para los andinistas que para ellos, pero decidieron que al menos uno de los andinistas debería pasar la noche allí.

El elegido fue Díaz porque al día siguiente era su cumpleaños. Le dijeron que si no se quedaba con ellos les arrancarían a medianoche las estacas de la tienda. Díaz se rindió. Mientras sus compañeros andinistas y el asistente sanitario se refugiaban en la tienda, él ayudó a los muchachos a colocar la barrera de la entrada del avión, entró con ellos y se sentó en medio de los ocho apestosos, demacrados y al mismo tiempo felices uruguayos. Nadie intentó dormir. Díaz les contó cómo era la vida de los andinistas y les relató algunas de sus aventuras en las montañas. Cuando les llegó el turno a los chicos, éstos le contaron con más detalle su odisea. Díaz les advirtió que lo que habían hecho ocasionaría un gran impacto en el mundo.

—Pero ¿lo comprenderá la gente? —le preguntaron los chicos.

—Naturalmente —les contestó—. Cuando sepan los detalles, todos comprenderán que hicieron lo que tenían que hacer.

A medianoche Díaz cumplió cuarenta y ocho años y los ocho uruguayos le cantaron «Cumpleaños feliz».

Tras la noche en vela, por la mañana, todos tenían el pensamiento puesto en el desayuno. Los alimentos estaban en la tienda de campaña, y cuando salieron al exterior con la primera luz de la mañana no vieron señales de que los otros tres chilenos estuvieran despiertos. Un coro de voces surgió del valle:

—¡Queremos el desayuno, queremos el desayuno!

Un momento después, aparecieron por la abertura de la entrada de la tienda las caras adormiladas de Lucero y Villegas.

—¿Qué queréis desayunar? —les gritó Lucero.

—Ayer tomamos café —respondió uno de los chicos—. Hoy queremos té.

—¿Té? Muy bien.

Lucero, Villegas y luego Bravo salieron de la tienda y, en un momento, los ocho chicos desayunaron té caliente y galletas. Mientras comían, los andinistas les explicaron cómo tenían que subirse en los helicópteros cuando llegaran, porque habían desechado la posibilidad del aterrizaje al comprender que de nuevo tendrían que sostenerse en el aire sin tocar la nieve.

Nada más acabar el desayuno, los muchachos se prepararon para el rescate. Se arreglaron la ropa, se peinaron otra vez, y Zerbino sacó del interior del avión la maleta en la que él y Fernández habían colocado el dinero y los documentos que pertenecieron a los pasajeros muertos. Incluyó el pequeño zapato rojo que Parrado había comprado en Mendoza, compañero del que este último se había llevado en la expedición.

—No vas a poder subir todo esto al helicóptero —dijo el andinista, al ver a Zerbino con la maleta.

—Tengo que hacerlo —le contestó Zerbino.

Y a continuación le explicó a Lucero dónde se hallaban los cuerpos de los que habían caído del avión cerca de la cumbre de la montaña.

Sobre las diez de la mañana oyeron el sonido de los helicópteros y luego vieron aparecer tres en el cielo por encima de ellos. Como por la mañana el aire estaba más calmado, no sufrieron las sacudidas del día anterior, pero aun así no descendieron enseguida, y estuvieron describiendo círculos sobre los restos del Fairchild. Los muchachos, que saludaban agitando los brazos, vieron las cámaras fotográficas y de cine asomando por las ventanillas. Finalmente desaparecieron las cámaras, y el primer helicóptero comenzó a descender hasta que uno de los soportes descansó en la nieve.

Se adelantaron los tres primeros chicos, pero era difícil acercarse a los aparatos debido al viento que levantaban las hélices. Roy Harley estaba muy débil y Bobby François lo ayudó a acercarse, pero el propio François fue rechazado por el viento del helicóptero. Por fin consiguieron subir a bordo con la ayuda de los chilenos.

El primer helicóptero se elevó con los tres pasajeros y descendió el segundo, con el piloto maniobrando para que las hélices no tocaran la roca y el siguiente grupo de supervivientes tratando de que éstas no los decapitaran. Cuando el aparato estuvo cargado, se elevó, y el tercero ocupó su puesto. Subieron a bordo los dos últimos supervivientes, uno de los cuales era Zerbino con su maleta. Las corrientes de aire no eran tan traicioneras por la mañana y los pilotos no atravesaron por tantas dificultades para pasar al otro lado de la montaña y volaron con más facilidad por el valle hacia la Y. Contemplaron el río Azufre a través de las paredes transparentes de los helicópteros, con las orillas salpicadas de vegetación, que aumentaba en extensión y densidad, hasta que aterrizaron en los verdes pastos de Los Maitenes.

Una vez allí los chicos saltaron de los helicópteros y se dejaron caer en la hierba, riendo, dando tumbos, abrazándose unos a otros y dando a voces gracias a Dios por su salvación. Estaban maravillados ante los alrededores verdes que los rodeaban. Como hiciera Carlitos el día anterior, Methol arrancó una flor y empezó a comérsela. Tan extasiado se encontraba a la vista de los árboles y los pastos, que decidió que cuando regresara a Uruguay pasaría muchos meses en su estancia, mirando simplemente el verde paisaje de su entorno.

El helicóptero de García despegó una vez más para recoger a los andinistas y el asistente sanitario. Mientras tanto, el doctor Sánchez, perteneciente al Ejército, examinó a los supervivientes para ver si alguno necesitaba un tratamiento de urgencia. Llegó a la conclusión de que todos podían continuar el viaje. En realidad, los chicos se comportaban como si estuvieran en una excursión en lugar de hacerlo como inválidos. En tanto unos se lavaban en el arroyo que corría próximo a la casa de Serda y González, otros charlaban con Sergio Catalán y sus hijos, y Fito Strauch y Gustavo Zerbino le pidieron el caballo para dar un paseo.

Permanecieron en Los Maitenes durante media hora, mientras llegaba García con Lucero, Díaz, Villegas y Bravo. Después, el grupo volvió a subir a los helicópteros y continuaron viaje hasta San Fernando. Fito Strauch, Bobby François, Moncho Sabella y Gustavo Zerbino iban en el primer helicóptero, y nada más aterrizar en los cuarteles del Regimiento Colchagua, los padres de Fito fueron a recibir a su hijo. Sus rostros eran como máscaras de dolor, tal era su alegría, y tan pronto como se detuvo la hélice y se abrió la puerta, ya tenían a su hijo en los brazos. Rosina lo abrazó, y mientras lo hacía rezaba a su pequeña Virgen del Garabandal que había realizado el milagro.

Tras los Strauch llegaron los Zerbino, con los ojos secos y el rostro sereno, para recibir a su severo y saludable hijo y, detrás de ellos, como si se hubiera establecido un orden de precedencia de acuerdo con el grado de fe que los padres habían tenido en la salvación de sus hijos, llegaron los padres de Bobby François. El muchacho a quien diez semanas antes habían dado por muerto, estaba ahora frente a ellos, y la alegría parecía incapacitar por completo al doctor François, un hombre silencioso y de gestos pausados, que había adelgazado desde la última vez que su hijo lo había visto y que mientras se dirigía hacia el helicóptero parecía excitado y confuso. Para los Strauch, e incluso para los Zerbino, el retorno de sus hijos significaba el premio de sus esfuerzos y esperanzas. Para el doctor François era una resurrección, que como hombre de ciencia, ni había pedido ni esperado.

En el siguiente helicóptero llegaron Roy Harley, Javier Methol, Antonio Vizintín y Pancho Delgado. De estos cuatro, sólo Roy encontró a sus padres esperándolo. Para ellos también era una recompensa a su fe y sus esfuerzos, pero, como les ocurriera al resto de los padres, su alegría se combinaba con el dolor y la compasión que les producía saber lo que habían pasado sus hijos. Comprobaban que el chico a quien habían despedido como un corpulento jugador de jugby, ahora sólo tenía piel y huesos. Toda la carne había desaparecido de su cuerpo. Tenía los ojos hundidos, pegada la piel a los huesos de las mejillas, y las manos parecían las de un esqueleto cubiertas por la piel. Y no sólo las manifestaciones físicas ocasionadas por el hambre y las privaciones les hacían notar cuánto había sufrido: lo decía también la expresión de sus ojos. Después del encuentro con los padres, los ocho supervivientes fueron conducidos a la enfermería del regimiento para ser sometidos a otra revisión médica, mientras los médicos, el Comité de Acción y el encargado de negocios uruguayo, César Charlone, discutían si sería más conveniente llevarlos al hospital de San Fernando, como habían hecho con los otros ocho, o directamente a Santiago. Una vez que se aseguraron de que estaban en condiciones para continuar el viaje, decidieron llevarlos a Santiago. Era el sábado día 23 de diciembre y se pensó que era importante reunir a todo el grupo con sus parientes para que celebraran las Navidades. Por tercera vez en aquel día, los supervivientes embarcaron en los helicópteros. Permitieron a los Harley y a la señora Zerbino que viajaran con sus hijos y, todos juntos, despegaron de los cuarteles del Regimiento Colchagua, y poco tiempo después tomaron tierra en la terraza del hospital del Servicio de Salud Pública en Santiago.

2

Entre tanto, en el hospital de San Juan de Dios de San Fernando, el primer grupo de supervivientes durmió por primera vez en una cama desde hacía setenta y un días. No fue fácil para ellos acostumbrarse a tal comodidad. Daniel Fernández soñó que una avalancha descendía por la ladera de la montaña y, cuando se despertó, descubrió que no estaba cubierto de nieve, sino por las blancas sábanas y las mantas. Intentó dormirse otra vez, pero se sentía incómodo.

—¿Quién es el estúpido que me está dando patadas? —decía en sueños, para despertarse de nuevo y encontrarse solo en la cama del hospital.

Coche Inciarte durmió más profundamente que Fernández, pero fue despertado por los trinos de los pájaros. Continuó acostado, asombrado y feliz, y cuando una enfermera entró en la habitación le pidió que abriera la ventana. Así lo hizo, y respiró el aire fresco.

Los supervivientes que se encontraban en mejores condiciones físicas que él, salieron en ese momento de las habitaciones y se sentaron en las sillas de las galerías cuyas ventanas daban a las estribaciones de los Andes.

El padre Andrés regresó al hospital a las ocho en punto con un magnétofono y grabó algunas declaraciones de los supervivientes.

—Teníamos un enorme deseo de vivir —le dijo Mangino—, y fe en Dios. El grupo se mantuvo siempre unido. Cuando alguien se deprimía, los demás se aseguraban de que volviera a animarse. Nuestra fe aumentaba con el rezo del rosario cada noche y esta fe nos ayudó a sobrevivir. Dios nos ha proporcionado una experiencia para cambiar nuestras vidas. Yo he cambiado. Ahora sé que debo comportarme de diferente manera a como lo hacía..., todo gracias a Dios.

—Esperamos predicar la fe al mundo —dijo Carlitos Páez—. Aunque esta experiencia ha sido muy triste por todos los amigos que hemos perdido, nos ha ayudado mucho; la verdad es que ha sido la experiencia más importante de mi vida. En lo que se refiere a los viajes, jamás en mi vida volveré a subir a un avión. Viajaré en tren... He tenido muchas experiencias como jugador de rugby. Cuando consigues un ensayo, no eres tú, sino todo el equipo, quien marca. Esto es lo mejor del juego. Si hemos sido capaces de sobrevivir, ha sido porque actuamos con espíritu de equipo, con gran fe en Dios, y porque rezamos.

A las diez y media se organizó una conferencia de prensa en la terraza exterior del pabellón privado, a la que asistirían todos los desesperados periodistas que sitiaban el hospital desde el día anterior. Inciarte y Mangino permanecieron en cama, pero los otros cuatro permitieron que los fotografiaran, ya que ahora estaban vestidos con ropas que el hospital había comprado o que los comerciantes de San Fernando les habían regalado. La conferencia fue breve y se dijo muy poco. Cuando les preguntaron de qué se habían alimentado, respondieron que habían contado con una enorme cantidad de queso comprada en Mendoza y con algunas hierbas que crecían en las montañas.

El obispo de Rancagua, asistido por otros tres sacerdotes, celebró una misa a las once, en la iglesia de ladrillos del hospital. Los supervivientes, algunos en sillas de ruedas, se colocaron en la primera fila de la congregación. El momento fue emocionante para todos y en los rostros demacrados de los supervivientes se podía ver la expresión de amor y gratitud que sentían hacia Dios. En ningún momento de todas las semanas que habían estado esperando este día habían perdido la fe en Él. Nunca habían dudado de su amor y de su aprobación a la horrorosa prueba que tuvieron que afrontar para sobrevivir. Ahora, aquellas bocas que habían comido los cuerpos de sus amigos, estaban hambrientas del Cuerpo y la Sangre de Cristo; y, una vez más, de la mano de un sacerdote de su Iglesia, recibieron el sacramento de la Comunión.

Finalizada la ceremonia se dispusieron a salir para Santiago, pues ya se había decidido que Mangino e Inciarte irían en ambulancia a la Posta Central, y los otros seis se dirigirían directamente al Hotel Sheraton San Cristóbal, donde todos los uruguayos celebrarían la Navidad.

Antes de partir, algunos de los supervivientes aceptaron invitaciones para comer con varios ciudadanos de San Fernando. La familia Canessa fue a casa del doctor Ausin, en tanto que Parrado, con su padre, hermana y cuñado, fueron a un restaurante con Mr. Hughes y su hijo Ricky, después de lo cual recorrieron los ciento cuarenta kilómetros que los separaban de Santiago en un Chevrolet Camaro, una alegría para Parrado, que no se sentía acobardado por su experiencia en los Andes.

Javier Methol fue el primero del segundo grupo de supervivientes que entró en la Posta Central de Santiago. Habían preparado un pabellón en el último piso del hospital y, como el helicóptero aterrizó en la terraza, sólo tuvieron que bajar un tramo de escaleras. A pesar de ello, a lo largo de los anchos corredores se agolpó gran cantidad de gente a esperarlos que sonreían, aplaudían y, en algunos casos, lloraban de alegría a la vista de los jóvenes uruguayos que tan milagrosamente habían sido devueltos a la civilización.

Nada más mostrarle su cama, Javier Methol, que aún llevaba la ropa de los Andes, preguntó si le permitían ducharse.

—Por supuesto —le dijo la enfermera y lo condujo en la silla de ruedas hasta un baño cercano.

Después le explicó que como ella era la responsable de su cuidado, debería quedarse con él mientras se duchaba. Methol la tranquilizó. Aunque hubiera sido el hombre más púdico del mundo, ni una multitud de enfermeras le hubiesen impedido darse aquella ducha. Se quitó la ropa sucia y se metió bajo el potente chorro de agua caliente. Luego se frotó la piel de sus delgados hombros y espalda, pero le causaba dolor tanta alegría. Cuando salió de la ducha y se puso la bata blanca del hospital, se sintió un hombre nuevo. Volvió a sentarse en la silla de ruedas y la enfermera lo trasladó al pabellón, donde se encontraron con grupo de compañeros que todavía llevaba la misma ropa sucia.

—Por favor —dijo Methol—, por favor, saquen de aquí a estos asquerosos.

Los médicos de la Posta Central examinaron a los pacientes una vez limpios, observándolos por la pantalla de rayos X y analizándoles la sangre. Una vez terminado el reconocimiento, los médicos permitieron a todos, excepto a Harley y Methol, que se trasladaran al Hotel Sheraton San Cristóbal aquella misma tarde. A estos dos los acomodaron en un pabellón, junto con Inciarte y Mangino, que ya habían llegado de San Fernando. De los cuatro, el estado de Roy era el más crítico, pues los análisis de sangre revelaron una gran carencia de potasio, lo que ponía en peligro su corazón.

Los demás no sólo estaban bien físicamente, sino que tenían la moral muy alta. Gustavo Zerbino se escapó del hospital para ir a comprarse unos zapatos, acompañado por su padre, con quien se encontró en la calle. Moncho Sabella bebió una botella de Coca-Cola, y el líquido le produjo hinchazón de estómago. También sufrió a causa del celo de una enfermera joven tan dispuesta a ayudar a los jóvenes uruguayos que trató de sacar sangre del brazo de Moncho sin que, al parecer, supiera encontrar la vena con la aguja. Moncho aguantó esta investigación científica, pero tuvo el brazo dolorido durante los tres días siguientes. Como sus compañeros, sabía perfectamente cuál era el tratamiento médico que requería. Mientras los doctores examinaban su estado físico, ellos pedían comida.

Las enfermeras les llevaron té, galletas y queso. Enseguida pidieron más queso, que les trajeron, y un poco más tarde les sirvieron la comida: filetes con puré de patatas, tomates, mayonesa y luego gelatina. En pocos segundos se comieron la gelatina y pidieron más. Luego reclamaron pastel de Navidad, pero les dijeron que esto no se lo podían servir. Tenían que descansar.

A las siete de la tarde, después de una misa en el anfiteatro de la Posta Central, Delgado, Sabella, François, Vizintín, Zerbino y Fito Strauch salieron para reunirse con los otros en el hotel. Los que se quedaron, vieron recompensada su paciencia a las nueve de la noche con un pedazo de pastel de Navidad. Las enfermeras les comunicaron, además, que a las once de la noche les darían una sorpresa. Y, en efecto, a la hora señalada, cada uno recibió un delicioso dulce de chocolate con crema, dulce que las enfermeras tenían para ellas aquella noche. Los cuatro se lo comieron, saboreando cada cucharada, y luego se quedaron dormidos tan felices.

Javier se despertó una hora más tarde. Tenía el estómago descompuesto. Llamó a una enfermera y le pidió algo para ayudar a la digestión. La enfermera le llevó una bebida que él se tomó, pero una hora más tarde volvió a despertarse afectado de una terrible diarrea. Estaba pagando el precio del dulce de chocolate.

3

La tarde del día 23 de diciembre, todos los uruguayos que habían salido para Chile al oír las noticias del rescate, ya estaban acomodados en Santiago. Los supervivientes con sus padres y parientes en el Hotel Sheraton San Cristóbal en las afueras de la ciudad, y los padres y familiares de los que no habían sobrevivido, en el Hotel Crillon, que era más antiguo y estaba situado en el centro.

Allí, en el Crillon, el padre de Gustavo Nicolich abrió las dos cartas que su hijo escribió y que Zerbino le había entregado: «Una cosa que te parecerá increíble —a mí me parece imposible—, es que hoy comenzamos a cortar la carne de los muertos para comérnosla. No hay otra solución». Y un poco más adelante, las palabras con que el chico tan noblemente había predicho su destino:

«Si llega el día en que yo pudiera salvar a alguien con mi cuerpo, me daría por satisfecho.»

Ésta era la primera noticia que uno de los padres que estaban en el Crillon tenía de que los cuerpos de sus hijos habían mantenido con vida a los dieciséis supervivientes, y Nicolich, destrozado aún por el dolor que le causó la muerte de su hijo, se quedó más anonadado todavía ante la tremenda información que contenía la carta. Considerando en aquel momento que quizá no se supiera nunca la verdad, extrajo aquella hoja de la carta que iba dirigida a la novia de Gustavo, Rosina Machitelli, y la escondió.

Mientras tanto, en el Sheraton San Cristóbal, los doce supervivientes a quienes se había permitido salir del hospital, disfrutaban con absoluta plenitud de todo lo que habían carecido durante tanto tiempo. La mitad de ellos estaban acompañados de sus padres. Pancho Delgado y Roberto Canessa se encontraron de nuevo con sus leales novias, Susana Sartori y Laura Surraco. En la Posta Central, Coche Inciarte estaba con Soledad González. El hotel suponía un violento contraste con el Fairchild. Era un edificio completamente nuevo y muy lujoso desde el cual se veía Santiago. Tenía piscina y restaurante y, por supuesto, fue este último lo que más apreciaron los muchachos. Cuando Moncho Sabella llegó al Sheraton la tarde del día 23, encontró a Canessa comiéndose un gran plato de camarones. Moncho se sentó inmediatamente en compañía de su hermano, que había venido de Montevideo, y pidió otro plato de camarones. Nada más comérselos ambos se pusieron enfermos, pero esto no les quitó el apetito. Pidieron más comida y comenzaron de nuevo con filetes, ensaladas, pasteles y helados.

Por otra parte, ni a Canessa ni a Sabella les extrañaba este lujo. Cuando el doctor Surraco le comentó a Canessa que el hotel le debía parecer extraordinariamente cómodo después de haber vivido en los restos del avión, Canessa le contestó que, para él, no había diferencia entre estar en el hotel comiendo camarones o en la cabaña de los pastores comiendo queso.

Los padres y los familiares estaban tan contentos de contar con sus hijos entre los vivos, que fueron indulgentes ante esta patológica gula. Comprendieron, tanto ellos como ellas, que sus hijos y novios no se iban a comportar como si acabasen de llegar de unas vacaciones de verano. Las largas semanas de sufrimientos y hambre habían dejado su huella en el comportamiento de los muchachos. Como si se tratara de chiquillos caprichosos, algunos no permitían que se les llamara la atención, y cuando no se toleraban sus caprichos se mostraban irritables y malhumorados, sobre todo con sus padres, cuya preocupación por su bienestar les molestaba en grado sumo. ¿No habían demostrado suficientemente que sabían cuidar de sí mismos?

Estos sentimientos se exacerbaron por la reacción de algunos padres ante el aspecto antropófago del Milagro de Navidad. La noticia les había cogido desprevenidos y, ante el asombro que les produjo, la mayor parte de ellos optaron por no volver a hablar del asunto. También les asustaba la posibilidad de que la noticia trascendiera y, aunque algunos de los supervivientes consideraban que la reacción de sus padres era normal, se sentían francamente decepcionados y heridos ante la idea de que alguien se horrorizara por lo que habían hecho. Advirtieron por las involuntarias expresiones de asombro y asco que, planteada la alternativa, preferían que todos hubieran muerto en lugar de tener que comerse la carne de sus compañeros.

La tranquilidad de sus mentes también se veía perturbada por la legión de periodistas que incesantemente les preguntaban y fotógrafos que los perseguían disparando sus cámaras allá donde les encontrasen, ya estuvieran comiendo o besando a sus padres. Pero aún más angustiosas fueron las preguntas persistentes de los familiares de los chicos que no habían regresado: los padres de Gustavo Nicolich y Rafael Echavarren, los hermanos de Daniel Shaw, Alexis Hounie y Guido Magri, que llegaron desde el Crillon para conocer las circunstancias exactas en que habían muerto sus hermanos e hijos. Los supervivientes no deseaban por el momento recordar ni discutir todo aquello.

Tampoco se habían adaptado a la vida lujosa del Sheraton. Se sentían muy incómodos en las grandes y blandas camas, porque estaban acostumbrados a dormir en posiciones inverosímiles. Sabella se despertó aquella noche cada media hora y, una vez despierto, llamaba al camarero para que le sirviera algo de comer. Fue una noche terrible para él, y también para su hermano que dormía en la misma habitación.

Al día siguiente, el 24 de diciembre, dieron el alta a los cuatro que se habían quedado en el hospital y se reunieron con los demás en el Sheraton, pero los dieciséis estuvieron juntos poco tiempo, pues las familias de François y Daniel Fernández decidieron regresar rápidamente a Montevideo. Aunque Daniel tenía dos tíos y dos tías en Santiago, quería ver a sus padres, y consideraba que era innecesario y absurdo que ellos se trasladaran a Santiago. Por lo tanto, tomó un avión de la KLM en vuelo regular a Montevideo. El padre y el hermano de Daniel Shaw iban en el mismo aparato.

Algunos de los chicos quisieron salir de compras y trataron de alquilar un taxi, pero los chilenos no se lo permitieron y los llevaron a la ciudad en sus propios automóviles. Una vez allí caminaron por las calles, mirando los escaparates. Eran fácilmente reconocibles porque, acostumbrados a moverse sobre la nieve blanda, caminaban tambaleándose, como los pingüinos. Dondequiera que los reconocían, los habitantes de Santiago los saludaban con muestras de alegría y amabilidad, como si ellos fueran sus propios hijos perdidos y rescatados de los Andes.

Cuando entraron a una tienda de ropa y pidieron lo que deseaban, los dueños no quisieron cobrarles e insistieron en que lo aceptaran como un regalo de la casa. Les ocurrió lo mismo cuando llegaron a un estanco donde se había formado una larga cola debido a la escasez de tabaco. Un anciano que estaba delante insistió en que aceptaran su paquete de cigarrillos.

En otro momento, cuando regresaban al hotel (Parrado se fue andando desde el centro de Santiago) y un grupo se sentó a comer y pidió una botella de vino blanco, los chilenos que estaban en la mesa de al lado les ofrecieron su botella. En el bar los obsequiaron con whisky y champaña, y un chiquillo les regaló una gran caja de chicles en la misma entrada del hotel.

No sólo fueron tratados y admirados como héroes que habían conseguido un extraordinario triunfo sobre los aterradores Andes que se extienden majestuosos a lo largo de Chile, sino como la demostración palpable de un milagro manifiesto. El queso y las hierbas con los que afirmaron haber sobrevivido, parecían a todos una fuente tan escasa de alimentación como los panes y los peces de la Biblia. Su salvación, por lo tanto, demostraba el milagro. Una mujer que tenía un hijo enfermo se acercó hasta el hotel creyendo que su hijo se curaría si abrazaba tan sólo a uno de los supervivientes.

Aquella tarde de Navidad se celebró la fiesta organizada por César Charlone. El momento fue de intensa emoción para todos. Sólo cuatro días antes parecía que no había esperanza de que los padres pudieran volver a ver a sus hijos, o que los chicos pudieran pasar la Navidad con sus padres. Ahora estaban reunidos. La ardiente fe de Madelón Rodríguez, Rosina Strauch, Mecha Canessa y Sarah Strauch; la heroica búsqueda de Carlos Páez Vilaró, Jorge Zerbino, Roy Harley y Juan Carlos Canessa, todas sus creencias y actuaciones se veían recompensadas ahora por la presencia de los cuerpos vivos de sus hijos. Como con Abraham e Isaac, Dios había evitado el sacrificio de sus hijos en el mismo momento en que el mundo cristiano se preparaba para conmemorar el nacimiento del suyo propio.

Aquella noche, un poco más tarde, un jesuita uruguayo que enseñaba Teología en la Universidad Católica de Santiago, fue al hotel por invitación de la señora Herrera de Charlone para que hablara con algunos de los supervivientes y los preparara para la misa que se iba a celebrar al día siguiente. Y así lo hizo. El padre Rodríguez se quedó hablando con Fito Strauch y Gustavo Zerbino hasta las cinco de la mañana. Le dijeron que habían comido los cuerpos de sus amigos para mantenerse con vida y, lo mismo que el padre Andrés en San Fernando, el padre Rodríguez no dudó en aprobar la decisión que habían tomado. Cualquier duda que pudieran tener sobre la moralidad de lo que habían hecho quedaba disipada por el espíritu sensato y religioso con que habían tomado tal decisión. Los dos le contaron lo que Algorta había dicho cuando cortaron carne del primer cuerpo, y mientras el jesuita descartaba cualquier relación entre el canibalismo y la Comunión, se emocionó, como ya les ocurriera a otros, por el espíritu piadoso que se puso de manifiesto en el acto.

La misa de Navidad se celebró en la Universidad Católica a las doce del día siguiente, y el sermón que pronunció el padre Rodríguez, pese a no aludir a la antropofagia, supuso una tácita aprobación de lo que los jóvenes habían tenido que hacer para sobrevivir. Aunque no todos los chicos o sus familiares conocían las obras de Karl Jaspers, o el concepto de una situación límite, todos creían en la autoridad de la Iglesia Católica y con lo que se dijo allí se sintieron por completo tranquilizados.

Sin embargo, aquella calma precedió a la tempestad. El resto de la celebración de la Navidad luego de terminar la misa, significó el límite de las horas de tranquilidad que iban a pasar en Santiago. Periodistas de todo el mundo seguían al acecho como si fueran los cóndores en los Andes, y los uruguayos eran conscientes de que todavía no habían dado con el rastro de su presa verdadera. No era que los muchachos o los padres intrigasen para ocultar lo que habían hecho, más allá de las piadosas mentiras de las hierbas y el queso, sino que tan sólo deseaban que la noticia no se propagara antes de que llegaran a Montevideo.

La noticia fue publicada por un periódico peruano e inmediatamente la reprodujeron los periódicos de Argentina, Chile y Brasil. Tan pronto como los periodistas que estaban en Santiago olieron la noticia, se abalanzaron otra vez sobre los supervivientes para preguntarles si aquello era cierto. Los chicos continuaron negándolo, confundidos, pero los que ya habían desvelado el secreto proporcionaron las pruebas, y el día 26 de diciembre el periódico de Santiago El Mercurio publicó en primera página la fotografía de una pierna humana a medio comer que estaba sobre la nieve cerca del Fairchild. Los chicos, no sabiendo qué actitud adoptar, decidieron que, en lugar de relatar a un periódico concreto la historia de lo que había sucedido, celebrarían una conferencia de prensa cuando regresaran a Montevideo. Como habían estado en contacto con el presidente del club de los Old Christians, Daniel Juan, acordaron que la conferencia tendría lugar en su antiguo colegio, el Stella Maris.

Éstas fueron defensas frágiles para detener el ciclón desatado a su alrededor. La noticia, que había sido comunicada a los periódicos por los andinistas, no aplacó el apetito de la prensa mundial, y en el mismo hotel acosaron a los muchachos con constantes preguntas que se negaron a contestar. Lo cierto es que se enfadaron cada vez más con los periodistas que no aplicaban tacto alguno a sus preguntas. Un periodista argentino sugería frecuentemente que no se había producido ninguna avalancha, sino que se la habían inventado para ocultar el hecho de que los más fuertes habían matado a los más débiles para alimentarse.

Los supervivientes aún se encontraban en un estado de hipersensibilidad y estos ataques los sacaban de quicio. Además, vieron que una revista chilena, prácticamente especializada en pornografía, había dedicado dos páginas para publicar fotografías de las extremidades y los huesos que estaban alrededor del Fairchild. Otro periódico chileno publicó la historia bajo el título «Que Dios los perdone». Cuando algunos padres lo leyeron se pusieron a llorar desconsoladamente.

El ambiente en el Sheraton San Cristóbal se había envenenado con este rumor. Los supervivientes estaban cada vez más impacientes por regresar a Montevideo y, muy a pesar suyo, decidieron ir en avión y no en autobús o en tren. Charlone, a quien algunos padres no perdonaron por la que consideraban inadecuada forma de tratar a Madelón Rodríguez y Estela Pérez, reservó un Boeing 727 de las LAN Chile para que regresaran el día 28 de diciembre. Anteriormente, Algorta se fue con sus padres a casa de unos amigos en las afueras de Santiago. También Parrado dejó el Sheraton San Cristóbal en compañía de Juan, Graciela y su padre; primero se dirigieron al Sheraton Carrera, en el centro de Santiago y, más tarde, a una casa en Viña del Mar prestada por unos amigos. Estaba harto de que le hicieran fotografías continuamente y asqueado de las maledicentes preguntas de los periodistas. También le deprimían las constantes fiestas porque, aunque él estaba vivo, las dos mujeres que más había querido en su vida eran dos cadáveres congelados en los Andes.

DECIMOQUINTA PARTE

1

El relato de la supervivencia de los jóvenes uruguayos después de diez semanas en los Andes, era suficientemente sensacional como para interesar a todos los periódicos y emisoras de radio y televisión del mundo entero, pero cuando se propagó la noticia de que habían logrado sobrevivir comiendo los cuerpos de los muertos, esos mismos medios de información parecieron enfurecerse.

La historia fue radiada e impresa en todos los países del mundo, con una sola excepción: Uruguay.

Por supuesto allí también habían publicado reportajes del descubrimiento y rescate de los supervivientes, pero cuando los rumores de canibalismo llegaron a las redacciones de los periódicos, primero fueron acogidos con escepticismo y más tarde con reserva. Entonces no había censura de prensa (excepto la prohibición de mencionar a los tupamaros). Sólo puede explicarse la decisión de los periodistas uruguayos de esperar a que sus compatriotas regresaran a Montevideo para dar su versión de los hechos como el resultado de una espontánea y patriótica prudencia.

Esto no tiene por qué significar que no hubiera periodistas curiosos por conocer la verdad, pero como casi todos los supervivientes todavía estaban en Santiago, eso no era fácil de conseguir. No obstante, Daniel Fernández ya se encontraba en Montevideo.

Lo habían recibido sus padres en el aeropuerto de la ciudad, desde donde lo llevaron a su piso, no permitiendo que nadie lo visitara. Pero al día siguiente toda la manzana estaba tomada por amigos y periodistas deseosos de verlo. Era el día de Navidad y los Fernández no podían mantener la puerta permanentemente cerrada, así que la abrieron para dejar entrar a un amigo, pero una vez abierta, no pudieron volver a cerrarla. Una multitud de periodistas y conocidos entró en el apartamento y Daniel permitió que lo entrevistaran.

Se sentó frente a los periodistas y, de pronto, uno de ellos le dio un trozo de papel y le rogó que lo leyera. Daniel lo desdobló y vio que era un mensaje transmitido por télex con la noticia de que él y los otros quince supervivientes habían comido carne humana.

—No tengo nada que decir sobre esto —dijo.

—¿Puede confirmarlo o negarlo? —insistió el periodista.

—No tengo nada que decir hasta que mis amigos estén de regreso en Uruguay —respondió Daniel.

Mientras se producía este diálogo, Juan Manuel Fernández leyó el télex.

—El hombre que haya escrito esto es un hijo de perra y el que lo ha traído aquí es un hijo de perra más grande todavía —dijo iracundo.

Estaba a punto de echar al periodista violentamente de la casa, pero un amigo de Daniel lo contuvo y el periodista salió sin dificultad.

Cuando se hubo marchado, Fernández llevó aparte a su hijo diciéndole:

—Mira, ahora tienes que decir que todo eso no es verdad.

—Pero es verdad —replicó Daniel.

El padre miró a su hijo con una expresión de disgusto en el rostro, aunque posteriormente, cuando se dio cuenta que era algo que su hijo había hecho acuciado por la necesidad, se acostumbró a la idea e incluso se sorprendió de que esto no se le hubiera ocurrido antes.

2

El Boeing 727 de LAN Chile fletado por Charlone para trasladar a los supervivientes y sus familiares a Montevideo, llevaba la tripulación especial que acompañaba al presidente Allende cuando éste viajaba. Estaba a punto de despegar en la pista del aeropuerto Pudahuel la tarde del día 28 de diciembre, mientras que los sesenta y ocho pasajeros eran despedidos emocionada y ceremoniosamente por los chilenos que tan bien los trataran durante toda su estancia en el país.

Subieron al avión a las cuatro de la tarde, pero tuvieron que esperar una hora antes de despegar. La primera razón era la ausencia de Vizintín, retenido en Santiago por una entrevista. Después, a causa de las noticias de mal tiempo en la cordillera. Esto era desagradable, pero la tripulación, para no alarmar a los supervivientes, les comunicó que se les habían acabado los zumos de frutas y que tenían que esperar su reposición.

Llegó Vizintín, pero el avión todavía continuaba en la pista. Los supervivientes estaban nerviosos y tensos, atados a sus asientos. La mayor parte hubiera preferido regresar por tierra, pero el viaje en tren a través de los Andes y la Argentina se consideraba peligroso debido al estado de su salud.

Por fin los partes meteorológicos fueron favorables y el avión despegó. Un poco más tarde, el piloto, comandante Larson, anunció que estaban sobrevolando Curicó, pero nadie aceptó la invitación de pasar a la cabina para ver la ciudad cuyo nombre significaba tanto para ellos. El grupo estaba nervioso, no porque estuvieran de nuevo en un avión, sino por la incertidumbre de lo que les aguardaba en Uruguay. Hablaban entre ellos y con los dos periodistas chilenos que los acompañaban.

Uno de éstos, Pablo Honorato, de «El Mercurio», estaba sentado al lado de Pancho Delgado. Éste se puso aún más nervioso de lo que había estado, y se agarró a Honorato cuando el avión descendió para tomar tierra en el aeropuerto de Carrasco. Entonces profirieron gritos de «¡Viva Uruguay!», y luego «¡Viva Chile!», para mantener el valor de los supervivientes. Cuando el avión describía un círculo sobre Montevideo y al ver otra vez las aguas enlodazadas del Río de la Plata y los tejados y calles de su querida ciudad, empezaron a entonar el himno nacional:

> Orientales, la Patria o la tumba,
> Libertad o con gloria morir...

El avión tocó suelo uruguayo mientras salían de sus labios las últimas palabras.

El aparato circuló por la pista y se detuvo frente al edificio del que con tanto optimismo habían salido hacía casi once semanas. Eran muchas las diferencias entre aquella salida y esta llegada. Si entonces sólo uno o dos miembros de la familia de cada uno había ido a despedirlos, ahora la ciudad entera de Montevideo parecía haberse congregado allí para recibirlos, incluida la esposa del presidente del Uruguay. Los balcones del edificio del aeropuerto estaban llenos de gente que gritaba y los saludaba, y había cordones de policía para impedir que aquella multitud penetrara en la pista.

Los supervivientes y sus familiares fueron conducidos hacia unos autobuses estacionados al lado del avión. Los chicos querían que los llevaran frente a los balcones para poder saludar a sus amigos, pero según instrucciones del ejército, fueron llevados directamente desde el aeropuerto al Colegio Stella Maris.

Todo estaba preparado para su llegada. El gran salón de actos, diseñado por el padre de Marcelo Pérez, había sido dispuesto como si se tratara de una entrega de títulos, con una larga mesa en una tarima y una red de micrófonos y altavoces que permitiría a los periodistas, que ya estaban sentados de frente a este escenario, oír lo que se dijera. A los Hermanos Cristianos les ayudó el personal del club de los Old Christians, a disponer todo aquello y éstos se concentraron para saludar a los supervivientes cuando los autobuses iban entrando por el camino del colegio.

Fue un acto emocionante en el que lo confuso de la situación, los zumbidos y chasquidos de las cámaras en torno a ellos, disimularon en parte la tremenda realidad de que entre los que bajaban de los autobuses y ocupaban su sitio en la tribuna, sólo había tres miembros del equipo de rugby que partió hacia Chile: Canessa, Zerbino y Vizintín. Parrado y Harley todavía estaban en Chile. Cuando Daniel Juan y Adolfo Gelsi observaban los demacrados y barbudos rostros, buscaban a sus campeones —Pérez, Platero, Nicolich, Hounie, Maspons, Abal, Magri, Costemalle, Martínez-Lamas, Nogueira y Shaw—, pero ninguno de ellos estaba allí.

El grupo de supervivientes había confiado la conferencia de prensa al cuidado de los Old Christians y, manteniendo una asombrosa calma en aquella caótica situación —una habitación llena de periodistas de todo el mundo, padres de los supervivientes, padres de los muertos, amigos, familiares y cámaras de la televisión—, Daniel Juan se sentó en el centro de la mesa y comenzó la conferencia.

Los supervivientes habían decidido que hablarían por turno, cada uno de ellos de un aspecto concreto de su experiencia y cuando terminaran preguntarían a los periodistas uruguayos si deseaban hacerles más preguntas. El único problema surgido era el de cómo debían abordar el tema de la antropofagia. Algunos chicos y sus padres creían que debían ser sinceros acerca de lo sucedido, otros creían suficiente hacer alguna vaga referencia al tema. Un tercer grupo, principalmente Canessa y su padre, consideraban que se debía eludir el asunto por completo.

Llegaron a un acuerdo: Inciarte hablaría de ello. Se ofreció a hacerlo y todos convinieron en que era la persona más apropiada, por su actitud mentalmente madura sobre lo sucedido. Pero, el mismo día de la conferencia, Coche comenzó a dudar de su capacidad. Tartamudeaba y temía derrumbarse frente a los periodistas y las cámaras. Pancho Delgado se ofreció voluntario para ocupar su puesto.

Comenzó la conferencia. Los ocupantes del salón escucharon en silencio mientras los supervivientes, uno tras otro, iban relatando su trágica y heroica historia, hasta que, le llegó el turno a Delgado. De pronto reapareció aquella elocuencia suya, que de tan poca utilidad le fue en la montaña.

—Cuando uno se despierta por la mañana enmedio del silencio de las montañas y ve a su alrededor los picos cubiertos de nieve —algo majestuoso, sensacional, algo que asusta—, uno se siente solo, solo, solo en el mundo excepto por la presencia de Dios. Porque les puedo asegurar que Dios está allí. Todos lo sentimos en nuestro interior, y no porque seamos jóvenes piadosos que se pasan el día rezando, aunque tenemos una educación religiosa. De ninguna manera. Pero allí uno siente la presencia de Dios. Uno siente, por encima de todo, lo que se llama la mano de Dios, y se permite a sí mismo que esa mano le guíe. Y cuando llegó el momento en que no nos quedaron más alimentos ni nada parecido, pensamos en que Jesús en su última cena compartió su carne y su sangre con los apóstoles, y aquello fue como una señal de que deberíamos hacer lo mismo: tomar la carne y la sangre como una comunión íntima entre nosotros. Esto fue lo que nos ayudó a sobrevivir, y ahora no queremos que esto, que para nosotros fue algo íntimo, extraordinariamente íntimo, sea mirado o analizado o cualquier cosa así. Intentamos explicar la cuestión en un país extranjero de forma tan espiritual como nos fue posible, y ahora se lo decimos a ustedes, nuestros compatriotas, tal como sucedió...

Cuando Delgado terminó, era evidente que todos

los presentes se hallaban profundamente conmovidos por lo que dijo, y cuando Daniel Juan preguntó a los periodistas si deseaban hacer alguna pregunta a los supervivientes, le contestaron que no. Entonces, todos los presentes respondieron con un espontáneo «¡Bravo!» para los representantes de la prensa uruguaya e internacional, que fue seguido de otro en recuerdo de los que habían muerto.

3

Al concluir la conferencia de prensa, finalizó el examen público de los supervivientes, que siguiera de modo tan inmediato a su reflexión privada, y por fin pudieron volver a sus hogares y a sus familias, aquello que tanto desearon cuando estaban atrapados en los Andes.

No fue sencillo adaptarse a la realidad. Su experiencia había sido larga y terrible, y las secuelas de la misma calaron hondo en su consciente y su subconsciente. Su comportamiento reflejó enseguida este trauma. Muchos chicos se irritaban y eran bruscos con sus padres, novias, hermanos y hermanas. Se enfadaban cuando no podían satisfacer el menor capricho. Muy a menudo estaban tristes y se quedaban silenciosos de improviso o hablaban sobre el accidente. Pero, sobre todo, comían. Tan pronto les ponían un plato en la mesa, lo devoraban y, concluida la comida, se atiborraban de chocolatinas, de forma que Canessa, por ejemplo, engordó sobremanera en pocas semanas.

Los padres estaban perplejos ante este comportamiento. Algunos ya fueron advertidos por los psiquiatras de Santiago que habían examinado superficialmente a alguno de sus hijos, cuando dijeron que a éstos les costaría readaptarse a la vida normal y que tampoco ellos podrían hacer mucho para ayudarlos. Su caso, naturalmente, era tan anómalo para los psiquiatras como para los mismos padres, porque en la historia había muy pocos casos parecidos al de los muchachos. Nadie sabía cómo reaccionarían. Lo único que podían hacer era esperar.

Algunos padres aún no habían reaccionado. Parecía que se sintieran paralizados por la sorpresa y la gratitud frente a aquellos hijos a quienes ya habían dado por muertos. La madre de Coche Inciarte no conseguía dejar de mirar a su hijo mientras él comía. Por la noche se acostaba en la misma habitación, aunque no dormía, pues vigilaba a su hijo durante su sueño.

Las madres que estaban mejor preparadas para enfrentarse con esta insólita situación eran Rosina y Sarah Strauch y Madelón Rodríguez. Ellas poseían un fuerte temperamento y nada las podía intimidar. Recordaban sus propias aventuras mientras sus hijos estuvieron perdidos y se comportaban como si su fe y sus oraciones hubiesen tenido tanta importancia en la salvación de sus hijos como los esfuerzos que ellos realizaron. Estaban plenamente seguras de algo que desconcertaba aun a los mismos muchachos: el significado de todo lo que les había ocurrido. Según ellas, los chicos habían desaparecido y vuelto a aparecer para demostrar al mundo los poderes milagrosos de la Virgen María y, en el caso de las hermanas Strauch, de la Virgen de Garabandal.

Los agraciados por este milagro estaban justificadamente confusos porque se aventuraron otras interpretaciones. Por un lado se daban cuenta de que muchos, especialmente las personas mayores, estaban asombrados ante lo que habían hecho, porque pensaban que deberían haberse dejado morir. Incluso la madre de Madelón, que creía firmemente en el retorno de su nieto, no podía soportar este aspecto de su supervivencia.

No obstante, la Iglesia Católica actuó rápidamente para contrarrestar cualquier reacción contraria.

—No se puede condenar lo que hicieron —dijo monseñor Andrés Rubio, obispo auxiliar de Montevideo—, cuando era la única posibilidad que tenían de sobrevivir... Comer el cuerpo de alguien que ha muerto para sobrevivir es incorporar su substancia, y se puede perfectamente comparar con un injerto. La carne sobrevive cuando es asimilada por alguien en extrema necesidad, lo mismo pasa cuando el ojo o el hígado de una persona muerta se transplanta a una viva... ¿Qué hubiéramos hecho nosotros en unas circunstancias parecidas? ¿Qué le diría usted a alguien que le revela en confesión un secreto como éste? Únicamente que no se atormente por ello..., que no se avergüence por aquello que le sucedió a sí mismo y de lo que él no sentiría vergüenza de que le hubiera ocurrido a otro y de lo que nadie se avergonzará de que le haya sucedido a él.

Carlos Partelli, el arzobispo de Montevideo, apoyó esta opinión.

—No tengo ninguna objeción moral que hacer, ya que se trató de una cuestión de supervivencia. Siempre es necesario comer lo que se tenga a mano, a pesar de la repugnancia que pueda causar.

Finalmente, el teólogo de L'Osservatore Romano, Gino Concetti, escribió que quienes han recibido de la comunidad tienen también obligación de dar a la comunidad, o a sus miembros individuales, cuando se hallan en extrema necesidad, para ayudarlos a sobrevivir. Este imperativo afecta especialmente al cuerpo, que de otro modo está condenado a descomponerse, a la inutilidad. «Teniendo en cuenta los hechos y basándose en la ética —dijo el padre Concetti—, consideramos que los supervivientes del accidente del aparato uruguayo se alimentaran con la única comida que tenían a mano para evitar una muerte segura. Es legítimo recurrir a cuerpos humanos sin vida con el fin de sobrevivir.»

Por otra parte, la Iglesia no compartía la opinión expresada por Delgado en la conferencia de prensa de que comer la carne de sus amigos equivalía a tomar la Comunión. Cuando le preguntaron a monseñor Rubio si el rechazo a comer carne humana podía interpretarse como una forma de suicidio, contestó: «De ninguna forma podía dársele esta interpretación, pero tampoco era adecuado el uso del término comunión. Se puede decir que es correcto cuando se usa el término como una forma de inspiración. Pero no es comunión.»

Los supervivientes no iban a ser considerados santos ni pecadores, estaba claro, pero cada vez se les asignaba más la condición de héroes nacionales. Los periódicos, radio y televisión comenzaban a estar orgullosos de lo que sus compatriotas habían conseguido. Uruguay es un país pequeño en este vasto mundo, y nunca, desde que se ganara el Campeonato Mundial de fútbol en 1950, las actividades de los uruguayos habían alcanzado tanto renombre. Hubo muchos artículos resaltando su valor, resistencia y recursos. Los supervivientes se sintieron orgullosos en esta ocasión. Muchos conservaron las barbas y el pelo largo y estaban contentos de que los reconocieran dondequiera que fuesen, ya fuese en Montevideo o en Punta del Este.

Pese a que en cada entrevista y artículo se destacaba que el éxito se debía al trabajo de todo el grupo, era inevitable que algunos de los supervivientes dieran más que otros la talla de héroes. Algunos, por ejemplo, ni siquiera seguían en el escenario. Pedro Algorta se había reunido con sus padres en Argentina. Daniel Fernández se retiró con sus padres a la finca que tenían en el campo. Sus dos primos, Fito y Eduardo Strauch, se sentían demasiado taciturnos como para ofrecer al público la imagen que les correspondía por el papel representado en la montaña.

El exponente más claro de toda la experiencia era Pancho Delgado, algo lógico porque fue él quien se enfrentó al tema de la antropofagia en la conferencia de prensa, y la prensa lo perseguía en busca de más información. Delgado se creció cuando le dieron la oportunidad. Acompañado de Ponce de León, fue en autobús a Río de Janeiro para aparecer en televisión y conceder una larga entrevista a la revista chilena Chile Hoy y a la argentina Gente. No sorprendía que Delgado utilizase su talento, hallándose en una situación en que podía hacerlo valer, y que la prensa quisiera sacar partido de la elocuencia de este superviviente. Pero no le favoreció entre sus antiguos compañeros destacar tanto en la opinión pública.

Parrado fue el otro miembro del grupo cuyo comportamiento no fue aceptado por muchos. Su carácter había sufrido una metamorfosis mucho mayor que la de los otros. El muchacho tímido e inseguro salió de la prueba como un hombre dominante y seguro de sí mismo que dondequiera que fuese era reconocido y aclamado como el héroe de la odisea de los Andes, pero el hombre todavía conservaba el gusto y el entusiasmo del joven y, habiéndose librado de su familiaridad con la muerte, estaba dispuesto a todo.

Al creer que había muerto, su padre había vendido la motocicleta Suzuki 500 a un amigo, pero estaba tan contento de que Nando hubiera regresado de su tumba, que le compró un Alfa Romeo 1750. Parrado recorría las costas de Punta del Este a toda velocidad para disfrutar de la dulce vida de las playas, cafés y discotecas de aquel maravilloso lugar. Todas las chicas guapas que antes lo tenían por el tímido amigo de Panchito Abal, ahora se desvivían por él y competían entre ellas para gustarle. Parrado no se amilanó. La única cosa que lo apartaba de Punta del Este eran las carreras de Fórmula Uno, en Buenos Aires. Allí conoció a Emerson Fittipaldi y a Jackie Stewart, y se fotografiaron juntos. Dondequiera que estuviera Parrado era seguido por una multitud de fotógrafos y periodistas.

Las fotografías aparecían en los periódicos uruguayos con la consiguiente consternación de sus quince compañeros. Protestaron cuando un periódico publicó una fotografía de él entre chicas sonrientes en traje de baño en un concurso de belleza del que él era jurado. Parrado se retiró. Para él y para los demás, la unidad de los dieciséis tenía aún un gran valor.

Tal como reconocía que los esfuerzos combinados de todo el grupo eran los que habían salvado sus vidas, Parrado creía que su propio éxito era un triunfo que tenía derecho a celebrar. La vida había triunfado sobre la muerte y era preciso vivirla en toda su plenitud, como antes lo había hecho... Pero, naturalmente, algunas cosas cambiaron para siempre. Una noche, a mediados de enero, fue a una discoteca con un amigo y dos chicas. Era un lugar que había frecuentado en compañía de Panchito Abal y nunca había vuelto desde el accidente. Cuando se sentó a la mesa y pidió las bebidas, se dio cuenta de repente de que Panchito estaba muerto y, por primera vez en los tres meses de prueba y sufrimientos, empezó a llorar. Cayó hacia delante sobre la mesa y lloró y lloró y lloró. No podía contener el raudal de lágrimas, así que los cuatro tuvieron que abandonar la sala. Poco tiempo después, Parrado comenzó otra vez a vender tuercas y tornillos en «La Casa del Tornillo».

La razón por la que los otros quince supervivientes vieron con agrado el retorno de Parrado al tipo de vida que había llevado antes con normalidad, era porque ellos tenían una idea más elevada, casi mística, de la experiencia. Inciarte, Mangino y Methol estaban seguros de que había sido un milagro. Delgado pensaba que sobrevivir al accidente, a la avalancha y a las semanas que siguieron, se debía a que fueron dirigidos por la mano de Dios, pero que la expedición fue más un acto de valor humano. Canessa, Zerbino, Páez, Sabella y Harley creían que Dios había representado un papel fundamental, que Él había estado presente en la montaña. Por su parte, Fernández, Fito y Eduardo Strauch, junto a Vizintín, se inclinaban a pensar, con toda modestia, que su supervivencia se debía a sus propios esfuerzos. Estaban seguros de que las oraciones los habían ayudado —eso los mantuvo unidos contra la desesperación como un salvavidas—, pero si únicamente hubieran confiado en las oraciones, aún estarían en la montaña. Quizás el valor más grande que se podía atribuir a la gracia de Dios era que les permitió conservar su cordura.

Los más escépticos ante el papel de Dios en su salvación eran Parrado y Pedro Algorta. Parrado tenía una razón, porque, como varios de ellos, no podía entender con lógica humana la selección entre vivos y muertos. Si Dios los había ayudado a ellos a vivir, había permitido que los otros murieran. Si Dios era bueno, ¿por qué permitió que su madre muriese y que Panchito y Susana sufrieran tanto antes de morir? Quizá Dios los quería en el Cielo, pero ¿cómo su madre y su hermana podían ser felices allí mientras él y su padre continuaban sufriendo en la tierra?

El caso de Algorta era más complejo, ya que su educación con los jesuitas en Santiago y Buenos Aires lo preparó para enfrentarse con los misterios de la religión católica mejor que a los otros, que recibieron una educación teológica normal con los Hermanos Cristianos. Incluso así, antes de la partida era uno de los más religiosos entre los pasajeros del avión. No tenía la fácil aunque a veces poco ortodoxa familiaridad con Dios de un Carlitos Páez, pero su actitud ante la vida, y especialmente sus creencias políticas, giraban en torno a la finalidad de que Dios es amor, pero había aprendido que el amor de Dios era algo con lo que no se podía contar para la supervivencia. No habían bajado los ángeles del cielo para ayudarlos. Fue su propio valor y resistencia lo que les salvó. La experiencia, por tanto, lo hizo menos religioso: ahora creía más en el hombre.

No obstante, todos estaban de acuerdo en que la prueba que habían pasado había cambiado su forma de ver la vida. Los sufrimientos y las privaciones les hicieron reflexionar acerca de lo frívolas que habían sido sus vidas. El dinero carecía por completo de valor. Nadie allí hubiera vendido un solo cigarrillo por los cien mil dólares que reunieron en la maleta. Cada día que pasaba iba arrancando en ellos capa tras capa de superficialidad, hasta que sólo se quedaron con lo que realmente les importaba: sus familias, sus novias, su fe en Dios y su patria. Ahora despreciaban el mundo de la moda, las salas de fiestas, las chicas frívolas y la vida fácil. Estaban decididos a tomar más en serio su trabajo, a ser más devotos y a dedicar más tiempo a sus familias.

No pretendían guardarse para sí mismos lo que habían aprendido. Muchos de ellos, especialmente Canessa, Páez, Sabella, Inciarte, Mangino y Delgado, sintieron la necesidad de utilizar de alguna forma su experiencia. Se sentían inspirados por Dios para enseñar a otros la lección de amor y autosacrificio que su propio sufrimiento les había enseñado a ellos. Si el mundo se horrorizó al saber que habían comido los cuerpos de sus amigos, esto podía servirle a uno para enseñar al mundo lo que significa amar al prójimo como a sí mismo.

Sólo existía un rival, si lo hubo, ante las consecuencias que se podían deducir del regreso de los dieciséis supervivientes, y este rival era la Virgen de Garabandal, porque fueran cuales fuesen las opiniones de sus hijos, todavía quedaba ese grupo de obstinadas mujeres que invocaron su intercesión y ahora creían que había respondido a sus oraciones. Recordaban el momento en que los escépticos admitieron que sólo un milagro podía salvarlos, y estaban decididas a no consentir que se engañara a su Virgen con una explicación racional de los hechos. La verdad era que explicaban el asunto de la antropofagia basándose en la tesis del maná que había caído del cielo sobre el desierto del Sinaí, cuestión que consideraban ahora como un eufemismo de la inspiración que Dios le había dado a los judíos para que se comieran a sus muertos.

4

Veintinueve de los que viajaban en el Fairchild no habían regresado, y para las familias de estos veintinueve la vuelta de los dieciséis confirmaba su muerte. Todavía más, era una confirmación con efectos desastrosos. Los Abal se enteraron de los sufrimientos de su hijo; los Nogueira, de la agonía mental del suyo. Y cada miembro de cada familia se enfrentó al hecho de que no sólo sus esposos, madres e hijos estuvieran muertos, sino que también podían haber sido comidos.

Fue un trago muy amargo para sus corazones ya llenos de tristeza, pues, por muy nobles y racionales que fueran sus mentes ante este final, subyacía en ellos un horror primitivo e inevitable frente a la idea de que los cuerpos de sus seres queridos podían haber sido utilizados de esta forma. Sin embargo, la mayoría consiguió dominar esta repugnancia. Los padres mostraron el mismo desprendimiento y valor que sus hijos y no evitaron a los dieciséis supervivientes. El doctor Valeta, padre de Carlos, asistió con su familia a la conferencia de prensa y luego hizo unas declaraciones para el periódico El País.

—He venido aquí con mi familia porque queríamos ver a los que han sido amigos de mi hijo y porque, sinceramente, nos sentimos felices de que se encuentren entre nosotros. Es más, estamos contentos de que fueran cuarenta y cinco en el avión, porque esto ayudó a dieciséis a regresar. También quiero añadir que yo supe desde el primer momento lo que ha sido confirmado hoy. Como médico comprendí instantáneamente que nadie hubiera podido sobrevivir en tal lugar y en tales condiciones sin tomar decisiones valerosas. Ahora que tengo la confirmación de lo sucedido, repito: Gracias a Dios que había cuarenta y cinco porque así dieciséis familias han recobrado a sus chicos:

El padre de Arturo Nogueira escribió una carta a los periódicos.

> Muy Sres. míos:
>
> Estas pocas palabras, dictadas por nuestros corazones, quieren rendir tributo de homenaje, como admiración y reconocimiento, a los dieciséis héroes que vivieron la tragedia de los Andes. Admiración porque esto es lo que nosotros sentimos ante las muchas pruebas de solidaridad, fe, valor y serenidad a las que tienen que hacer frente y a las que han de sobreponerse. Reconocimiento, profundo y sincero, por el cuidado que tuvieron con nuestro querido hijo y hermano Arturo hasta su muerte, ocurrida muchos días después del accidente. Invitamos a todos los ciudadanos de nuestro país a que mediten durante unos minutos sobre la inmensa lección de solidaridad, valor y disciplina que nos han dado estos muchachos, con la esperanza de que nos sirva a todos para vencer nuestro

mezquino egoísmo, nuestras mezquinas ambiciones y nuestra falta de interés por nuestros hermanos.

Un valor similar fue demostrado por las madres. Algunas veían a sus propios hijos en los supervivientes, porque no era difícil comprender que si sus hijos fueran los vivos y éstos los muertos, sucedería lo mismo; y si los cuarenta y cinco hubieran sobrevivido al accidente todos estarían ahora muertos. También eran capaces de imaginar la angustia mental y física sufrida por los supervivientes. Todo lo que deseaban ahora es que olvidaran rápidamente lo ocurrido. Después de todo, no eran los hijos, hermanos o padres de sus amigos lo que habían comido para sobrevivir. Ellos ya estaban en el Cielo.

Poco después del accidente la mayor parte de los padres ya se resignó ante la muerte de sus hijos. Sin embargo, había otros que se sentían engañados por el destino. Estela Pérez había creído que Marcelo vivía tan firmemente como Madelón Rodríguez, Sarah y Rosina Strauch, y si la fe de ellas fue recompensada, la suya no lo había sido. Otro golpe amargo del destino fue que la señora Costemalle, cuyo otro hijo había perecido ahogado en las costas de Carrasco y cuyo marido había muerto repentinamente en Paraguay, perdiese también el único miembro que le quedaba de su familia.

A los padres de Gustavo Nicolich les mortificaba saber que su hijo había vivido durante dos semanas después del accidente. También sentían cierta animosidad hacia Gérard Croiset Jr., quien los había enviado tras una pista falsa, mientras que si hubieran continuado por las montañas Tinguiririca y Sosneado, quizás hubieran salvado la vida de su hijo.

Era cierto que la interpretación de Croiset había confundido a los padres, pero también muchas cosas que dijo resultaron reales. Había visto que uno de los chicos tuvo dificultades con la documentación al presentarla a los oficiales del aeropuerto de Carrasco y esto había sucedido así. Dijo también que el piloto no iba a cargo del avión, y era verdad: Lagurara, y no Ferradas, llevaba el control. El avión, dijo, parece un gusano con el morro aplastado aunque sin alas y la puerta delantera está medio abierta. Todo era cierto. También describió con exactitud las maniobras que un piloto debía hacer en el aire para descubrir los restos. Añadió que el avión se encontraba junto a una señal que decía «Peligro», cerca de una aldea con casas al estilo mejicano. Aunque Canessa y Parrado no encontraron nada de esto en su ruta hacia Chile, una expedición posterior al lugar del accidente, procedente de Argentina, encontró en las proximidades un cartel que decía «Peligro» y una pequeña aldea, Minas de Sominar, con casas de estilo mejicano.

El paisaje que rodeaba al aparato descrito por Croiset —las tres montañas, una sin cima, y un lago— fue hallado por los padres, pero a sesenta y cinco kilómetros al sur de Planchón, mientras que el Fairchild se había estrellado a sesenta y cinco kilómetros al norte de Planchón. El avión no permanecía bajo una montaña ni próximo a un lago ni el piloto había volado hacia éste para tratar de hacer un aterrizaje forzoso. El accidente no se debió a un carburador obstruido, como dijo Croiset, ni tampoco se encontraba solo el piloto en la cabina y nunca se podrá saber si tenía o no indigestión. Croiset también dio algunos detalles de menor importancia cuando los padres le obligaban a que les diera más información, pero, pese a que apenas contribuyeron en la búsqueda, al menos salvaron a algunas madres de caer en la desesperación.

Los sueños de la señora Valeta también fueron extraordinariamente precisos, pero la única percepción extrasensorial correcta que los sucesos demostraron fue la del buscador de agua que la madre de Madelón y Juan José Methol habían visitado en el barrio pobre de Maroñas en Montevideo. Aquél señaló un punto en el mapa, a treinta kilómetros del balneario de Termas del Flaco, lugar donde estaba exactamente situado el Fairchild. Al recordarlo, Juan José Methol fue a ver al viejo y lo recompensó con carne y dinero, que a su vez éste repartió con sus vecinos pobres.

5

Las causas del accidente fueron investigadas por las Fuerzas Aéreas de Chile y las de Uruguay. Las dos lo atribuyeron a un error humano del piloto, que había comenzado el descenso hacia Santiago cuando todavía estaba en mitad de los Andes. El sitio en el que el avión se había estrellado quedaba lejos de Curicó. La montaña en la que los chicos habían pasado tantos días se hallaba en el lado argentino de la frontera, entre los volcanes Sosneado y Tinguiririca. El fuselaje se encontraba a una altura de 3.500 metros. La montaña que subieron los expedicionarios tenía una altura aproximada de 4.000 metros. Se calculó que si los expedicionarios hubieran seguido el valle que se extendía más allá de la cola, en lugar de ascender la montaña, habrían llegado a una carretera en unos tres días (aunque la carretera que le pareció ver a Canessa cuando subían la montaña era un accidente geográfico). A ocho kilómetros al este del Fairchild había un hotel, que tenía almacenada gran cantidad de alimentos en conserva aunque sólo abría en verano.

El intento de pedir ayuda por la radio del avión, que les había costado dos semanas de su permanencia en la montaña, nunca hubiera podido tener éxito. El transmisor necesitaba una corriente de 115 voltios AC, normalmente administrada a través de un transformador. La corriente de las baterías era de 24 voltios DC.

La historia no fue mucho más allá. Aunque algunos padres se sintieron indignados por la incompetencia de los pilotos de las Fuerzas Aéreas Uruguayas, no era el momento histórico político oportuno en ese país para emprender una acción judicial contra una de las ramas del ejército. Aceptaron lo ocurrido como la voluntad de Dios, y le dieron las gracias por los que habían regresado, aceptando el particular punto de vista de los supervivientes acerca de lo que sucedió.

Javier Methol, que vivía ahora al nivel del mar, había dejado de padecer los mareos causados por la altitud. Al igual que sus antiguos compañeros, también creía que Dios les había permitido vivir por alguna razón, y su primera tarea fue consolar a sus hijos por la pérdida de su madre. Fue a vivir con los padres de Liliana, que, como él supuso, se habían hecho cargo de los niños. Se sentía casi contento estando con ellos, porque, aunque se acordaba de Liliana, sabía que ella sería feliz en el Cielo.

Una tarde en Punta del Este, paseaba por la playa con su hija de tres años, Marie Noel. La niña iba a su lado, charlando constantemente, cuando, de pronto, se detuvo y lo miró.

—Papá —dijo—, tú has vuelto del Cielo, pero ¿cuándo volverá mamá?

Javier se agachó para ponerse a la altura de su hija y le respondió:

—Tienes que comprender, Marie Noel, que mamá es tan buena, tan buena, que Dios la necesita en el Cielo. Ella es tan importante que ahora vive con Dios.

6

El 18 de enero de 1973 los miembros del Cuerpo de Socorro Andino, en unión de Fredy Bernales, del Servicio Aéreo de Rescate, teniente Enrique Crosa, de la Fuerza Aérea Uruguaya, y el padre Iván Caviedes fueron transportados en helicópteros hasta los restos del Fairchild.

Levantaron un campamento pensando pasar varios días en la montaña y se dispusieron a reunir los restos de los muertos. Subieron a la cumbre de la montaña para recuperar los cuerpos de los que habían quedado allí y ahora estaban al descubierto por haberse derretido la nieve.

A unos ochocientos metros del lugar del accidente hallaron una zona que estaba a salvo de posibles avalanchas y tenía tierra suficiente para cavar una tumba.

Enterraron allí los cuerpos que todavía estaban intactos y los restos de los demás. Construyeron un rústico altar de piedra junto a la tumba, colocando sobre él una cruz de hierro de un metro de altura. La cruz estaba pintada de color naranja por un lado, y tenía escrita en negro la siguiente inscripción: «El mundo a sus hermanos uruguayos», y por el otro lado decía: «Cerca, oh Dios, de ti.»

Después de decir misa, el padre Caviedes pronunció un sermón para quienes asistieron a la ceremonia. Los andinistas regresaron después hasta los restos del Fairchild, lo rociaron con gasolina y le prendieron fuego. El avión se quemó con celeridad a causa del fuerte viento y, ya convencidos de que estaba ardiendo bien, se dispusieron a abandonar el lugar. Frecuentemente el silencio de las montañas era interrumpido por el estruendo lejano de las avalanchas y pensaron que era demasiado arriesgado quedarse por más tiempo.